U0918309

LIAONING PRIVATE ECONOMY

Development and Research Report 2020

辽宁民营经济发展研究报告 2020

赵　晖　张满林 ◎编著

中国财经出版传媒集团

经济科学出版社
Economic Science Press

编委会

本书各部分编写人员

主报告：辽宁省民营经济发展分析（2020）

报告撰写人：赵晖　张满林　苏明政

专题报告一：新冠肺炎疫情对辽宁民营企业影响

报告撰写人：高云　朱满婷　李慧

专题报告二：辽宁营商环境的改进与评价调查——以锦州市为例

报告撰写人：唐吉洪、陈佳琪、李若晗

专题报告三：辽宁省民营企业融资问题研究

报告撰写人：唐吉洪　朱方圆

专题报告四：资产流动性、融资约束与辽宁民营企业创新研究

报告撰写人：屈天佑

专题报告五：辽宁省民营企业数字化赋能问题研究

报告撰写人：宁国强　肖怡

专题报告六：民营企业传承、创新与数字化转型

报告撰写人：卢剑峰

专题报告七：辽宁民营企业科技创新问题研究

报告撰写人：赵晖　苏明政

专题报告八：辽宁省民营企业协作治理机制研究

报告撰写人：吴雅琴

专题报告九：辽宁省涉农民营企业发展问题研究

报告撰写人：赵晓波

专题报告十：辽宁省民营石化企业高质量发展研究

报告撰写人：高明野

专题报告十一：辽宁沿海经济带民营经济发展研究

报告撰写人：董丹　孙雅静

前　言

《辽宁民营经济发展研究报告（2020）》是渤海大学民营经济研究院连续推出的年度性研究报告，也是渤海大学辽宁民营经济（中小企业）发展研究基地的年度研究成果。

2020年，辽宁省民营经济逐步克服疫情带来的不利影响，经济运行回升向好，经济社会贡献依然突出，发展韧性和活力进一步显现，但受疫情全球扩散蔓延影响，民营经济下行压力仍然较大，风险和挑战不容忽视。《辽宁民营经济发展研究报告（2020）》分为主报告和专题报告两部分。主报告"辽宁省民营经济发展分析"全面分析了2020年辽宁民营经济发展的情况，对辽宁民营企业的运营绩效进行了评价，探讨了辽宁民营经济发展中存在的主要问题，提出了促进辽宁民营经济发展改革的建议。专题报告关注了辽宁民营经济发展的关键和热点问题：一是关注辽宁民营经济发展的难点问题，主要包括疫情带来的不利影响、营商环境评价、融资难等问题；二是关注了民营企业的发展方向问题，主要涉及数字化赋能、协作治理、创新发展等问题；三是关注了不同产业和区域民营企业的发展问题，主要包括涉农企业、石化企业、沿海经济带企业等。

近年来，渤海大学积极向应用型转型发展，充分发挥学科齐全、人才密集和科学研究的独特优势，主动融入社会经济发展的现实，聚焦辽宁经济社会发展的重大问题和需求，加强特色新型智库建设，开展应用对策研究和战略咨询。渤海大学民营经济研究院，主动服务于辽宁民营企业发展，积极开展辽宁民营经济全局性、综合性、前瞻性等问题的调查和理论政策研究，成为辽宁省社科联的辽宁经济社会发展研究基地和辽宁省教育厅的高校新型智库。

《辽宁民营经济发展研究报告（2020）》的撰写得到了辽宁省政府相关部

门、企事业单位和社会友人的支持，特别是辽宁省委省政府咨询委员会的赵治山、李陶欢、裴彦章、袁丹丹，辽宁省工业与信息化厅的谭绍鹏、孙立新、程伟杰，以及辽宁省社科联的金虎、李红等领导的热心帮助，在此一并表示衷心的感谢！由于时间仓促和自身水平限制，我们的研究成果可能还存在偏误，希望广大读者给予批评指正，为推动辽宁民营经济的健康发展、实现辽宁老工业基地全面振兴做出共同的努力！

赵　晖

2021 年 3 月 1 日于渤海大学

目　录

‖主报告‖

‖专题报告‖

主报告

辽宁省民营经济发展分析（2020）

2020 年，辽宁省民营经济逐步克服疫情带来的不利影响，经济运行回升向好，经济社会贡献依然突出，发展韧性和活力进一步显现，但受疫情全球扩散蔓延影响，民营经济下行压力仍然较大，风险和挑战不容忽视。

一、2020 年辽宁民营经济发展总体概况

（一）辽宁民营经济的总体情况

1. 民营经济成为经济增长和投资的生力军

民营经济是辽宁经济增长和投资的主要贡献者。2020 年全省规模以上工业增加值同比增长 1. 8%。国有控股企业增加值同比下降 0. 5%；股份制企业增长 2. 6%；外商及港澳台商投资企业下降 0. 3%；私营企业增长 12. 6%。全省民间固定资产投资增长 2. 2%，占全省固定资产投资完成总额的 65. 3%，外商及港澳台商控股投资增长 8. 2%，增速提高 3. 7 个百分点。

2. 民营市场主体持续增长

到 2020 年底，全省存续市场主体 405. 61 万户，比上年同期增长 7. 84%，较“十二五”期末增长 50. 12%。实有民营经济市场主体 386. 5 万户，同比增长 8. 1%，占全省市场主体总量的 95. 3%。2020 年底，全省实有企业 108. 23 万户，实有个体工商户 290. 39 万户，实有农民专业合作社 6. 98 万户，较上年同期分别增长 8. 04%、7. 92% 和 1. 88%。其中，存续企业较“十二五”期末增长 67. 28%；每千人企业数量达到

24.68 户，是“十二五”期末的 2.15 倍；存续企业年均增速达 10.84%，高于全部市场主体增速 2.5%。“十三五”期间，辽宁新设企业增长量实现翻番。

民营市场主体发展强劲。2020 年，全省新登记市场主体 60.47 万户。“十三五”期间，辽宁省存续民营市场主体（含私营企业、个体工商户、农民专业合作社）年均增速达 8.7%，高于全部市场主体年均增速 0.36%；存续户数达到 393.5 万户，占全部存续市场主体总量的 97.01%，与“十二五”期末相比，提升了 1.01%。共提供就业岗位 1211.7 万个，比“十二五”期末增加了 249.31 万个，成为拉动就业的主要力量。

3. 民营市场主体持续优化

市场主体结构也在持续优化，辽宁省投资向第三产业聚集。新兴产业发展迅猛，成为经济发展新引擎。“十三五”期间，辽宁存续三次产业结构比例由“十二五”期末的 4.97：10.9：84.13 调整为 5.13：9.72：85.15。存续第一产业市场主体达 20.8 万户，同比“十二五”期末增幅为 80.25%；存续第二产业市场主体 39.42 万户，增幅为 25.79%；存续第三产业市场主体 345.38 万户，增幅为 51.95%。第三产业提升最快，从 84.13% 提升至 85.15%。

“十三五”期间，沈阳、大连新设市场主体数分别为 76.21 万户、52.24 万户，分别占全省的 24.76% 和 16.97%。以沈阳为中心、大连为龙头，以及鞍山、抚顺、本溪、丹东、营口、辽阳、铁岭、盘锦组成的辽中南城市群，“十三五”期间新设市场主体 230.51 万户，是“十二五”期间的 1.56 倍。

4. 民营经济转型升级质量有新突破

（1）“个转企”数量增加、质量提升。2020 年，全省新增“个转企”12616 户、“小升规”1090 户、“规升巨”115 户。其中，公司制企业 3623 户，占比 28.7%，比上年提高 3.2 个百分点。政府职能部门共同承担目标任务管理制度，在建立实施转企培育库、引导转企培育库的基础上，将年度培育目标任务分解到相关职能部门，积极推动形成政府部门合力推进的工作体系。除市场监管部门外，14 个市有 97 个职能部门承担培育目标任务 2145 户，比上年增加 45.8%，实际推动完成“个转企”1703 户。

（2）科技型企业队伍不断壮大，为保持经济平稳健康发展提供了重要支撑。通过开展创新能力评价、科技企业服务云培训、创新创业大赛等服务，为企业精准匹配创新资源。促进科技金融结合，撬动全社会科技投入，依托辽宁股权交易中心、东北科技大市场建设科技金融综合服务平台，辽宁中天科创基金成为东北地区首只获国家科技成果转化引导基金注资的地方科技创业投资子基金，锦州神工半导体、大连豪森设备相继登陆科创板。截至2020年末，全省共有民营高新技术企业6450户，同比增长33%；培育科技型中小企业已达10910户，其中2020年新增1710户，同比增长47%；累计培育雏鹰瞪羚独角兽企业2163家，其中2020年新增145户。

（3）“专精特新”是中小企业的发展方向，也是辽宁省增强产业链韧性，提升产业链水平的重要抓手。目前，辽宁省已有9家企业获得国家专精特新“小巨人”培育企业称号，营业收入总额近20亿元，研发经费总额超亿元，发明专利总数375项，实用新型及外观设计专利236项。辽宁省“专精特新”产品（技术）和企业涉及装备制造、电力、化工、医药、新材料、农产品深加工等多个行业领域。根据工信部公示的数据，辽宁省有66家企业入围国家专精特新“小巨人”企业，有146家企业393项产品（技术）入围辽宁省中小企业“专精特新”项目，其中49家企业跻身专精特新“小巨人”之列。目前，辽宁省共有中小企业“专精特新”产品（技术）890项，“专精特新”中小企业352家，专精特新“小巨人”企业79家。入围产品（技术）均为自主研发，具有专利权，并在同行业内处于领先水平。

5. 服务平台建设取得新突破

中小企业服务平台建设取得新突破。沈阳铸造研究所有限公司的技术服务平台，辽宁股权交易中心股份有限公司的融资服务平台，辽宁久森物联科技有限公司的创业服务平台，大连服装纺织产业发展促进中心有限公司的信息、培训服务平台，以及大连诚泽检测有限公司的技术服务平台5个中小企业服务平台获批国家示范平台。沈阳铸造研究所有限公司等23家企业获得2020年度辽宁省中小企业公共服务示范平台（见表1）。沈阳中港特种机床装备孵化器有限公司等14家企业被评为2020年度辽宁省中小微企业创业创新示范基地（见表2）。

表 1　　2020 年度辽宁省中小企业公共服务示范平台

序号	地区	服务机构名称	平台名称	平台类别
1	沈阳	沈阳铸造研究所有限公司	铸锻金属及造型材料研发检测公共服务平台	技术服务、培训服务
2	沈阳	沈阳市产业转型升级促进中心	沈阳市产业转型升级促进中心服务平台	培训服务、创业服务、信息服务
3	沈阳	沈阳师范大学软件学院	中小企业信息化技术公共服务平台	信息服务、技术服务
4	沈阳	沈阳仪表科学研究院有限公司	压力管道元件安全评价检测技术平台	技术服务
5	沈阳	辽宁达能电气股份有限公司	辽宁省电力安全产业技术公共服务平台	技术服务、信息服务、培训服务
6	沈阳	沈阳麦克奥迪能源科技有限公司	麦克奥迪智慧能源管理平台	技术服务
7	沈阳	沈阳大陆激光技术有限公司	沈阳大陆激光再制造技术平台	技术服务
8	沈阳	东软云科技（沈阳）有限公司	中小企业 IT 公共服务平台	信息服务、技术服务
9	沈阳	北方测盟科技有限公司	沈阳新型节（智）能材料检测公共服务平台	技术服务
10	沈阳	沈阳泽尔检测服务有限公司	泽尔环境检测公共服务平台	技术服务、培训服务
11	沈阳	沈阳迪安医学检验所有限公司	第三方医学检验诊断服务平台	技术服务
12	沈阳	辽宁惠康检测评价技术有限公司	辽宁惠康中小企业检测评价技术服务平台	技术服务
13	大连	大连华信理化检测中心有限公司	大连华信理化检测公共服务平台	信息服务、技术服务
14	大连	创道（大连）孵化器有限公司	创道（大连）孵化公共服务平台	信息服务、技术服务、创业服务
15	大连	大连依科咨询有限公司	大连依科创新管理公共服务平台	信息服务
16	大连	大连九州环境科技有限公司	大连九州环境检测公共服务平台	技术服务
17	鞍山	辽宁精华新材料股份有限公司	菱镁精细化工先进材料公共技术服务平台	技术服务

续表

序号	地区	服务机构名称	平台名称	平台类别
18	鞍山	辽宁华冶集团发展有限公司	辽宁华冶集团发展有限公司电工装备公共技术服务平台	检验检试服务、培训服务、技术服务
19	鞍山	海城市中昊镁业有限公司	菱镁资源综合利用技术开发公共服务平台	技术服务、创业服务、培训服务
20	抚顺	抚顺伦成技术工程有限公司	化工装备检验检测项目公共技术服务平台	技术服务
21	丹东	丹东市工业和信息化发展促进中心	丹东市中小企业公共服务平台	信息服务、培训服务、融资服务
22	辽阳	辽宁联众科技开发集团有限公司	辽联集团大数据应用技术公共服务平台	信息服务、技术服务、创业服务
23	辽阳	辽宁益康生物股份有限公司	益康生物畜禽智能防疫公共服务平台	信息服务、技术服务、创业服务

表 2　　2020 年度辽宁省中小微企业创业创新示范基地

序号	地区	机构名称	基地名称
1	沈阳市	沈阳中港特种机床装备孵化器有限公司	沈阳中港小微企业创业（辅导）基地
2	沈阳市	万润辽宁科技大市场管理有限公司	东北科技大市场创业创新基地
3	沈阳市	沈阳鈚达汇创创业辅导基地有限公司	鈚达汇创创业辅导基地
4	沈阳市	沈阳工程学院大学科技园有限公司	沈阳工程学院大学科技园小微企业创业（辅导）基地
5	大连市	大连英蕴科技有限公司	大连船舶海工技术小型微型企业创业创新基地
6	大连市	大连盛隆创新企业管理服务有限公司	大连盛隆小企业创业基地
7	大连市	大连一路同行企业孵化园有限公司	大连一路同行小企业创业创新基地
8	大连市	芝倪信息技术（大连）有限公司	知你小型微型企业创业创新基地
9	鞍山市	辽宁茂洋发展有限公司	玉文化双创产业园
10	锦州市	锦州市安搜军转众创空间服务中心	锦州市退役军人创业孵化基地
11	营口市	辽宁中保实业有限公司	中保科技众创空间
12	营口市	森林时代电子商务（辽宁）有限责任公司	森林时代创业孵化基地
13	盘锦市	盘锦智新小微企业创业园服务有限公司	盘锦小微企业创业园
14	盘锦市	盘锦陆港物流有限公司	盘锦公路港小微企业物流创业园

6. 民营企业成为对外贸易的新亮点

2020年全省进出口规模下降。据海关统计，2020年全年全省进出口总额6544亿元，比上年下降9.9%。其中，出口总额2652.2亿元，下降15.3%；进口总额3891.8亿元，下降5.8%。但民营企业进出口保持增长，民营企业进出口2618.1亿元，增长2.9%；国有企业进出口1377.9亿元，下降18.2%；外商投资企业进出口2533.9亿元，下降15.9%。民营企业出口1205.2亿元，占出口总额的45.4%，提高5.5个百分点。

（二）2020年辽宁促进民营经济发展的具体举措

1. 完善政策落实机制

落实国务院促进中小企业发展工作领导小组要求，推动全省市、县（区、市）建立由本级政府主要领导担任组长的促进民营经济（中小企业）发展工作协调机制，提升政策传导落实效率。研究建立领导小组决策事项督导机制，适时对各地区、各部门落实情况开展第三方评估；研究建立民营企业、中小企业“堵点”疏解机制，征集民营企业、中小企业反映强烈的堵点、难点问题，集中力量予以解决，切实增强企业获得感。

2. 优化营商环境，持续推进商事制度改革

坚持把优化营商环境摆在事关全局的战略位置，深化“放管服”改革，取消下放省级行政职权1005项，精简率达50.7%。9大类项目审批时限压缩至90个工作日以内，实现“8890一个号码管服务”。加强改革创新平台内涵建设，全面完成辽宁自贸试验区试点任务，沈阳全面创新改革试验区6条经验在全国复制推广。政府服务市场主体效能提升，市场资源配置决定性作用不断增强。

严打虚假诉讼，维护企业合法经营。为防范和查处虚假诉讼，全省检察机关充分履行检察职能。2020年，全省共查办虚假诉讼民事监督案件327件，提出监督意见240件，累计为民营企业挽回经济损失数亿元。在扫黑除恶专项斗争中，一批与黑恶势力相勾连的“套路贷”案件浮出水面。全省民事检察部门开展了打击“套路贷”专项活动。一方面深挖“套路贷”线索，另一方面综合利用抗诉、再审检察建议等手段构建立体监督网，确保监督质效。2020年，全省共办结涉“套路贷”虚假诉讼案件97

件，全部提出抗诉或发出再审检察建议。

从2020年9月末开始，全省公安机关组织开展了整治营商环境突出问题“百日行动”，全省累计开展营商环境专项检查699次，检查基层单位5234个，整改问题1604个。省公安厅出台了《全省公安机关进一步优化法治化营商环境30项新举措》。其中，新增3类5项“一次不用跑”政务服务事项，新增5类34项“即办”政务服务事项，压缩7类15项政务服务审批时限，减免6类13种政务服务申请材料，免收1项政务服务行政性费用，推出8项便民利企服务举措。

中国人民银行沈阳分行出台政策积极引导银行业金融机构加大对民营企业金融支持力度。截至2020年末，全省支小再贷款余额76.8亿元，当年累计发放66.7亿元。全省再贴现余额211.5亿元，同比增长18.6%，年累计发放533.1亿元。发挥省产业（创业）投资引导基金作用，撬动社会资本投资约16亿元。省融资担保集团累计开展再担保业务123.3亿元，再担保业务在保余额89.2亿元。

促进市场准入更加方便快捷。深入推进第一批106项“证照分离”改革和辽宁自贸区528项全覆盖试点，共惠及企业41.5万户（次），对比法定审批时间平均压缩70%以上。市场主体登记当场办结率达到80%以上。推行全程电子化登记，累计核准网上登记业务205.7万笔，实现登记零见面、零跑腿、零费用办结。全省依申请政务服务事项可网办率达到100%，省级电子印章实现100%全覆盖。取消下放调整省级行政职权1005项。推进工程建设项目审批制度改革，审批时限平均压缩50%以上，申报材料平均减少60%。全省发出新设企业“多证合一”营业执照超15万张。

将一般性企业开办时间压缩至2天以内。其中，大连市、沈抚新区等地企业开办时间已压缩到0.5天。在办事方便方面，通过持续优化企业开办流程，多部门研究出台《关于进一步做好优化企业开办服务工作的通知》，完善“一窗受理”机制，开办“一网通办”平台建设和应用，实现企业登记、公章制作、申领发票和税控设备、员工参保登记、住房公积金企业缴存登记在线上一次身份验证、一表填报申请、相关信息实时共享交换、准入多环节同步办理。“一网通办”实办率达到46.7%。

沈阳鼓励民营企业建立优秀工匠奖励制度和设立首席工匠制度，持续开展“辽宁工匠”“盛京大工匠”等推荐评选工作。在沈阳市“青年五四奖章”评选中，民营企业家比例不低于20%。

3. 减税降费，支持企业渡过难关

全面落实助企纾困政策，为各类市场主体减税降费720亿元、提供低成本资金579亿元，帮助企业渡过难关。2020年，全省累计减免社保费超330亿元。降低非居民用电、用气、用水价格5%。下调药品和医疗器械产品注册收费标准，共减负4200万元。全年免除外贸企业口岸查验没有问题的吊装移位试点仓储费共计1.6亿元。降低公路通行成本，截至2020年底，绿色通道免收金额5.7亿元，集装箱车辆减免金额近8000万元，免收高速公路车辆运行费56.6亿元。减免承租国有资产类经营用房的中小微企业和个体工商户房租近2亿元。

税务部门全力落实国家出台的各项税费优惠政策，全面落实13个税费种类23项税费优惠政策，对疫情防控重点保障物资生产企业全额退还增值税增量留抵税额、运输疫情防控重点保障物资免征增值税、增值税小规模纳税人征收率由3%降为1%、阶段性减免社会保险费等30多项政策。全省各级税务机关共与1.54万户帮扶对象结对，提供“网格化”服务，进行“点餐式”帮扶，确保国家各项税费优惠政策直达纳税人、缴费人。

辽宁省在疫情暴发后先后出台《辽宁省应对新型冠状病毒感染的肺炎疫情支持中小企业生产经营若干政策措施的通知》等系列文件。全省14个市、沈抚示范区及23个省（中）直部门出台配套政策94个。安排省级帮扶小微企业复工复产资金1.6亿元。在全国率先出台疫情防控重点保障企业贷款贴息资金实施细则，实施支农支小贷款贴息政策，安排贴息资金近1亿元，撬动银行贷款64.4亿元。全省筹措资金106亿元用于企业稳定岗位、鼓励就业创业等。为11.3万户企业核发稳岗返还资金43.9亿元，稳定就业岗位437.6万个。为近6000家道路运营业户减免服务费约700万元，减免高速公路通行费近60亿元。省商务厅与工商银行、建设银行等银行合作，为外资外贸企业争取信贷规模超300亿元。

积极推进国家有关服务业小微企业和个体工商户房租减免政策落地。针对企业房屋租金压力问题，省发改委联合相关部门印发了《关于应对新冠肺炎疫情　进一步帮扶服务业小微企业和个体工商户缓解房屋租金压力的实施方案》，并组织实施。在租金减免方面，对承租国有房屋的服务业小微企业和个体工商户，明确了租金减免具体方式，包括退还已缴纳租金、减免当期租金以及延长租期等，增强了操作性和灵活度；放宽免除3个月租金不限于上半年，确保惠及相关市场主体。各市均研究出台了本地区缓解房屋租金压力的政策措施，对承租国有房屋的服务业小微企业和个体工商户免除3个月租金的要求进行了明确。经初步统计，全省约有5.14万户市场主体享受房屋租金减免政策，减免金额约6.76亿元。其中，国有房屋租金减免金额4.86亿元，非国有房屋租金减免金额1.9亿元。

4. 推进中小企业创新发展和转型升级

实施“专精特新产品（技术）—专精特新企业—专精特新‘小巨人’企业—制造业单项冠军企业”梯度培育工程，鼓励支持民营企业承担或参与省重大科技专项、重点研发计划等科技计划项目。促进中小企业在创新能力、管理水平、智能转型等方面得到提升发展，使之成为新兴产业发展的新引擎，引领全省更多中小企业提高专业化能力和水平。

辽宁省委、省政府高度重视推进中小企业创新发展和转型升级，引导和鼓励中小企业走“专精特新”发展之路，通过补短板、强弱项，提高专业化能力和水平，推动大中小企业融通发展。辽宁省先后出台了《关于进一步推进中小企业实现“专精特新”发展工作方案》等系列文件，重点实施“认定产品、培育企业、打造小巨人”梯度培育，逐步培育企业成长为细分领域的单项冠军。支持企业上市融资，对32户符合条件的企业拨付奖励资金1.1亿元。鼓励金融机构支持民营企业融资贷款，对92户符合条件的金融机构拨付奖励资金1亿元，安排贴息资金1.6亿元，带动新投放创业担保贷款约55亿元。启动实施的32个省科技重大专项，民营企业牵头承担的项目近八成，支持金额超2亿元。引导企业走“专精特新”道路，2020年共认定省级中小企业“专精特新”产品（技术）393项、“专精特新”中小企业146家、“专精特新”“小巨人”企业49户。推荐中国科学院沈阳科学仪器股份有限公司等65家企业获评2020年国家“专精特新”“小巨人”企业。

2020年，辽宁省发改委牵头组建沈阳经济区产业投资基金。在辽宁省产业（创业）投资引导基金管理中心、沈阳经济区各市和沈阳经济区产业投资基金管理有限公司的共同努力下，4.7亿元政府引导基金实现三次放大，一期规模10亿元的基金于2020年2月21日完成备案。作为目前辽宁省单次实缴规模最大的一只基金，沈阳经济区产业投资基金完全按照市场化方式运作，由基金管理公司负责管理。基金的成功设立，创造了省市合作、多市参与共同组建区域性基金的新模式，并在投放中迅速产生放大效应。筛选出的4个项目完成6.8亿元投资，目前这4个项目都展示出强劲的发展态势。

出台《数字辽宁发展规划》，培育雏鹰瞪羚独角兽企业2163家，新增高新技术企业1508家，新建5G基站2.3万个。创新创业持续活跃，192个创业孵化基地在孵企业6507户，新增专业技术人才8.9万人，高技能人才6.3万人。锦州市、营口市、辽阳市对获得省级中小企业“专精特新”产品（技术）的企业给予一次性资金奖励10万元，葫芦岛市对获得国家专精特新“小巨人”企业称号的单位奖励30万元。

深化产教融合、校企合作，鼓励引导规模以上企业开展“引校进企”“引企驻校”“校企一体”等校企合作办学模式改革；组织开展辽宁省“产教融合型”企业认定，推荐符合条件的民营企业进入省产教融合型企业建设培育库。

5. 发挥协会作用，支持民营企业家参政议政

进一步拓宽政商沟通渠道，发挥商协会在沟通中的重要作用，建立形式多样、机动灵活的沟通体系，让民营企业通过正规渠道实现下情上传，反映合理诉求。充分发挥省工商联桥梁和纽带作用，建立各级政府及相关部门重要经济决策委托工商联征询非公有制经济界人士意见制度；建立完善涉民营经济管理相关部门与工商联联系和业务协作制度，互通情况、交流信息、研究政策、解决问题，定期召开座谈会听取市场主体、行业协会商会及工商联的意见。

大连万达集团股份有限公司、恒力石化（大连）化工有限公司、大连金广建设集团有限公司、大杨集团有限责任公司、大连升运物流有限公司、大连新星集团有限公司等6家民营企业被全国工商联授予“全国抗击新冠肺炎疫情先进民营企业”称号。

6. 推进公共服务体系建设

整合中小企业公共服务平台、跨部门政策信息发布平台、普惠金融企税银综合智能服务平台，打造中小企业公共综合服务网络，通过互联互通、资源共享，为民营企业提供找得着、用得起、有保证的一站式政策信息服务，推进省小微企业名录系统建设，实现小微企业数据信息共享。

7. 推进民营企业治理结构改革

贯彻落实中共中央、国务院《关于营造更好发展环境支持民营企业改革发展的意见》和中共中央办公厅、国务院办公厅《关于促进中小企业健康发展的指导意见》，制定印发了辽宁省具体实施措施，推动民营企业、中小企业各项改革落地。实施民营企业建立现代企业制度引领计划，鼓励引导有条件的民营企业建立健全现代企业制度。

实施中小企业经营管理人才素质提升工程，举办中小企业专业技术人才知识更新工程高级研修班和民营企业建立现代企业制度第五批示范企业经验交流会；继续实施国家中小企业银河培训工程，推荐优秀中小企业中高层管理人员参加中德、中意政府合作的赴德（意）商务交流培训；组织优秀企业家参加由工信部举办、中国人民大学承办的中小企业经营管理领军人才培训；实施“新生代民营企业家培养工程”，打造百名具有开拓精神、前瞻眼光、国际视野的企业家队伍。

二、辽宁民营企业经营态势分析

2020 年，全省规模以上工业企业实现利润总额 1286. 7 亿元，比上年同期减少 56. 1 亿元，同比下降 4. 2%。其中，国有控股企业实现利润总额 169. 0 亿元，下降 41. 9%；股份制企业实现利润总额 485. 8 亿元，下降 23. 7%；外商及港澳台商投资企业实现利润总额 796. 0 亿元，增长 14. 0%；私营企业实现利润总额 415. 0 亿元，增长 6. 4%。

（一）辽宁省上市民营企业经营情况分析

1. 辽宁省民营上市公司整体情况

截至 2020 年底，辽宁省共有上市民营公司 34 家（见表 3），资产总额 947. 01 亿元。其中，主板上市企业 13 家，中小企业板上市企业 9 家，创业板上市 11 家，科创板 1 家。上市公司主要涉及制造业以及信息传输业、软件和信息技术服务业等 4 个行业，其中装备制造业为辽宁省民营上市公司的主体，共有 26 家，占比 76%（见图 1）。注册地主要是沈阳市（10 家）、大连市（9家）、鞍山市（6家），三者占比73.5%(见图2)。

表3　　辽宁省民营上市公司一览

证券代码	证券简称	所属证监会行业名称	城市
000597. SZ	东北制药	制造业	沈阳市
000679. SZ	* ST友谊	批发和零售业	大连市
000715. SZ	中兴商业	批发和零售业	沈阳市
000751. SZ	锌业股份	制造业	葫芦岛市
002123. SZ	梦网科技	信息传输、软件和信息技术服务业	鞍山市
002231. SZ	奥维通信	制造业	沈阳市
002447. SZ	* ST晨鑫	信息传输、软件和信息技术服务业	大连市
002487. SZ	大金重工	制造业	阜新市
002606. SZ	大连电瓷	制造业	大连市
002621. SZ	美吉姆	教育	大连市
002667. SZ	鞍重股份	制造业	鞍山市
002689. SZ	远大智能	制造业	沈阳市
002731. SZ	萃华珠宝	制造业	沈阳市
300082. SZ	奥克股份	制造业	辽阳市
300097. SZ	智云股份	制造业	大连市
300125. SZ	聆达股份	科学研究和技术服务业	大连市
300202. SZ	聚龙股份	制造业	鞍山市
300210. SZ	森远股份	制造业	鞍山市
300290. SZ	荣科科技	信息传输、软件和信息技术服务业	沈阳市
300293. SZ	蓝英装备	制造业	沈阳市
300405. SZ	科隆股份	制造业	辽阳市
300473. SZ	德尔股份	制造业	阜新市
300573. SZ	兴齐眼药	制造业	沈阳市
300758. SZ	七彩化学	制造业	盘锦市
600303. SH	曙光股份	制造业	丹东市
600399. SH	ST抚钢	制造业	抚顺市
600694. SH	大商股份	批发和零售业	大连市
603315. SH	福鞍股份	制造业	鞍山市

续表

证券代码	证券简称	所属证监会行业名称	城市
603360. SH	百傲化学	制造业	大连市
603396. SH	金辰股份	制造业	营口市
603399. SH	吉翔股份	制造业	锦州市
603609. SH	禾丰牧业	制造业	沈阳市
603866. SH	桃李面包	制造业	沈阳市
688529. SH	豪森股份	制造业	大连市

资料来源：根据 Wind 资讯计算所得。

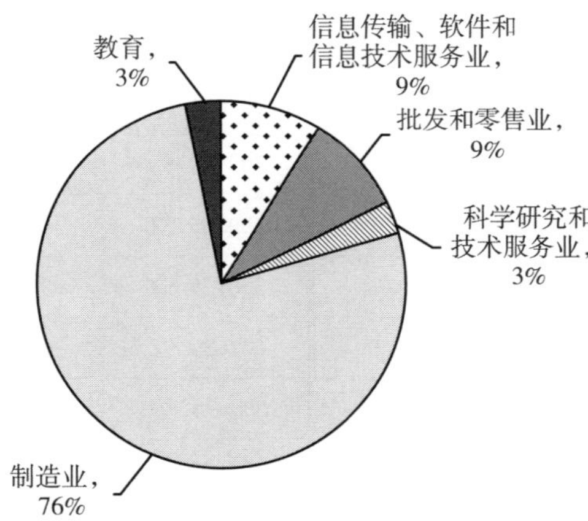

图 1　辽宁民营上市公司行业分布情况

资料来源：根据 Wind 资讯计算所得。

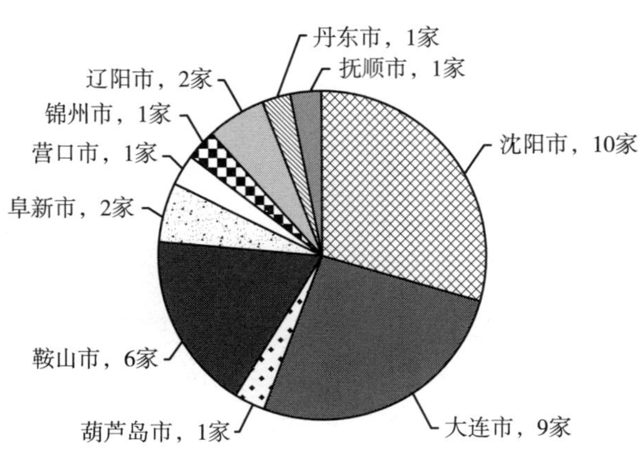

图 2　辽宁民营上市公司区域分布情况

资料来源：根据 Wind 资讯计算所得。

截至2020年第三季度，辽宁省民营上市公司资产总规模为1323.78亿元，同比增长1.3%，利润总额49.69亿元，同比增长2%，企业整体经营良好。具体情况见表4。

表4　2020年前三季度辽宁省民营上市公司总资产同比增长情况　单位：%

证券代码	证券简称	同比增长率	证券代码	证券简称	同比增长率
300758. SZ	七彩化学	53.73	300293. SZ	蓝英装备	1.54
603360. SH	百傲化学	34.70	002667. SZ	鞍重股份	-0.92
002487. SZ	大金重工	34.58	688529. SH	豪森股份	-0.99*
603609. SH	禾丰牧业	27.43	300202. SZ	聚龙股份	-1.64
300290. SZ	荣科科技	26.03	002621. SZ	美吉姆	-3.09
002731. SZ	萃华珠宝	13.41	300082. SZ	奥克股份	-3.18
603396. SH	金辰股份	12.43	300405. SZ	科隆股份	-3.19
300573. SZ	兴齐眼药	12.10	300125. SZ	聆达股份	-4.39
000751. SZ	锌业股份	9.71	002689. SZ	远大智能	-6.08
002231. SZ	奥维通信	7.68	600694. SH	大商股份	-6.17
603866. SH	桃李面包	7.54	002123. SZ	梦网科技	-9.08
603315. SH	福鞍股份	7.24	300097. SZ	智云股份	-9.16
300473. SZ	德尔股份	5.67	600303. SH	曙光股份	-12.64
002606. SZ	大连电瓷	5.43	300210. SZ	森远股份	-15.11
600399. SH	ST抚钢	4.57	603399. SH	吉翔股份	-17.05
000597. SZ	东北制药	4.33	002447. SZ	*ST晨鑫	-57.87
000715. SZ	中兴商业	2.68	000679. SZ	*ST友谊	-72.26

注：*豪森股份为相比2019年年报数据。
资料来源：根据Wind资讯计算所得。

从表4可以看出，2020年前三季度，辽宁省民营上市公司总资产规模上涨的有18家，总资产规模缩水的企业与2019年基本持平，整体上保持了规模的稳定。高科技化工企业增长迅速，其中七彩化学得益于营业收入、利润的大幅增长，使得总资产的增长规模高达53.73%，而两家*ST公司的总资产规模出现较大规模缩水。

2020 年前三季度，辽宁省民营上市公司营业收入总额为 670.71 亿元，与上年同期相比下降了 106.9 亿元，降幅达到 13.7%，而从表 5 可以看出，2020 年前三季度，辽宁省民营上市公司营业收入上涨的公司为 15 家，基本上为半数，究其原因主要是受疫情影响，辽宁省批发和零售业受到冲击较大，营业收入下降幅度较大，拉低了全省整体营业收入水平。其中，大商股份、中兴商业、*ST 友谊三家批发零售企业成为全省营业收入下降幅度最大的三家企业，降幅均超过 50%。而智云股份由于相关新产品逐步得到市场认可以及前期营业收入下降幅度过大，造成了本期营业收入的大幅度增加。

表 5　2020 年前三季度辽宁省民营上市公司营业收入同比增长情况　单位：%

证券代码	证券简称	同比增长率	证券代码	证券简称	同比增长率
300097. SZ	智云股份	221. 80	002731. SZ	萃华珠宝	-8. 28
002487. SZ	大金重工	68. 50	000597. SZ	东北制药	-9. 28
300210. SZ	森远股份	64. 17	000751. SZ	锌业股份	-15. 27
002606. SZ	大连电瓷	47. 11	300082. SZ	奥克股份	-16. 36
300758. SZ	七彩化学	35. 61	300473. SZ	德尔股份	-17. 54
603609. SH	禾丰牧业	32. 29	300202. SZ	聚龙股份	-17. 91
688529. SH	豪森股份	23. 70	300125. SZ	聆达股份	-21. 42
603396. SH	金辰股份	20. 96	603399. SH	吉翔股份	-22. 75
300573. SZ	兴齐眼药	14. 46	300293. SZ	蓝英装备	-29. 07
600399. SH	ST 抚钢	7. 69	600303. SH	曙光股份	-35. 27
300405. SZ	科隆股份	6. 95	002447. SZ	*ST 晨鑫	-36. 47
603866. SH	桃李面包	6. 07	002667. SZ	鞍重股份	-41. 29
300290. SZ	荣科科技	4. 35	002621. SZ	美吉姆	-44. 72
603315. SH	福鞍股份	3. 88	002231. SZ	奥维通信	-50. 21
002689. SZ	远大智能	2. 83	600694. SH	大商股份	-64. 27
603360. SH	百傲化学	-5. 77	000715. SZ	中兴商业	-68. 98
002123. SZ	梦网科技	-7. 08	000679. SZ	*ST 友谊	-80. 06

资料来源：根据 Wind 资讯计算所得。

从表 6 可以看出，2020 年辽宁民营上市公司整体净利润存在分化态势，其中，利润上涨的公司为 20 家，利润下降的公司为 14 家，部分公司净利润上涨幅度较大，而部分公司则出现了大幅下滑。值得注意的是，一些净利润上涨幅度较大的公司在扣除了非经常性损益后净利润增长大幅度下滑，可见这种净利润的增长不具有可持续性。同时一些企业受疫情冲击较大，利润出现了较大程度的下滑。

表 6　2020 年前三季度辽宁省民营上市公司净利润变化情况　单位：%

证券代码	证券简称	同比增长率	证券代码	证券简称	同比增长率
688529. SH	豪森股份	695. 03	300082. SZ	奥克股份	21. 33
002487. SZ	大金重工	178. 57	603609. SH	禾丰牧业	20. 00
300210. SZ	森远股份	168. 60	000751. SZ	锌业股份	2. 26
300097. SZ	智云股份	147. 41	603315. SH	福鞍股份	-7. 15
002606. SZ	大连电瓷	133. 73	002621. SZ	美吉姆	-8. 54
600399. SH	ST 抚钢	132. 57	603360. SH	百傲化学	-23. 64
300290. SZ	荣科科技	131. 67	300202. SZ	聚龙股份	-25. 09
300573. SZ	兴齐眼药	128. 59	002667. SZ	鞍重股份	-45. 23
000679. SZ	*ST 友谊	106. 52	600694. SH	大商股份	-47. 78
002447. SZ	*ST 晨鑫	83. 32	002123. SZ	梦网科技	-76. 38
002731. SZ	萃华珠宝	75. 67	000715. SZ	中兴商业	-84. 46
002689. SZ	远大智能	69. 34	000597. SZ	东北制药	-97. 55
600303. SH	曙光股份	67. 10	300473. SZ	德尔股份	-194. 20
300405. SZ	科隆股份	60. 93	300125. SZ	聆达股份	-361. 65
300758. SZ	七彩化学	36. 81	300293. SZ	蓝英装备	-387. 90
603866. SH	桃李面包	36. 37	603399. SH	吉翔股份	-464. 91
603396. SH	金辰股份	25. 50	002231. SZ	奥维通信	-2895. 26

资料来源：根据 Wind 资讯计算所得。

2. 2020 年辽宁省民营上市公司经营业绩对比分析：以制造业为例

由于辽宁省上市公司中制造业企业占了绝大多数（34 家上市企业中，有 26 家为制造业，占比 76%），为了更好地进行区域与行业对比，本部分以制造业为例进行 2020 年辽宁省民营上市公司经营业绩的对比分析。

（1）盈利能力分析。辽宁省民营制造业的盈利能力有所提升，但仍低于全国的平均水平。从净资产收益率指标（见表 7）看，辽宁省民营制造业平均的净资产收益率为 5. 46%，在全国分省份排名中排在第 19 位，相对于 2019 年的 4. 07%，盈利能力有所提升，但是低于全国平均水平（7. 74%），这说明从企业获利能力角度分析，辽宁省制造业企业的盈利能力并不强，这与辽宁省制造业强省的身份是不匹配的。

从个体上看，辽宁省有6家企业的净资产收益率是负的，其中，吉翔股份的净资产收益率最低，为-7.21%，其余20家企业的净资产收益率为正，其中豪森股份的净资产收益率最高，为17.07%。

表7　2020年前三季度民营制造业上市公司净资产收益率情况

排序	省份	企业数量（个）	净资产回报率（ROE）（%）
1	浙江省	335	9.83
2	江西省	23	9.74
3	西藏自治区	6	9.54
4	山东省	103	9.11
5	湖南省	48	8.79
6	河南省	42	8.78
7	福建省	56	8.64
8	湖北省	39	7.78
9	重庆市	18	7.75
10	广东省	344	7.65
11	四川省	53	7.59
12	河北省	29	7.53
13	上海市	108	7.50
14	黑龙江省	11	7.23
15	江苏省	288	7.00
16	贵州省	8	6.29
17	安徽省	52	5.93
18	山西省	13	5.58
19	**辽宁省**	**26**	**5.46**
20	广西壮族自治区	8	5.37
21	北京市	76	5.32
22	陕西省	12	5.09
23	海南省	9	4.80
24	甘肃省	9	4.63
25	天津市	19	4.62
26	云南省	7	4.47

续表

排序	省份	企业数量（个）	净资产回报率（ROE）（%）
27	内蒙古自治区	10	2.36
28	吉林省	10	2.15
29	新疆维吾尔自治区	6	1.57
30	宁夏回族自治区	4	0.65
31	青海省	3	0.35
全国平均			**7.74**

资料来源：根据 Wind 资讯计算所得。

从总资产收益率指标（见表8）看，辽宁省民营制造业平均的总资产收益率为4.60%，在全国省份中排名第21位，相对于2019年的4.21%，盈利能力有所提升，但是低于全国平均水平（6.20%），这说明从公司的竞争实力和发展能力角度分析，辽宁省制造业企业的盈利能力并不强。其中，辽宁省有4家企业的净资产收益率是负的，吉翔股份的净资产收益率最低，为-5.41%，其余22家企业的净资产收益率为正，其中桃李面包股份有限公司的净资产收益率最高，为17.06%。

表8　2020年前三季度民营制造业上市公司总资产报酬率对比情况

排序	省份	企业数量（个）	总资产回报率（ROA）（%）
1	湖南省	48	7.85
2	山东省	104	7.36
3	江西省	23	7.34
4	浙江省	337	7.34
5	河南省	44	7.12
6	河北省	25	6.82
7	西藏自治区	6	6.70
8	湖北省	41	6.66
9	福建省	58	6.39
10	四川省	54	6.31
11	广东省	347	6.10
12	上海市	109	6.09
13	江苏省	291	5.94

续表

排序	省份	企业数量（个）	总资产回报率（ROA）（%）
14	重庆市	19	5.54
15	海南省	9	5.34
16	安徽省	52	5.14
17	北京市	76	4.96
18	陕西省	12	4.93
19	贵州省	9	4.74
20	广西壮族自治区	8	4.66
21	**辽宁省**	**26**	**4.60**
22	天津市	19	4.53
23	山西省	13	3.81
24	云南省	7	3.80
25	黑龙江省	12	3.50
26	内蒙古自治区	10	2.46
27	甘肃省	10	2.41
28	吉林省	13	1.84
29	宁夏回族自治区	4	1.70
30	青海省	3	0.47
31	新疆维吾尔自治区	7	-1.08
全国平均			**6.20**

资料来源：根据 Wind 资讯计算所得。

从销售净利率指标（见表9）看，企业营业收入创造净利润的能力非常低。2020 年，辽宁省民营制造业企业的销售净利率为 6.65%，仅位列全国第 23 位，低于全国平均水平（9.91%），且与制造业发达省份差距较大，虽然该指标与 2019 年相比仍然有所提升，但是横向比较，辽宁省民营制造业企业在改进经营管理方面还有较大的提升空间。从个体看，百傲化学有限公司的销售净利率最高，为 31.54%，而奥维通信股份有限公司以 -13.66% 垫底。

表 9　2020 年前三季度民营制造业上市公司销售净利率对比情况

排序	省份	企业数量（个）	销售净利率（%）
1	西藏自治区	6	14.71
2	陕西省	11	14.50

续表

排序	省份	企业数量（个）	销售净利率（%）
3	江西省	23	13.32
4	湖北省	40	13.03
5	黑龙江省	11	12.88
6	浙江省	333	12.35
7	湖南省	48	11.72
8	四川省	54	11.42
9	河北省	24	11.30
10	山东省	104	10.63
11	河南省	42	10.34
12	北京市	76	10.03
13	福建省	58	9.99
14	安徽省	52	9.96
15	江苏省	290	9.92
16	上海市	108	9.61
17	内蒙古自治区	9	9.28
18	广西壮族自治区	8	9.19
19	天津市	18	9.13
20	广东省	345	8.21
21	宁夏回族自治区	3	8.10
22	云南省	6	7.83
23	**辽宁省**	**26**	**6.65**
24	山西省	13	6.18
25	海南省	9	4.21
26	重庆市	19	2.08
27	贵州省	9	1.79
28	甘肃省	10	1.25
29	吉林省	9	-2.42
30	青海省	3	-4.09
31	新疆维吾尔自治区	7	-9.18
全国平均			**9.91**

资料来源：根据 Wind 资讯计算所得。

（2）资产质量状况分析。2020 年，辽宁省民营制造业上市公司的总资产周转率为 0.48 次，排名第五位，且高于全国 0.44 次的平均水平，这说明辽宁省制造业企业资产运营效率相对较好，但是与 2019 年全省 0.74 次的平均水平相比，还是有了明显下降，值得我们关注（见表 10）。此外，综合全省民营制造业上市企业相对较低的销售净利率以及相对较高的总资产周转率的特点进行分析，说明辽宁省民营制造业企业的经营特点为薄利多销，同时也从侧面反映了辽宁省民营制造业企业产品的经济附加值需要进一步提升。

表 10　2020 年前三季度辽宁省民营制造业上市公司总资产周转率对比情况

排序	省份	企业数量（个）	总资产周转率（次）
1	湖南省	48	0.52
2	山东省	102	0.50
3	重庆市	19	0.49
4	浙江省	332	0.48
5	**辽宁省**	**26**	**0.48**
6	福建省	59	0.47
7	上海市	108	0.47
8	安徽省	52	0.46
9	广东省	344	0.46
10	山西省	13	0.46
11	江西省	23	0.44
12	江苏省	289	0.44
13	西藏自治区	6	0.43
14	河北省	24	0.42
15	青海省	3	0.41
16	四川省	54	0.39
17	云南省	6	0.39
18	海南省	9	0.39
19	湖北省	40	0.37
20	河南省	44	0.37
21	天津市	19	0.36
22	贵州省	10	0.35

续表

排序	省份	企业数量（个）	总资产周转率（次）
23	广西壮族自治区	8	0.34
24	北京市	77	0.31
25	陕西省	12	0.29
26	新疆维吾尔自治区	6	0.27
27	甘肃省	9	0.26
28	内蒙古自治区	8	0.25
29	黑龙江省	12	0.23
30	宁夏回族自治区	3	0.22
31	吉林省	10	0.19
全国平均			**0.44**

资料来源：根据 Wind 资讯计算所得。

辽宁省民营制造业上市公司的应收账款周转率为 5.20 次，略低于全国 5.56 次的平均水平，且显著低于辽宁 2019 年 8.32 次的平均水平（见表 11）。一方面，企业可能会通过赊销的形式增加销售收入，从而造成应收账款周转率的下降；另一方面，该指标的下降也说明辽宁省民营制造业上市公司的收账速度下降，坏账损失有可能增大，资产流动降低，偿债能力有所下降。

表 11　　2020 年前三季度民营制造业上市公司应收账款周转率对比情况

排序	省份	企业数量（个）	应收账款周转率（次）
1	甘肃省	10	14.36
2	江西省	23	12.90
3	黑龙江省	11	10.82
4	内蒙古自治区	10	10.19
5	湖南省	46	9.69
6	四川省	52	9.56
7	青海省	3	9.41
8	西藏自治区	6	9.37
9	河北省	24	8.34
10	云南省	7	7.61

续表

排序	省份	企业数量（个）	应收账款周转率（次）
11	浙江省	331	6.71
12	山东省	103	5.97
13	福建省	59	5.83
14	安徽省	52	5.75
15	河南省	44	5.66
16	**辽宁省**	**26**	**5.20**
17	广西壮族自治区	8	4.76
18	山西省	13	4.54
19	海南省	9	4.51
20	上海市	109	4.44
21	广东省	343	4.44
22	陕西省	12	4.40
23	江苏省	288	4.29
24	贵州省	10	4.00
25	重庆市	18	3.85
26	新疆维吾尔自治区	7	3.51
27	北京市	76	3.42
28	湖北省	38	3.34
29	天津市	20	3.00
30	吉林省	11	2.00
31	宁夏回族自治区	3	1.71
全国平均			**5.56**

资料来源：根据 Wind 资讯计算所得。

（3）债务风险状况分析。2020 年前三季度，辽宁省民营制造业上市企业的平均资产负债率为 41.51%，排名全国第 6 位，高于全国 35.58% 的平均水平，并略高于 2019 年 40.45% 的平均水平，较高的资产负债率在一定程度上说明企业面临着较高的财务风险，企业偿还债务的能力在降低。从个体上看，豪森股份以 83.84% 的资产负债率位居第一，其财务潜在风险值得关注（见表 12）。

表 12　　2020 年前三季度民营制造业上市公司资产负债率对比情况

排序	省份	企业数量（个）	资产负债率（%）
1	新疆维吾尔自治区	6	45.61
2	宁夏回族自治区	4	44.98
3	黑龙江省	11	43.53
4	甘肃省	9	42.83
5	海南省	9	41.90
6	**辽宁省**	**26**	**41.51**
7	青海省	3	41.39
8	广西壮族自治区	8	40.27
9	福建省	57	38.88
10	内蒙古自治区	10	38.84
11	山西省	13	38.46
12	广东省	341	38.04
13	重庆市	18	37.44
14	贵州省	10	37.31
15	吉林省	9	37.18
16	安徽省	53	36.61
17	西藏自治区	6	36.54
18	浙江省	336	36.09
19	江苏省	289	35.63
20	河南省	41	34.70
21	四川省	53	34.51
22	江西省	23	34.34
23	山东省	104	33.53
24	湖北省	37	33.25
25	上海市	107	31.99
26	湖南省	48	31.32
27	北京市	72	29.67
28	天津市	20	29.02
29	陕西省	12	28.34
30	河北省	24	27.04
31	云南省	7	25.14
全国平均			**35.58**

资料来源：根据 Wind 资讯计算所得。

2020 年前三季度，辽宁省民营制造业企业的已获利息倍数为 12.83，排名第 23 位，且显著低于全国 31.33 的平均水平，同时低于 2019 年辽宁省 19.38 的平均水平（见表 13）。虽然从绝对数字上，大多数企业的已获利息倍数均高于 3（一般认定的安全已获利息倍数值），但是与全国平均水平的较大差异以及持续下降的已获利息倍数说明，辽宁省民营制造业企业的偿债能力问题不容忽视，全省民营制造业企业面临亏损、偿债的安全性与稳定性下降的风险。

表 13　2020 年前三季度民营制造业上市公司已获利息倍数对比情况

排序	省份	企业数量（个）	已获利息倍数
1	上海市	60	57.81
2	湖北省	20	52.52
3	山西省	11	48.36
4	江苏省	213	39.00
5	西藏自治区	4	36.74
6	福建省	39	34.12
7	陕西省	5	32.79
8	浙江省	222	32.72
9	山东省	71	29.89
10	黑龙江省	9	29.00
11	吉林省	6	28.62
12	广东省	233	28.31
13	广西壮族自治区	6	26.75
14	四川省	26	25.82
15	江西省	15	24.63
16	安徽省	33	24.48
17	河南省	30	23.50
18	湖南省	32	21.68
19	河北省	11	21.36
20	新疆维吾尔自治区	5	15.29
21	北京市	39	13.77
22	贵州省	5	13.44

续表

排序	省份	企业数量（个）	已获利息倍数
23	**辽宁省**	**19**	**12.83**
24	重庆市	13	12.67
25	海南省	6	12.38
26	天津市	11	12.26
27	宁夏回族自治区	3	11.82
28	云南省	3	11.71
29	内蒙古自治区	7	6.11
30	甘肃省	6	3.97
31	青海省	2	1.59
全国平均			**31.33**

资料来源：根据 Wind 资讯计算所得。

（4）经营增长状况分析。2020 年前三季度，辽宁省民营制造业企业的营业收入增长率为 11.04%，排名第 10 位，且高于全国 7.99% 的平均水平，并显著高于辽宁省 2019 年 5.06% 的平均水平。整体上，辽宁省民营制造业企业的经营保持了较好的发展态势。但是从个体上看，分化还是比较明显的，2020 年前三季度，有 12 家上市公司的营业收入为负，有 6 家企业连续两年的营业收入为负，这些企业的可持续发展情况值得关注（见表 14）。

表 14　　2020 年前三季度民营制造业上市公司营业收入对比情况

排序	省份	企业数量（个）	营业收入增长情况（%）
1	新疆维吾尔自治区	6	29.61
2	天津市	19	22.06
3	山西省	13	18.14
4	黑龙江省	12	15.17
5	湖南省	46	13.24
6	重庆市	19	12.84
7	山东省	102	12.73
8	湖北省	37	12.43

续表

排序	省份	企业数量（个）	营业收入增长情况（%）
9	四川省	53	11.34
10	**辽宁省**	**26**	**11.04**
11	江西省	23	9.79
12	江苏省	280	9.02
13	北京市	75	8.97
14	上海市	107	8.88
15	浙江省	331	7.91
16	广东省	341	7.61
17	广西壮族自治区	8	7.46
18	福建省	57	5.12
19	内蒙古自治区	9	4.72
20	河南省	44	2.88
21	云南省	7	2.74
22	安徽省	52	2.14
23	海南省	9	1.41
24	陕西省	11	0.61
25	西藏自治区	6	-6.56
26	河北省	23	-6.74
27	青海省	3	-7.28
28	贵州省	9	-8.90
29	甘肃省	9	-15.58
30	宁夏回族自治区	3	-17.93
31	吉林省	11	-22.14
全国平均			**7.99**

资料来源：根据 Wind 资讯计算所得。

辽宁省民营制造业企业的研发支出总额占营业收入的 3.92%，排在第 20 位，低于全国 5.28% 的平均水平，且低于 2019 年 4.89% 的平均水平（见表 15）。企业的研发支出能够反映企业在技术方面的投入力度，从而在一定程度上反映出企业未来经营发展的可持续性，从这一点上看，辽宁省民营制造业企业增长在技术方面的支撑有待强化。

表 15　　2020 年前三季度民营制造业上市公司研发支出对比情况

排序	省份	企业数量（个）	研发支出总额占营业收入比（%）
1	北京市	77	9.79
2	陕西省	12	7.05
3	天津市	18	6.95
4	湖北省	39	6.68
5	河南省	43	6.30
6	广东省	345	6.20
7	吉林省	13	5.93
8	湖南省	48	5.77
9	上海市	106	5.72
10	黑龙江省	11	5.12
11	海南省	9	5.08
12	江苏省	288	5.03
13	浙江省	334	4.53
14	安徽省	52	4.52
15	福建省	56	4.47
16	河北省	25	4.44
17	四川省	52	4.26
18	山东省	102	4.09
19	江西省	23	3.93
20	**辽宁省**	**26**	**3.92**
21	广西壮族自治区	8	3.20
22	西藏自治区	6	3.13
23	内蒙古自治区	7	3.07
24	甘肃省	9	2.92
25	山西省	11	2.91
26	重庆市	18	2.84
27	云南省	6	2.79
28	青海省	3	2.34
29	贵州省	9	2.26
30	新疆维吾尔自治区	5	1.98
31	宁夏回族自治区	4	1.38
全国平均			**5.28**

资料来源：根据 Wind 资讯计算所得。

目前，辽宁省民营制造业企业的盈利能力虽然有所增强，但是横向对比并不突出，这与辽宁省制造业大省的历史地位并不匹配，相对较低的销售利润率说明辽宁省民营制造业企业在改进经营管理方面还有较大的提升空间。从资产质量状况上看，辽宁省民营制造业企业的经营特点为薄利多销，全省民营制造业企业产品的经济附加值需要进一步提升；而持续降低的应收账款周转率说明辽宁省民营制造业上市公司坏账损失有可能增大，偿债能力有所下降。从债务风险指标可以看出，辽宁省民营制造业企业的偿债压力不断增大，个别财务潜在风险值得关注。从经营增长状况分析，辽宁省民营制造业企业的经营保持了相对稳定的增长，但是研发投入的不足，影响了企业核心竞争力的形成。

（二）辽宁中小（新三板）民营企业的运营状况分析

为客观反映辽宁中小民营企业的运营状况，本书基于我国中小企业股份转让系统来进行分析。全国中小企业股份转让系统（简称“全国股转系统”，又称“新三板”）是经国务院批准，依据证券法设立的继上交所、深交所之后第三家全国性证券交易场所，也是我国第一家按公司制运营的证券交易场所。设立全国中小企业股份转让系统是加快我国多层次资本市场建设发展的重要举措。截至2019年，辽宁省共有149家民营企业在新三板市场上市，其行业分布与地区分布如下。

辽宁省新三板民营企业在地区分布上以沈阳、大连为主，两地共有100家，占比67%（见图3），在产业分布上，制造业占了全省新三板民营企业的半壁江山，其次是信息传输、软件和信息技术服务业（见图4）。此外，本书对比分析了2015～2019年辽宁新三板上市企业与全国上市企业的财务状况均值之间的关系，从而对辽宁省中小民营企业的发展有一个初步认识。从表16的计算结果看，辽宁省新三板上市民营企业的规模在经历了前期的高速扩张后逐渐趋稳。辽宁省新三板上市企业的总资产规模增长率从2015年的28.50%降低到2019年的5.38%，增长率下降的幅度明显，且其历年增长率均低于全国平均水平。

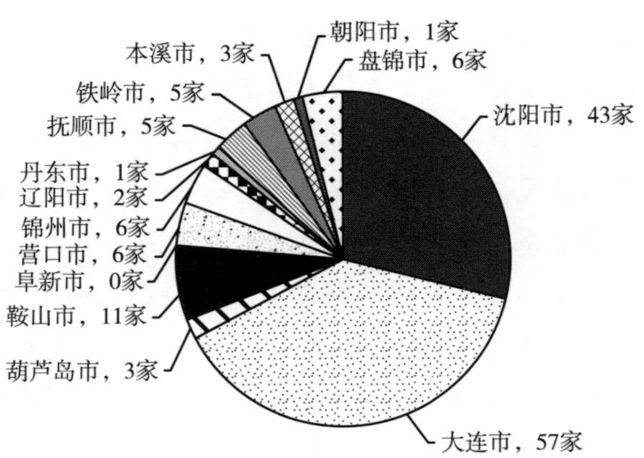

图 3　新三板市场中辽宁上市企业的地区分布情况

资料来源：根据 Wind 资讯计算所得。

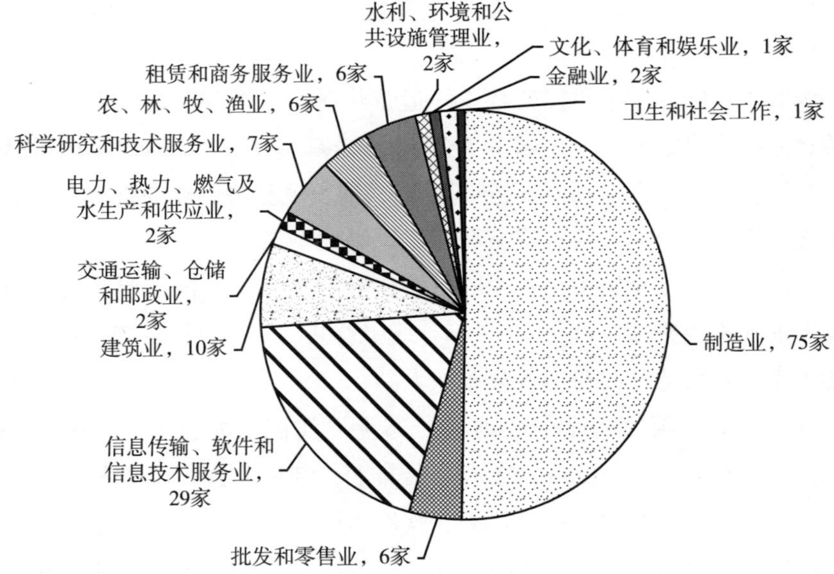

图 4　新三板市场中辽宁民营上市企业的行业分布情况

资料来源：根据 Wind 资讯计算所得。

表 16　　新三板上市民营企业历年总资产增长比较情况　　单位：%

项目	2015 年	2016 年	2017 年	2018 年	2019 年
辽宁平均值	28. 50	27. 98	16. 10	4. 52	5. 38
全国平均值	75. 34	34. 21	23. 22	11. 81	7. 94

资料来源：根据 Wind 资讯计算所得。

辽宁省新三板上市企业的营业收入增长率从 2015 年的 52.25% 降低到 2019 年的 6.25%，增长率下降的幅度明显，且其历年增长率均低于全国平均水平（见表 17），说明辽宁省中小民营企业的经营面临着一定的压力。可以说，营业收入下降显然是影响全省民营企业总资产规模扩张的主要因素。

表 17　新三板上市企业历年营业收入增长比较情况　单位：%

项目	2015 年	2016 年	2017 年	2018 年	2019 年
辽宁平均值	52.25	22.70	23.71	9.03	6.25
全国平均值	66.44	36.69	30.64	26.39	10.75

资料来源：根据 Wind 资讯计算所得。

2015 年至 2019 年，辽宁省新三板上市企业的总资产周转率持续下降，从 2015 年的 0.88 次下降到 2019 年的 0.77 次，且低于全国平均水平（见表 18），较低的总资产周转率说明辽宁省新三板民营上市企业资产的运营能力不高，一般认为，销售能力下降、存货增多以及闲置资金增多等因素会导致企业总资产周转率的下降。

表 18　新三板上市企业历年总资产周转率比较情况　单位：次

项目	2015 年	2016 年	2017 年	2018 年	2019 年
辽宁平均值	0.88	0.80	0.82	0.77	0.77
全国平均值	1.09	1.04	1.02	0.99	0.95

资料来源：根据 Wind 资讯计算所得。

2015～2019 年，辽宁省新三板民营上市企业的应收账款周转率下降较为严重，从 2015 年的 10.41 次下降到 2019 年的 6.96 次，且与 29.51 次的全国平均水平差异较大（见表 19）。这说明，一方面，辽宁省新三板企业的平均收账期延长，坏账损失增加，资产流动性降低，短期偿债能力减弱，经营风险凸显；另一方面说明辽宁省金融支持民营企业发展的力度还需进一步加强，信用市场建设亟须加强。

表 19　新三板上市企业历年应收账款周转率比较情况　单位：次

项目	2015 年	2016 年	2017 年	2018 年	2019 年
辽宁平均值	10.41	10.38	11.69	7.57	6.96
全国平均值	36.04	34.35	23.32	25.46	29.51

资料来源：根据 Wind 资讯计算所得。

2015 年以来，辽宁省新三板上市企业的平均资产负债率较为稳定，2019 年为 41.47%，要低于全国 45.48% 的平均水平（见表 20）。从绝对值看，辽宁省新三板上市企业的整体资产负债结构相对较为合理，债务负担相对较小，财务风险较低。同时从侧面反映出，辽宁省新三板上市企业的外部资金利用率还有待加强。

表 20　　新三板上市企业历年资产负债率比较情况　　单位：%

项目	2015 年	2016 年	2017 年	2018 年	2019 年
辽宁平均值	40.34	35.73	37.48	38.40	41.47
全国平均值	43.14	39.73	40.69	42.58	45.48

资料来源：根据 Wind 资讯计算所得。

2015 ~2018 年辽宁省新三板民营上市企业的已获利息倍数均为负数，同时全国新三板民营企业也在绝大多数年份为负（见表 21），究其原因，一方面由于新三板民营企业的间接融资能力弱，导致利息费用为负（利息收入高于利息费用所导致），从而造成已获利息倍数均为负数；另一方面可能由于企业没有盈利，息税前利润为负数，导致已获利息倍数均为负数。而 2019 年，辽宁省新三板民营上市企业由负转正，但仅为 4.59，略高于 3 倍的安全值，说明辽宁省民营企业的长期偿债能力并不强，未来要重点关注民营企业的债务偿还问题。

表 21　　新三板上市企业已获利息倍数比较情况　　单位：%

项目	2015 年	2016 年	2017 年	2018 年	2019 年
辽宁平均值	-21.80	-30.44	-23.42	-3.74	4.59
全国平均值	-22.17	-13.40	3.20	-15.01	-17.32

资料来源：根据 Wind 资讯计算所得。

近五年，辽宁省新三板上市企业的研发支出占比均低于 9%，显著低于全国的平均水平，且有逐渐下降的趋势（见表 22），较低的研发支出不利于企业核心竞争力的培育以及企业的可持续增长。

表 22　　新三板上市企业研发支出占比比较情况　　单位：%

项目	2015 年	2016 年	2017 年	2018 年	2019 年
辽宁平均值	8.71	8.14	8.90	8.15	7.90
全国平均值	10.09	10.22	13.35	11.01	14.97

资料来源：根据 Wind 资讯计算所得。

综上所述，通过对辽宁省新三板上市民营企业的经营情况的对比分析，可以得出辽宁省中小民营企业经营的基本现状。首先，面对外部环境复杂、国内经济不确定性增强的大背景，辽宁省民营企业发展面临着一些困境。其次，企业规模、营业收入以较低的增速增长，增速低于全国平均水平。再次，总资产周转率、应收账款周转率持续降低，且低于全国水平，全省民营企业的资产利用率有待提升，经营风险值得关注；进一步，全省民营企业的资本结构较为合理，外部资金利用率有待加强，财务风险有待关注，金融对辽宁省民营企业的支持有待加强。最后，民营企业科研投入不足，科技创新对辽宁省民营企业创新发展的支撑引领作用有待加强。

（三）辽宁省大型民营企业经营态势分析

1. 辽宁入选中国民营企业 500 强的大型企业分析

（1）近 5 年来入围企业的变化。全国民营经济 500 强榜单由全国工商联组织各省区市工商联在各自区域、行业范围内实施，以民营企业自愿加入为原则。2020 年中国民营企业 500 强榜单于 2020 年 9 月发布，该榜单调研对象为 2019 年营业收入总额在 5 亿元以上的私营企业、民营经济成份控股的有限责任公司和股份有限公司，表 23 展示了 2013 ~ 2019 年辽宁省入围中国民营经济 500 强榜单情况。

表 23　　2013 ~ 2019 年辽宁省入围民营经济 500 强榜单情况　　单位：万元

排名	企业名称	所属行业	营业收入总额
2013 年			
8	大连万达集团股份有限公司	房地产业	18664000
104	嘉晨集团有限公司	黑色金属冶炼和压延加工业	3116567
124	福佳集团有限公司	化学原料和化学制品制造业	2827561
134	亿达集团有限公司	房地产业	2704884
194	辽宁忠旺集团有限公司	有色金属冶炼和压延加工业	2049444
301	沈阳远大企业集团	建筑装饰和其他建筑业	1362617
395	盘锦北方沥青燃料有限公司	石油加工、炼焦和核燃料加工业	1125517
440	辽宁曙光汽车集团股份有限公司	汽车制造业	1030000
495	锦联控股集团有限公司	水上运输业	920182
总计	9 家		33800772

续表

排名	企业名称	所属行业	营业收入总额
2014 年			
7	大连万达集团股份有限公司	房地产业	24248000
153	亿达集团有限公司	综合	2786031
288	盘锦北方沥青燃料有限公司	石油加工、炼焦和核燃料加工业	1552519
368	沈阳远大企业集团	建筑安装业	1267177
462	锦联控股集团有限公司	水上运输业	1058848
463	同益实业集团有限公司	化学原料和化学制品制造业	1055060
总计	6 家		31967635
2015 年			
7	大连万达集团股份有限公司	房地产业	29016000
170	亿达集团有限公司	房地产业	2646729
224	盘锦北方沥青燃料有限公司	石油加工、炼焦和核燃料加工业	2037682
356	环嘉集团有限公司	批发业	1402582
416	锦联控股集团有限公司	水上运输业	1208869
475	同益实业集团有限公司	化学原料和化学制品制造业	1057224
476	沈阳远大企业集团	建筑安装业	1056499
总计	7 家		38425585
2016 年			
9	大连万达集团股份有限公司	综合	25498000
147	环嘉集团有限公司	批发业	3536431
158	盘锦北方沥青燃料有限公司	石油加工、炼焦和核燃料加工业	3309665
351	大连金玛商城企业集团有限公司	租赁业	1684521
452	兴隆大家庭商业集团有限公司	零售业	1324474
457	锦联控股集团有限公司	水上运输业	1307303
总计	6 家		36660394

续表

排名	企业名称	所属行业	营业收入总额
2017 年			
10	大商集团有限公司	零售业	28080516
17	大连万达集团股份有限公司	综合	20185519
162	盘锦北方沥青燃料有限公司	石油加工、炼焦和核燃料加工业	4107120
187	环嘉集团有限公司	批发业	3838626
267	辽宁禾丰牧业股份有限公司	农副食品加工业	2730333
438	大连金玛商城企业集团有限公司	商务服务业	1775527
总计	6 家		60717641
2018 年			
12	大商集团有限公司	零售业	30029186
23	大连万达集团股份有限公司	综合	18076999
114	盘锦北方沥青燃料有限公司	石油加工、炼焦和核燃料加工业	6003399
143	辽宁嘉晨控股集团有限公司	黑色金属冶炼和压延加工业	4963961
182	福佳集团有限公司	化学原料和化学制品制造业	4273426
204	环嘉集团有限公司	废弃资源综合利用业	3914517
243	辽宁禾丰牧业股份有限公司	农副食品加工业	3462704
289	铭源控股集团有限公司	批发业	2964371
341	五矿营口中板有限责任公司	黑色金属冶炼和压延加工业	2516410
383	辽宁宝来生物能源有限公司	石油加工、炼焦和核燃料加工业	2256639
385	盘锦浩业化工有限公司	石油加工、炼焦和核燃料加工业	2254118
总计	11 家		80715730
2019 年			
28	大连万达集团股份有限公司	综合	16188267
57	中升（大连）集团有限公司	零售业	10091383
106	辽宁宝来生物能源有限公司	石油、煤炭及其他燃料加工业	7075916
107	盘锦北方沥青燃料有限公司	石油、煤炭及其燃料加工业	6985247
141	辽宁嘉晨控股集团有限公司	黑色金属冶炼和压延加工业	5862135
173	福佳集团有限公司	化学原料和化学制品制造业	4669130
190	辽宁禾丰牧业股份有限公司	农副食品加工业	4442822
237	盘锦浩业化工有限公司	石油、煤炭及其他燃料加工业	3768388
总计	8 家		59083288

资料来源：根据全国工商联发布的历年全国民营经济 500 强榜单整理所得。

在2020年中国民营企业500强榜单中，辽宁共有8家民营企业入围，与2019年相比减少3家。入围企业中有3家企业来自大连，3家来自盘锦，1家来自营口，1家来自沈阳。其中，原入选2019年500强榜单的11家企业中，有7家企业依旧入选了2020年榜单，而2020年辽宁新增500强榜单企业1家，为中升（大连）集团有限公司。

（2）辽宁入围企业的特点。从历年入围榜单来看，大连万达集团股份有限公司排名显著高于全省其他入围企业，更多入围的企业则排在中游位置。

从入围企业的行业分布来看，以能源加工为代表的生产服务业占主体，2020年入围的8家企业中，有5家为生产服务业，其他入围企业则主要包括零售、农产品加工、批发以及综合服务类企业。从地域分布特点来看，大连、盘锦地区成为辽宁省民营经济发展的主阵地，以2020年为例，8家入围企业有3家来自大连地区，3家来自盘锦，1家来自营口，1家来自沈阳，其他10个地级市无一家入围企业，地域失衡特征明显。

（3）省际比较分析。图5～图14为以省份为单位的历年入围企业的数量和营业收入总额情况。

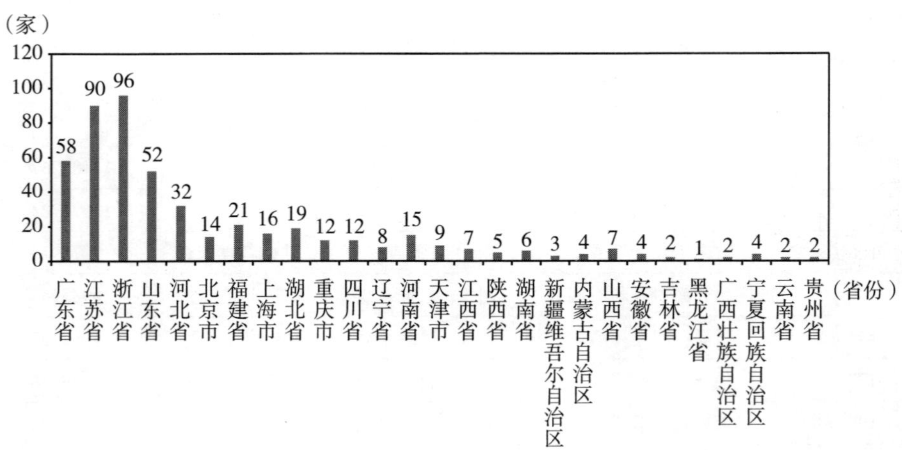

图5　2019年民营经济500强入选企业数量（分省份）情况

资料来源：根据全国工商联发布的历年全国民营经济500强榜单整理所得。

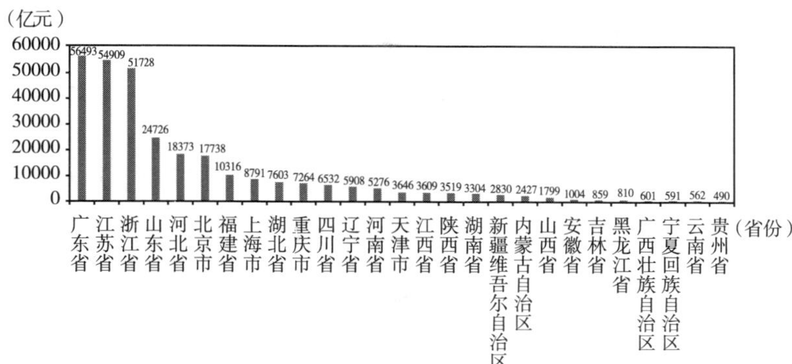

图 6　2019 年民营经济 500 强营业收入总额（分省份）情况

资料来源：根据全国工商联发布的历年全国民营经济 500 强榜单整理所得。

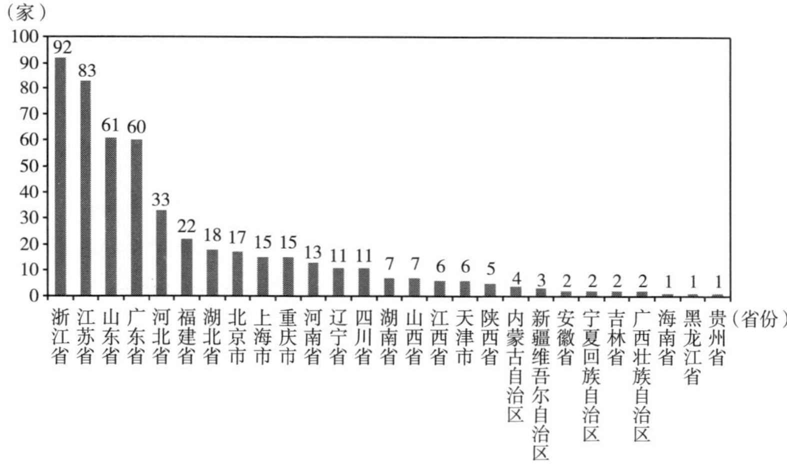

图 7　2018 年民营经济 500 强入选企业数量（分省份）情况

资料来源：根据全国工商联发布的历年全国民营经济 500 强榜单整理所得。

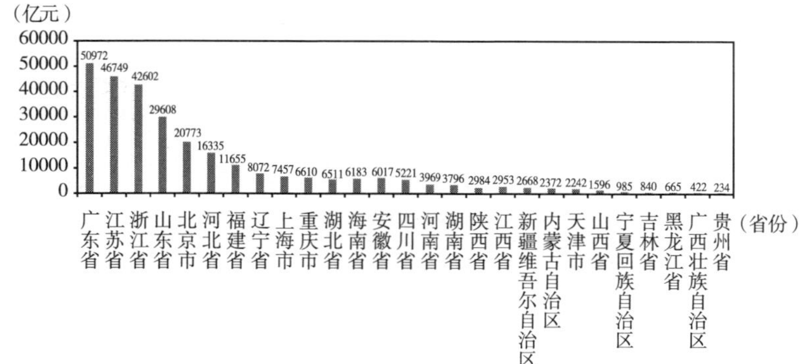

图 8　2018 年民营经济 500 强营业收入总额（分省份）情况

资料来源：根据全国工商联发布的历年全国民营经济 500 强榜单整理所得。

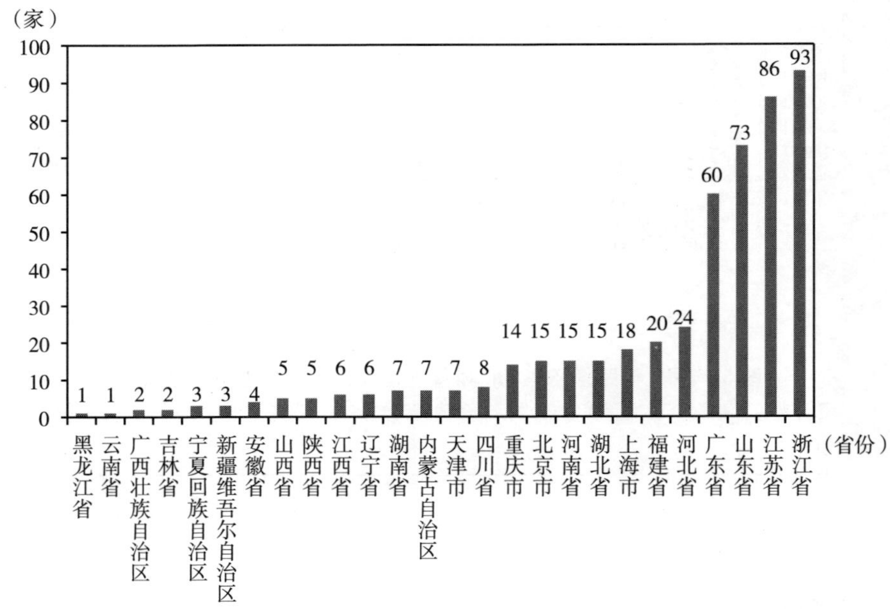

图 9　2017 年民营经济 500 强入选企业数量（分省份）情况

资料来源：根据全国工商联发布的历年全国民营经济 500 强榜单整理所得。

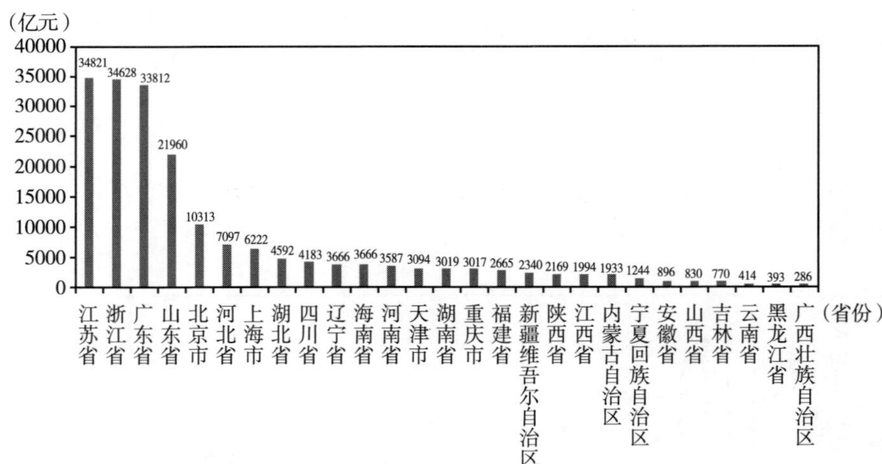

图 10　2017 年民营经济 500 强营业收入总额（分省份）情况

资料来源：根据全国工商联发布的历年全国民营经济 500 强榜单整理所得。

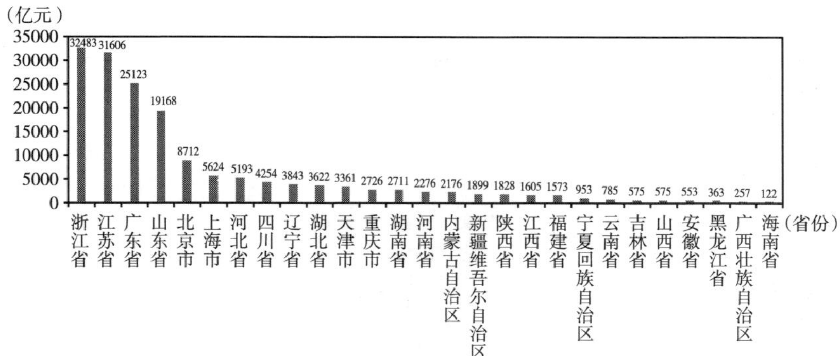

图 11　2016 年民营经济 500 强营业收入总额（分省份）情况

资料来源：根据全国工商联发布的历年全国民营经济 500 强榜单整理所得。

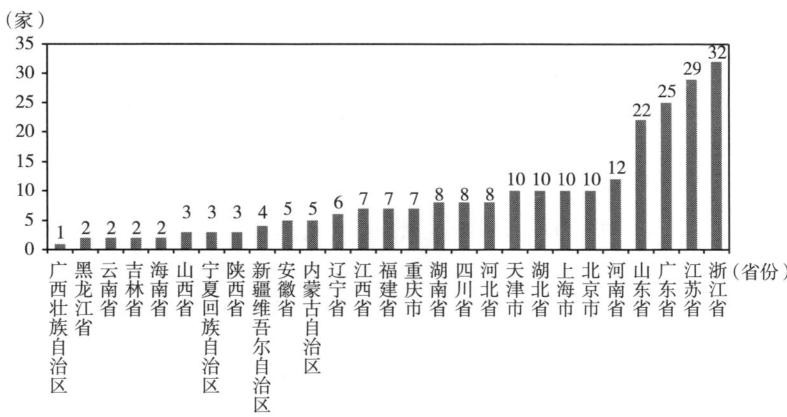

图 12　2016 年民营经济 500 强入选企业数量（分省份）情况

资料来源：根据全国工商联发布的历年全国民营经济 500 强榜单整理所得。

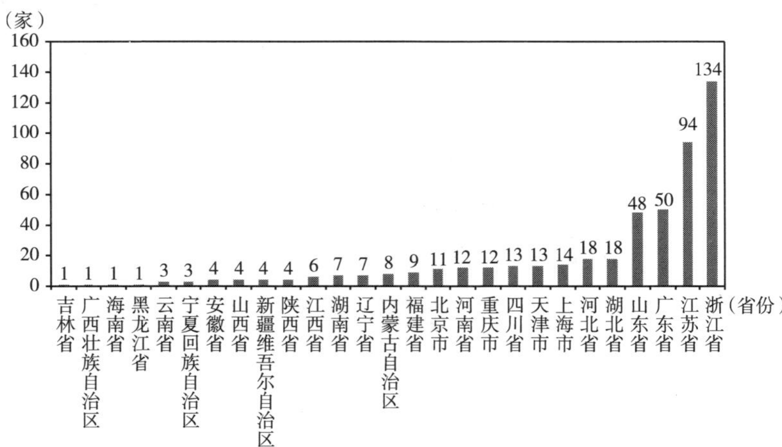

图 13　2015 年民营经济 500 强入选企业数量（分省份）情况

资料来源：根据全国工商联发布的历年全国民营经济 500 强榜单整理所得。

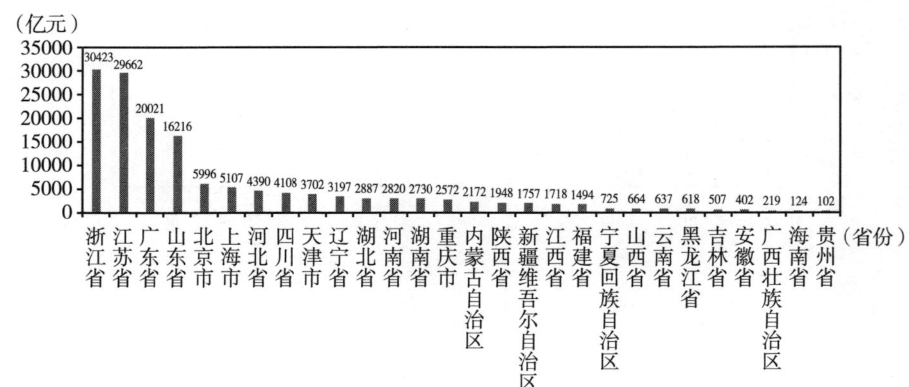

图 14　2015 年民营经济 500 强营业收入总额（分省份）情况

资料来源：根据全国工商联发布的历年全国民营经济 500 强榜单整理所得。

从历年入围企业数量看，山东、广东、江苏、浙江等民营经济发达省份优势明显，占比高达 60% 以上；辽宁省排名全国中游靠前（2020 年入选企业排名第 14 位），但与 2019 年相比，入选企业减少 3 家（2019 年入选企业数并列排名第 12 位）。从历年入围企业的营业收入总额看，相对于入围数量排名，辽宁省在营业收入总额上的排名要相对靠前（2020 年排名第 12 位），这主要是由于辽宁省排名第一的大连万达集团业绩突出，并不能真正反映全省民营企业整体收入水平的提升。从历年入围企业的总资产看，2020 年，辽宁省入围企业的总资产规模达到 13174.58 亿元，占 500 强总额的 3.56%，排名第 10 位。与此同时，2020 年辽宁省跌出了制造业民营企业 500 强企业排名前十的位置。

2. 2020 年辽宁民营 100 强入选企业分析

2020 年 10 月，辽宁省工商联发布了《2020 辽宁民营企业百强榜单》，与 2019 年相比，评选机构对评选办法进行了完善升级，增加候选企业数量，优化评价指标，扩充评审单位，对最终入选的 100 家企业综合考量上年度营业收入总额、纳税额、吸纳就业、资产负债率、研发投入等指标，进行加权排名，形成了 2020 年辽宁民营企业百强榜单。总体来看呈现以下特点。

（1）入选企业营业收入总额大幅提高，超百亿元的企业有所增加。辽宁民营企业 100 强实现营业收入总额为 14019. 96 亿元，比上年度增长 17. 67%；纳税总额为 710. 59 亿元，比上年度增长 13. 36%，纳税超过 10 亿元的有 11 家，比上年度多 1 家；吸纳就业 40 余万人。营业收入总额超过百亿元的企业有 19 家，比上年多 5 家。

（2）100 强企业中，产业构成相对稳定，第二产业居于突出位置，百强企业中第二产业达 60 家，主要集中在制造、批发零售、石化、房地产等行业领域。

（3）从百强企业地区分布来看：本溪、铁岭两市各有两家企业首次入围，百强民营企业在全省 14 个市实现全覆盖。其中，沈阳、大连、营口上榜企业数量分别为 27 家、23 家、12 家，位列榜单企业数量第一、第二、第三位。另外，鞍山 7 家、盘锦 7 家、丹东 5 家、锦州 4 家、辽阳 3 家、朝阳 3 家、抚顺 2 家、本溪 2 家、阜新 2 家、铁岭 2 家、葫芦岛 1 家（见图 15）。

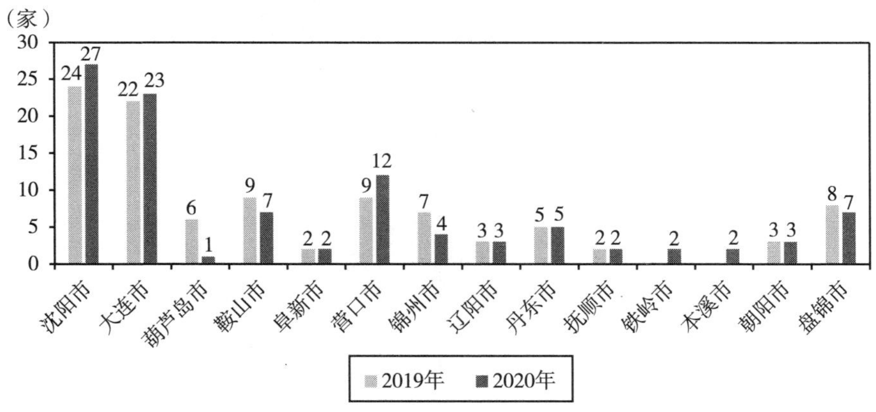

图 15　2019～2020 年辽宁省各地区入选民营经济百强情况

榜单前十位分别是大商集团有限公司、大连万达集团股份有限公司、中升（大连）集团有限公司、辽宁宝来生物能源有限公司、逸盛大化石化有限公司、福佳集团有限公司、辽宁嘉晨控股集团有限公司、盘锦北方沥青燃料有限公司、恒力石化（大连）炼化有限公司、辽宁禾丰牧业股份有限公司；按所属地区分，辽宁 10 强民企大连独占六席，盘锦占两席，营口、沈阳各一席（见表 24）。

表 24　　2020 年辽宁民营企业 100 强名单

排名（位）	企业名称	所属地区	排名（位）	企业名称	所属地区
1	大商集团有限公司	大连	36	抚顺齐隆化工有限公司	抚顺
2	大连万达集团股份有限公司	大连	37	辽宁新华龙大有钼业有限公司	锦州
3	中升（大连）集团有限公司	大连	38	辽宁九江实业有限公司	葫芦岛
4	辽宁宝来生物能源有限公司	盘锦	39	大连三丰能源集团有限公司	大连
5	逸盛大化石化有限公司	大连	40	恒百锐供应链管理股份有限公司	大连
6	福佳集团有限公司	大连	41	桃李面包股份有限公司	沈阳
7	辽宁嘉晨控股集团有限公司	营口	42	朝阳金达集团实业有限公司	朝阳
8	盘锦北方沥青燃料有限公司	盘锦	43	辽宁远大诺康生物制药有限公司	沈阳
9	恒力石化（大连）炼化有限公司	大连	44	辽宁惠华新业贸易集团有限公司	沈阳
10	辽宁禾丰牧业股份有限公司	沈阳	45	盘锦益久石化有限公司	盘锦
11	恒力石化（大连）有限公司	大连	46	中兴—沈阳商业大厦（集团）股份有限公司	沈阳
12	辽宁忠旺集团有限公司	辽阳			
13	鞍炼集团有限公司	沈阳	47	辽宁华路特种沥青有限公司	盘锦
14	海城市后英经贸集团有限公司	鞍山	48	营口金龙集团	营口
15	东软集团股份有限公司	沈阳	49	沈阳萃华金银珠宝股份有限公司	沈阳
16	锦州万得汽车集团有限公司	锦州	50	辽宁三华耐火集团有限公司	营口
17	沈阳三生制药有限责任公司	沈阳	51	沈阳市昊明禽业有限公司	沈阳
18	沈阳远大企业集团	沈阳	52	锦州奥鸿药业有限责任公司	锦州
19	大连万蓝利石油销售有限公司	大连	53	鞍山市九股河食品有限责任公司	鞍山
20	三一重型装备有限公司	沈阳	54	沈阳国美电器有限公司	沈阳
21	特变电工沈阳变压器集团有限公司	沈阳	55	开原胜利牧业有限公司	铁岭
22	朝阳浪马轮胎有限责任公司	朝阳	56	营口万隆广场商业管理有限公司	营口
23	辽宁红运投资（集团）有限公司	营口	57	辽宁星源食品有限公司	鞍山
24	大连奥托股份有限公司	大连	58	博宇金属股份有限公司	沈阳
25	沈阳双汇食品有限公司	沈阳	59	辽宁东港电磁线有限公司	丹东
26	营口东盛实业有限公司	营口	60	大连三川建设集团股份有限公司	大连
27	丹东鑫兴炭素有限公司	丹东	61	大连瑞光非织造布集团有限公司	大连
28	奥克控股集团股份公司	辽阳	62	西姆集团有限公司	大连
29	抚顺罕王直接还原铁有限公司	抚顺	63	亚洲渔港股份有限公司	大连
30	辽宁曙光汽车集团股份有限公司	丹东	64	大杨集团有限责任公司	大连
31	沈阳耘垦牧业有限公司	沈阳	65	大连实达建工集团有限公司	大连
32	辽宁衡业汽车新材股份有限公司	鞍山	66	北票市宏发食品有限公司	朝阳
33	辽宁五一八内燃机配件有限公司	丹东	67	大连苏宁易购销售有限公司	大连
34	沈阳万科企业有限公司	沈阳	68	辽宁紫竹集团有限公司	鞍山
35	沈阳来金汽车零部件有限公司	沈阳	69	阜新伊利乳品有限责任公司	阜新

续表

排名（位）	企业名称	所属地区	排名（位）	企业名称	所属地区
70	本溪参铁（集团）有限公司	本溪	85	本溪玉晶玻璃有限公司	本溪
71	大连万运高新科技发展集团有限公司	大连	86	辽宁宏宇耐火材料集团有限公司	营口
			87	锦州创惠新能源有限公司	锦州
72	亿达发展有限公司	大连	88	大连瑞佳建设集团有限公司	大连
73	营口康辉石化有限公司	营口	89	良运集团有限公司	大连
74	营口盛海化工有限公司	营口	90	沈阳旭辉企业管理有限公司	沈阳
75	海城诚信有色金属有限公司	鞍山	91	沈阳市政集团有限公司	沈阳
76	鞍山神龙腾达工贸有限公司	鞍山	92	苏宁易购（沈阳）电子商务有限公司	沈阳
77	海昌（中国）有限公司	大连	93	辽宁盛世欣兴格力贸易有限公司	沈阳
78	阜新鲁花浓香花生油有限公司	阜新	94	辽宁辽鞍工程机械有限公司	辽阳
79	营口东林（集团）有限公司	营口	95	营口新北方制糖有限公司	营口
80	沈阳京东世纪贸易有限公司	沈阳	96	丹东隆宇建设工程有限公司	丹东
81	辽宁共享碧桂园置业有限公司	沈阳	97	辽宁卫生服务有限公司	沈阳
82	辽宁方大集团国贸有限公司	营口	98	辽宁亿方石油化工有限公司	盘锦
83	辽宁汇福荣兴蛋白科技有限公司	盘锦	99	盘锦隆旺达石化科技有限公司	盘锦
84	辽宁兴东科技有限公司	铁岭	100	沈阳联天红贸易有限公司	沈阳

三、2021 年辽宁民营经济发展的展望

2021 年是“十四五”的开局之年，辽宁省提出实现地区生产总值增长 6% 以上、规模以上工业增加值增长 8% 以上的经济发展目标。作为重要经济力量的民营经济将会面临更好的经济环境和营商环境，民营企业的数量和质量会进一步提升，对经济社会的贡献值将会进一步增加。

（一）体制机制更加有利于民营经济发展

1. 营商环境将全面优化

2021 年辽宁将全力打造“办事方便、法治良好、成本竞争力强、生态宜居”的营商环境，全力优化民营企业发展生态。省政府已经明确表态：

继续深入推进“放管服”改革向纵深发展，实现“证照分离”改革全覆盖，全链条、全流程下放行政审批权，清理兼并多部门、多层级重复审批。提升政务服务水平，推进“一网一门一次”改革，全省“一网通办”实际网办率达到70%，“一网通办”达到全国先进水平。社会信用体系会日益健全，政府将不断完善守信联合激励、失信联合惩戒机制，让失信欺诈受到惩治，让诚实守信蔚然成风。

2. 民营企业运营环境日益宽松

一是市场准入条件逐步下降，破除招投标、投融资等方面存在的隐性壁垒。二是市场体系日益完善，要素流通渠道顺畅，大连商品交易所将建设国际一流衍生品交易所，集体经营性建设用地入市得到有序发展，建设用地使用权二级市场逐步完善，数据等要素市场化交易平台日益健全，售电侧改革将会取得阶段性进展。三是企业的直接融资会得到进一步强化，金融产品日益丰富，普惠金融服务日益完善，民营经济转型升级的速度会进一步加快，各类市场主体“壮”起来、“火”起来。

（二）中小企业的创新能力得到进一步的增强

1. 企业创新主体地位将得到进一步增强

2021年辽宁省将实施科技型企业梯度培育计划，大力培育“专精特新”，创新要素向企业集聚和跨界融合。将按照“政府引导，企业主体，市场机制，利益驱动”的原则，培育组建以企业为主体的实质性产学研联盟，让企业做“盟主”，使企业产生创新发展的驱动力。重点围绕新材料、精细化工、高端装备、集成电路、增材制造、柔性电子等新兴产业需要，以及科技赋能装备制造、石化、钢铁等优势产业的需求，坚持由行业领军企业、大型国有企业、雏鹰瞪羚独角兽企业做“盟主”，涵养企业技术创新能力，促进科技成果转化。推动构建典型产学研联盟1000个以上，推动企业自发组建引领型联盟3000个以上。

企业创新主体地位得到强化，省科技厅将进一步推动全省高新技术企业申报和认定的便利化，按照全省“一网通办”的最新要求，落实高新技术企业申报评审“无纸化”，提高企业申报评审便捷性，为企业提供最大便利。全省将培育“专精特新”企业80户、“小巨人”企业30户，新增高新技术企业1000家、雏鹰瞪羚独角兽企业500家。科技投入力度将进一步加大，全社会科研经费投入增长7.5%，科技成果省内转化率提高3个百分点。通过“揭榜挂帅”，力争攻克新材料、精细化工、高端装备制造、半导体芯片制造设备和工业基础软件等领域“卡脖子”关键核心技术。

2. 新旧动能转换将显现良好的态势

高新技术产业投资拉动作用明显。2021年辽宁将大力发展数字经济，加快发展软件、电子信息制造等数字经济核心产业，培育数字产业集群，推动数字经济与实体经济深度融合，实施法定数字货币应用试点。工业互联网和5G实现跨越式发展，新建5G基站2.5万个，培育100个“5G+工业互联网”示范工厂、示范园区。采取措施改造升级“老字号”，用人工智能、大数据赋能增效，布局一批智能工厂、智能车间、智能生产线，发展智能制造、绿色制造和服务型制造，打造100个以上企业改造升级标杆。深度开发“原字号”，壮大精细化工和化工新材料产业，推进冶金产业精深加工，加快菱镁产业转型升级。培育壮大“新字号”，加快发展新一代信息技术、生物医药、新材料、高端装备制造、新能源汽车等战略性新兴产业，超前布局增材制造、柔性电子、第三代半导体、量子科技、储能材料等未来产业。

（三）民营经济投资将保持快速增长态势

2021年，辽宁省政府提出全省的固定资产投资增长10%左右。其中，民营经济将是固定资产投资增长的主要贡献者，在全省的投资增长中起主导作用。第二产业的投资增速将快于第一、第三产业，第三产业的投资占比将会达到50%以上，成为民营企业固定资产投资最多的产业。

（四）沈阳、大连的民营经济发展优势将得到进一步增强

沈阳、大连仍将是民营经济发展的高地，引领全省经济的发展。辽宁省提出的建设“一圈一带两区”区域经济布局，将进一步强化沈阳、大连两个龙头的优势地位，两个城市的民营经济增速会进一步加快、率先发展。

阜新、朝阳、葫芦岛等城市将利用区位优势，积极融入京津冀协同发展，强化通道、产业、平台、人才、市场对接，建设产业转移示范区，将成为民营企业快速增长的新区域。

专题报告

专题一

新冠肺炎疫情对辽宁民营企业的影响

2020 年伊始，新冠肺炎疫情迅速席卷全国。1 月 25 日，辽宁省启动重大突发公共卫生事件一级响应，实行最严格的防控措施。1 月 31 日，辽宁省政府办公厅发布《关于延迟企业复工和学校开学的通知》，本行政区域内企业延迟复工，复工时间不得早于 2 月 9 日 24 时。随着新冠肺炎疫情抗战形势的严峻，为原本存在“融资难、融资贵”问题的民营中小企业复工复产，带来更大的冲击。

统筹做好疫情防控和经济社会发展，不仅是一次“大战”，也是对我国治理体系和能力的“大考”。这场“大考”一方面考验中国抗疫能力和行动；另一方面考验中国经济的承受能力以及恢复能力。在交通和人员停滞、部分企业全面停工的艰难条件下，相较于大型企业，民营中小型企业是十分脆弱的。据国家工信部对云平台的大数据监测显示，2020 年第一季度全国民营中小企业复工率为 84%。从民营中小企业行业来看，在新冠肺炎疫情初期，由于采取限制人员流动的防疫措施，受影响较大的包括餐饮、住宿、重点商贸流通企业、提供生活必需品的超市等重点市场保供企业。第二产业复工复产率好于生产性服务业和生活性服务业。民营中小企业的复工复产率低于大型企业，但要好于微型企业。

2020 年 2 月 10 ~ 20 日，渤海大学民营经济研究院针对新冠肺炎疫情对辽宁省中小企业的影响以及政府支持政策的实施效果进行了调查，通过电话访谈、线上问卷等方式共调查辽宁各地 164 家中小企业（20 人以下规模的企业占到 46.34%，企业规模在 100 人以内的占到 80%）。涵盖制造业（占 39.02%）、批发与零售业（占 17.07%）、教育（占 9.76%）、住宿与餐饮业（占 7.32%）、文化体育与娱乐业（占 7.32%）、农林牧渔（占

4.88%)、交通物流(占2.44%)等主要行业。

一、新冠肺炎疫情对辽宁省中小企业的影响

通过调研发现：由于疫情蔓延引发的订单下降、限制开工、人员不足、固定成本负担过重、资金周转不畅、上下游供应链中断，以及进而可能带来的信用和债务风险，都给中小企业带来非常严重的冲击。

(一) 开工不足，受调查企业的经营出现困难

疫情期间，正常经营的企业仅占19.51%，线下业务关停、线上业务正常的占9.76%，线下业务关停、线上业务减少的占12.2%，完全关停的企业占比为58.54%。因业务停滞或减少，造成经营困难的企业达到了53.66%。按行业细分，餐饮住宿业、文化娱乐业、旅游业、教育培训业等消费者服务业受影响程度最深，这些行业基本处于歇业状况。开工不足，直接影响企业收入，导致资金运转不畅，间接引发贷款无法及时偿还问题。调查显示：从账上现金余额能维持企业生存的时间来看，80.49%的企业流动资金只能维持在2个月内，无法及时偿还贷款及其他债务的企业占到了31.7%，全省中小企业面临在短时间内资金链断裂和由此造成的倒闭风险(见图1-1)。

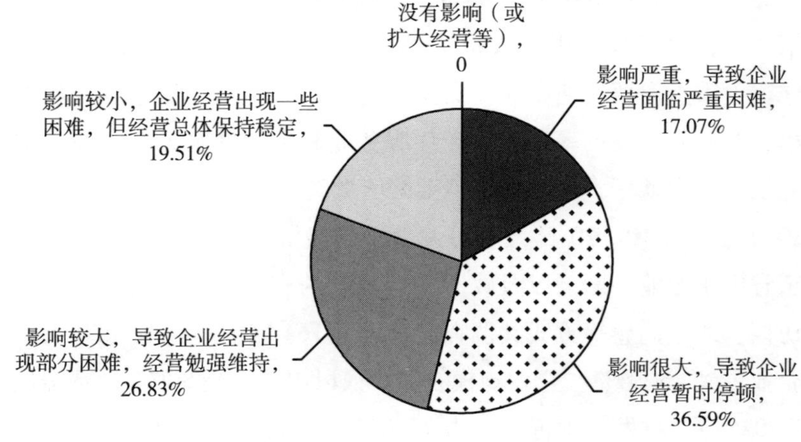

图1-1 新冠肺炎疫情对企业的影响程度

（二）信心受到打击

受访企业普遍预测2020年营业收入呈下降趋势，认为2020年收入会有增长和持平的仅占7.32%，超过3/4的企业预测2020年的收入会下降：有12.2%的企业估计疫情导致2020年营业收入下降幅度超过50%，26.83%的企业预计营业收入下降20%~50%，24.39%的企业预计营业收入下降10%~20%。在收入下降的同时，企业预期利润也大幅减少，预计比上年同期利润下降幅度在30%以上的企业占比为24.39%，预计利润下降幅度在10%~30%的企业占比为29.27%，预计出现亏损的企业则达到了31.71%（见图1-2）。

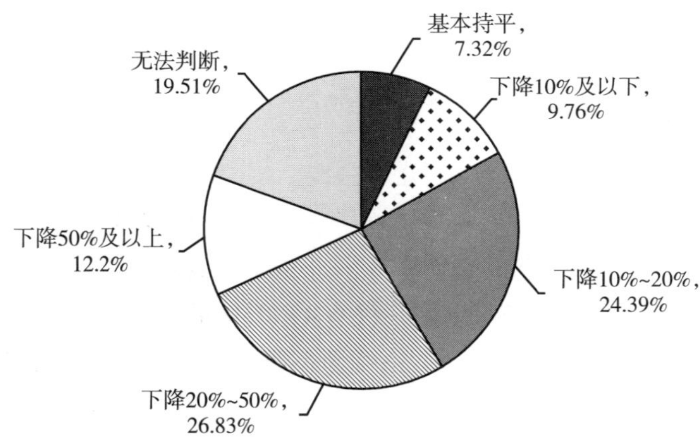

图1-2　企业对2020年收入的预期情况

（三）企业用工下降

若疫情影响持续、帮扶不力，中小微企业有可能出现一定比例的关停甚至倒闭。有41.46%的企业准备关停部分生产经营业务，有21.95%的企业准备裁员或减少用工量，有14.63%企业准备降薪。在准备裁员的企业中，裁员10%以内的企业占42.86%，裁员10%~30%的企业占28.56%，14.28%的企业表示裁员在30%以上。

二、企业复工的情况与面临的主要困难

（一）中小微企业复工率较低

自2020年2月6日全省召开复工视频调度会议以来，各地区各部门按照辽宁省委、省政府工作安排，抓紧抓好复工复产。目前全省规模以上工业企业复工率达到83%左右。但小微企业的复工率则相对较低。2月14日调查样本显示：样本中，百货、批发和零售业的复工率最高，达到了71.4%；制造业复工率也达到了69.3%，但是住宿、餐饮的复工率只有26.3%，另有48.8%的企业视疫情的进展来确定复工时间。

（二）恢复营业困难

疫情发生后，市场需求下降、客户流失。疫情导致的业务萎缩和复工推迟可能会压垮不少脆弱的初创企业。许多企业表示即使复工也无法在短期内达到疫情前的正常经营水平，仅有17.07%的企业表示只要复工就能立即恢复到疫前的经营状态，70.73%的企业表示需要1～3个月的恢复期，7.32%的企业表示需要4～6个月的恢复期。另外有4.88%的企业受疫情影响严重，需要6个月以上的恢复期（见图1－3）。

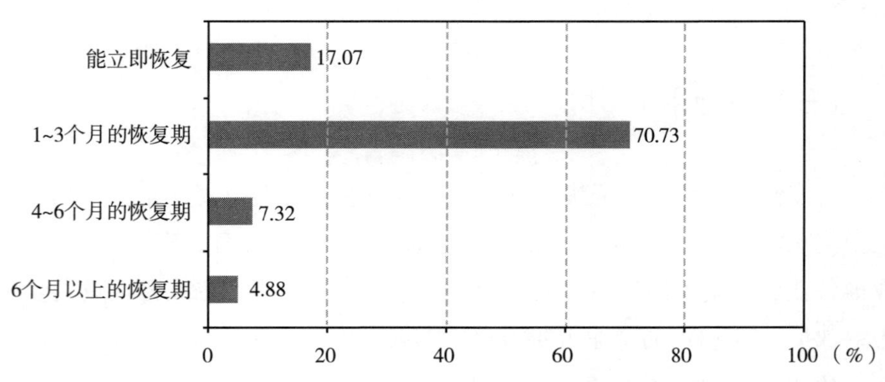

图1－3　企业对恢复期的估计情况

目前企业遇到的主要困难有：

1. 业务开展难

对于批发零售、餐饮、住宿等行业的客源流失现象仍然极为严重，限制人员流动导致市场拓展极难开展，有 56.1% 的企业认为最大的困难来自市场需求的断崖式下滑。

2. 配套难

企业复工并非独立行动，涉及上下游和供应链，国内多地限行、延迟复工等很大程度上导致供应商无法正常供货，进而影响整个产业链上各企业的生产销售。有 43.75% 的制造企业因供应商原材料、零部件进不来，影响了正常生产。同时也有 56.1% 的企业表示停工、停业将导致生产进度拖延，延期交货。

3. 防控难

员工健康安全如何得到保障是复工企业面临的一大问题。对中小微企业，尤其是小作坊、小餐饮、小酒店等对员工包吃包住的企业来说，一旦员工发生疫情，密切接触的其他员工也将因隔离而产生巨额费用，企业的防控风险和压力相当沉重。在医疗防护物资全国性紧缺的背景下，企业自身对复工后的安全生产存在忧虑，31.7% 的企业认为安全生产是影响复工的最主要因素。小微企业普遍反映在防护用品配备、日常出入管控与检测、分级防控隔离措施、人员办公和住宿密度、食堂用餐管理、员工通勤方式等方面存在困难。

4. 招工难

中小微企业特别是小餐饮、经济型酒店、家政服务、建筑业中的水电安装、家装等行业，平时所用员工基本是临时雇员、短期雇员，农民工、外地员工占比较高，因存在封村、劝返、拒入、住所、隔离时间等问题，导致大量员工滞留家乡，无法返回工作地，用工严重短缺，因员工不足影响正常业务的企业占受访企业的 17.3%。

5. 融资难

疫情期间，银行支持疫情期间企业复工生产的再贷款已开始快速发放，但中小微企业普遍反映难以拿到贷款，主要是缺抵押、缺担保、缺信用记录、缺贷款历史记录、缺未来现金流保障等，有 23.15% 的企业反映资金紧张，难以获得融资支持。

此外，个别企业反映领取发票难，小微企业只能开具增值税普通发票，专用发票必须在税务局网站申请代开，随后到税务部门线下窗口办理，增加了人员接触和交叉感染的概率。

三、辽宁省对民营企业的帮扶措施

2021 年 2 月 6 日，辽宁省人民政府出台具体落实《辽宁省应对新型冠状病毒感染的肺炎疫情支持中小企业生产经营若干政策措施》，全省 14 个市、沈抚示范区及 23 个省（中）直部门出台配套政策 94 项。截至 2020 年 8 月，共计为企业减免社会保险费 109. 2 亿元，为 3. 9 万户企业支付失业保险稳岗返还资金 22. 9 亿元。全面落实 13 个税费种类共 23 项税费优惠政策，为近 6000 家道路运输经营业户减免服务费约 700 万元，为 3 万余户个体工商户减免房租超 1. 5 亿元，减免高速公路通行费近 60 亿元。省商务厅与工商、建设等银行合作，为外资外贸企业争取信贷规模超 300 亿元。

（一）加大财政金融支持

具体的政策包括：一是对疫情防控重点保障企业贷款给予财政贴息支持；二是充分发挥融资担保和再担保作用；三是有效发挥应急转贷资金作用；四是加大对个人和企业创业担保贷款贴息支持力度；五是加大对重点企业固定资产投资；六是妥善解决困难企业融资难问题；七是加强政银企融资对接。

葫芦岛市为防疫物资生产企业争取国开行应急资金贷款授信 2. 8 亿元，截至 2020 年 3 月底，已到位资金 7000 万元。2020 年 3 月 26 日，营口市召开“战疫情、稳增长、促发展”政银企对接会，共有 18 家银行与政府、协会以及 59 户企业签署超 220 亿元的授信协议。据盘锦市金融发展局提供的数据显示：2020 年上半年，全市融资担保机构为 254 户企业提供 26. 3 亿元贷款担保。辽宁丰德耐磨新材料制品有限公司与菲律宾矿山企业新签订一笔销售合同，由于资金紧张，企业向工商银行鞍山分行提出“e 抵快贷”融资申请 60 万元，用于原材料采购。2020 年上半年，辽阳市银行机构为本地中小企业办理展期、续贷合计127.8亿元，新增贷款合计49.8亿元。锦州市18家银行机构为253个企事业单位、个体工商户开复工提供了金融支持。其中，提供新增授信9.1亿元，办理续贷支持5.9亿元，办理贷款展期支持4.1亿元，办理贴现6.7亿元，延期还款1亿元，并为3.2亿元贷款给予降低利率支持。葫芦岛市共为83户中小微企业续贷、延贷7.8亿元。锦州市2020年第一季度共为小微企业发放贷款640笔，贷款余额达9.3亿元。

大连市银税互动等金融服务帮助中小企业解决融资难题，共为1446户企业提供银税互动贷款44亿元，其中小微企业1376户。截至2020年3月底，锦州市包括建设银行、农业银行、交通银行等多家金融机构通过线上平台共向企业发放贷款307笔，贷款总额达1.7亿元。

（二）减轻企业负担

具体的政策包括：一是缓缴社会保险费；二是实施援企稳岗政策；三是减免中小企业税费；四是减免省产业投资引导基金直投企业利息；五是推进政府投资工程建设；六是建立帮扶奖励机制；七是暂退部分旅游服务质量保证金。

丹东市2020年2~4月，对实行统账结合模式（按7%费率）缴费的各类企业职工医保单位缴费部分实施减半征收，费率由7%降至3.5%，减征期限为3个月，最多可为企业减负1.2亿元左右。葫芦岛市人社部门2020年3月底系统养老保险机构为471户企业退还养老保险费599万元，为参保工伤保险企业减免征收1587万元。

截至2020年4月底，辽宁省通过降低失业保险稳岗返还政策门槛，提高返还标准，为2.9万户企业支付失业保险稳岗返还资金14.6亿元，稳定岗位249.3万个。支持3000余户企业、7所技工院校、50多家培训机构开展线上职业技能培训19万人次。葫芦岛市分两批发放援企稳岗补贴1420万元。截至2020年4月30日，鞍山共开展39期、24个专业、122个班次的带薪培训，560余家企业组织1.2万名职工参训。为456家企业申请带薪培训补贴，为5家培训机构申请补贴，预计发放补贴资金1000余万元。

2020年1~4月，沈阳市为支持疫情防控工作和企业复工复产，全市税务系统为纳税人、缴费人共减免税费近44亿元，其中社保费减免额超过

38 亿元，共有 8. 1 万户企业享受了疫情防控期间阶段性减免三项企业社会保险费政策，9. 3 万户企业享受到减半征收职工医疗保险费政策。大连市税务局共为全市符合条件的企业减免增值税 3300 万元，办理增值税增量留抵退税 1. 99 亿元，办理社保退费 5. 1 亿元，减免房土两税 1. 61 亿元。

截至 2020 年 2 月 27 日，沈阳市共为 182 家旅行社暂退质保金 7746 万元。丹东市紧锣密鼓着手暂退 119 家旅行社质保金，暂退质保金 1732 万元。锦州市简化工作流程，实行预约办理，增设办理窗口，增加承办人员，做到即到即办、一次性办结，已为 26 家旅行社暂退质保金 344 万元。铁岭市共有旅行社 41 家，拟暂退质保金 448 万元，已为 24 家旅行社暂退质保金 266 万元。本溪市各银行为 37 家旅行社退返 400 余万元质保金。

（三）降低运营成本

具体的措施包括：一是舒缓企业用能成本压力；二是减免中小企业房租；三是对部分医疗器械产品注册实行零收费。

截至 2020 年 4 月末，国网沈阳供电公司在疫情防控期间减免电费已达 1. 09 亿元，惠及 33. 5 万家企业用电客户。2020 年上半年，国网大连供电公司帮助 290 家中小企业办理延缓缴纳电费工作，缓缴电费 1. 16 亿元；执行非高耗能行业工商业及其他客户电费优惠 5% 政策，2020 年 2 ~6 月为大连市 26 万用户优惠电费 1. 93 亿元。国网大连供电公司将继续执行降低工商业电价 5% 政策至年底，预计全年减少大连市企业用电成本 4. 6 亿元。鞍山市截至 2020 年 3 月底共缓解企业电费压力约 3590 万元，“5% 疫情优惠电费”政策已惠及用户 12. 7 万余户，累计减免电费近 3030 万元。

截至 2020 年 4 月 23 日，沈阳市公安局、市卫健委、市产业转型升级促进中心等 12 家市直行政事业单位共计上报减免租金总额 515. 03 万元。丹东市 2020 年上半年共减免科技企业孵化器、众创空间入驻企业、团队房屋租金等 607 万元，有效地支持了中小企业复工复产。鞍山市截至 2020 年 4 月底累计为承租国有资产类经营用房的业主减免租金 346. 95 万元，其中，办理中小微企业申请 210 件，减免相应租金 333. 33 万元。

辽宁省对进入医疗器械应急审批程序并与防控新冠肺炎相关的医用口罩、防护服、呼吸机等产品，免征医疗器械产品注册费，这项政策已惠及

170 家企业，为企业减负约 2000 万元。

四、中小企业的诉求与对扶持政策的评价

在疫情给企业经营带来重大挑战时，各企业都积极应对。调查显示，许多企业采取开源节流的措施，即一方面开拓市场、发展新的业务模式；另一方面减少开支、压缩成本。国家和地方政府陆续出台政策帮助企业渡过难关。

（一）企业的诉求

调查结果显示，在企业最希望得到的来自外界支持的选项中，占比最高的依次是：减税降费、减轻租金、融资、按不可抗力处理或放宽部分贷款及订单合同。

1. 餐饮及小门店的员工工资和租金压力大

反映支付员工薪资和五险一金有压力的企业占 75.60%，其次是租金占 19.51%。79.45% 的企业希望获得成本补贴（租金、薪资、社保等支出），73.30% 的企业希望能降低或者减免税金，57.52% 的企业希望减免利息，选择适度延长贷款还款期、提供流动性支持的企业分别占 38.35%、37.46%，另外还有 28.88% 的企业希望增加企业员工培训补贴。

2. 金融支持的效率有待提高

金融支持政策中，48.78% 的企业希望银行贷款给予不同程度的贴息；41.46% 的企业希望妥善解决困难企业融资难题；有 24.39% 的企业希望发挥政府融资担保和再担保功能，17.07% 的企业表示需要应急转贷资金。鉴于疫情期间，银行无法现场核查，一定程度上影响贷款发放速度，建议进一步简化审批流程，进行金融创新，帮助更多企业尽快获得资金支持。

3. 政府要强化有针对性的支持手段

有企业提出希望政府尽快发放上一年的补贴，希望国企结清拖欠的工程款，还有一些企业希望提高政府办事效率，加大简政放权力度。部分企业希望优化公平竞争的市场环境和完善法治环境，为企业的发展创造更加

公平公正的环境。

（二）对政府支持政策的评价

1. 政策认可度高

中央和辽宁省出台的中小企业扶持政策普遍得到了企业的认可，有85.36%的企业认为这些财政税收和金融保障政策切切实实帮助了企业缓解当前困难，但也有9.76%的企业认为这些政策不足以解决企业实际问题。

2. 需要进一步制定实施细则

有相当多的企业认为扶持政策能产生一定程度的实质性扶持作用，但很难实际落实到小微企业，认为政策程序复杂，短期不易获得资助。也有的企业认为有些条款不具备可执行性，如承租私人业主的物业费减免、金融机构增加对中小企业的贷款等，很多政策并没有真正落实，指出辽宁省的25条支持政策仍需进一步明确落地的细则（见图1－4）。

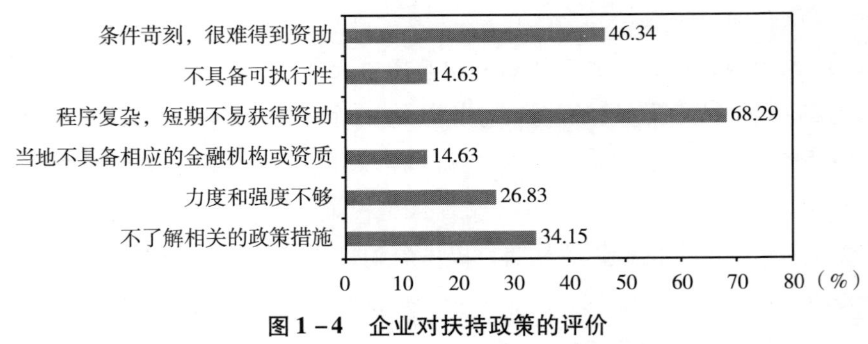

图1－4　企业对扶持政策的评价

五、促进民营中小企业尽快走出疫情影响的建议

（一）设立小微企业专项纾困基金

用于补贴疫情期间小微企业的租金成本、银行贷款贴息，提供减免逾期利息等优惠服务。给予吸收新增就业的企业或个体工商户补贴。尤其对于疫情影响期间没有裁员的公司，在经核准后发放一定财政补贴。对于受

冲击大、牵涉就业广的企业特别是餐饮、旅游、交通、建筑等行业劳动密集型的中小微企业实施适度和优先救助。

（二）对服务型中小微企业进行税收返还

2021 年前 3 个月，很多中小微服务型企业可能没有任何业务来源，也就没有开票和应缴增值税，税费减免对他们来说是“有情”但“无感”的政策。对 2019 年存量税费的减免是关键，建议对 2019 年度小型微利企业年应纳税所得额不超过 300 万元的部分，减免部分企业所得税，以财政补贴的方式返还地方财政所得的部分。

（三）提高金融支持政策的落实力度

强化政府担保基金功能，加大对政府担保、再担保基金的财政投入力度，扩大担保范围，免收担保费用，提高抵押比例，解决中小微企业无人担保、无资产抵押等困难。确保银行不抽贷、不断贷，让金融资产管理机构启动疫情期不良资产处置预案。对受疫情影响的企业适当调整还款期限、调整还款方式。对基于中小企业进行信贷支持的银行网点机构进行适当免责（把握三个原则：是否是诚信企业、是否有订单、资金是否用于企业生产经营活动）。对中小企业受疫情影响而造成的失信行为进行适当豁免。

（四）允许企业采用灵活用工政策

以稳定劳动关系为主，鼓励用协商的方式解决疫情期间的用工问题。建议允许企业根据自身情况对该延长的假期实行适当补工，由员工自行选择在 1 年内的双休日或其他节假日进行补工。对于支付工资有困难的企业，可以与劳动者协商延期支付。在兼顾企业和劳动者双方合法权益的基础上，给予小微企业更灵活的员工雇佣条款。积极实施失业保险稳岗返还政策，政策实施期可延长至年底，对参保职工达到一定人数的企业，适当放宽企业失业保险稳岗返还政策裁员率标准。

（五）提高政策支持的公平性和效率

要明确扶持的重点，大力支持服务型第三产业。2018 年末，全省批发和零售业从业人员 80.6 万人，经营性文化产业从业人员 25.8 万人，交通运输、仓储和邮政业企业从业人员 44.9 万人，住宿和餐饮业从业人员 11.4 万人，居民服务、修理和其他服务业从业人员 7.9 万人，合计近 200 万人，占辽宁省第二、第三产业全部从业人员的 18.9%，直接影响到就业的稳定，建议对于疫情期间的生活服务业、批发零售业适当免征增值税及附加。此外，对于受援企业所在的行业、企业的规模、员工的工资水平等可能也需要进行一些限制，才能更好地保障社会的弱势群体获得公共资源。对银行的低息贴息再贷款发放应设定单笔金额上限和企业数量下限，确保更多中小微企业得到“滴灌输血”资金，减少“现金断流”引发中小微企业倒闭潮。积极清偿中小企业的欠款，加快财政涉企资金拨付进度。

（六）畅通小微企业求助通道，推行干部联系企业活动

各级领导干部要深入企业一线。各个企业的情况差异很大，要梳理评估企业的实际困难并积极向有关部门提出针对性帮扶支持政策建议和指导服务。建立有效的企政信息沟通机制，参照国务院客户端建立的支持中小企业政策库建立辽宁省支持中小企业政策库，积极宣传、准确解读政策，要指导企业用好用足国家应对疫情出台的金融、财税等支持政策，帮助企业解决发展中的困难。指导商会和工商联全力做好企业不可抗力证明和法律咨询等服务。

（七）搭建中小企业供需平台

由于各企业满足复工要求的能力和受疫情影响程度不同，开工时间各有先后，造成供应链短暂性断裂，依靠中小企业自身，很难在市场上迅速找到替代方案。建议短期内依托有关部门网站或微信公众号，开辟中小企业供需对接板块，按产业类型整合上下游资源信息，促进供应商、经销商

的供求信息对接，为中小企业提供政策咨询、供需对接、交易撮合等服务。

（八）要抓紧研究出台支持个体工商户的政策

个体工商户是重要就业主体，辽宁省截至2018年底共有个体经营户212.86万个、从业人员396.06万人。其中第三产业占94.3%，居前三位的行业是：批发和零售业97.97万个，占46.0%；交通运输、仓储和邮政业48.93万个，占23.0%；住宿和餐饮业20.88万个，占9.8%。而这些产业在此次疫情中受到影响最大，直接影响就业水平和社会稳定，需要有关部门高度重视，抓紧出台支持个体工商户的政策。

专题二

辽宁营商环境的改进与评价调查
——以锦州市为例

营商环境作为一个国家竞争力和影响力的重要体现，已引起社会各界广泛关注，打造法治化营商环境是依法治国、建设法治政府与有限政府有机结合的重要组成部分。自 2015 年以来，在党中央和国务院的高度重视和领导下，我国营商环境建设取得了重大成效，营商环境评估全球排名正在稳步提升。

一、营商环境评价指标体系与辽宁省营商环境的建设

（一）营商环境评价指标体系

自 2001 年以来，国际国内社会和地区都将营商环境作为评价一个国家和地区竞争力的重要指标之一，并将营商环境评价作为促进和优化营商环境的重要工具。目前，我国主要采用或依据以下三种营商环境评价指标体系进行评价。

1. 世界银行营商环境指标体系

根据世界银行 2018 年最新颁布的评价指标体系，该体系共包括 11 项一级指标（实际评价使用 10 项一级指标）和 43 项二级指标（实际评价使用 41 项二级指标），基本覆盖了企业生命周期的各个阶段，因而评价结果相对全面。但是该指标体系也具有明显的局限性：一是数据的获得相对比

较困难；二是评价程序较为复杂；三是该指标体系是一个放之四海而皆准的评价体系，只针对具体企业和具体指标，而不考虑企业和指标的外部环境，如制度环境。对于我们这样的混合所有制国家，所有制的差异和政府这只“看得见的手”以及由此导致的观念差异，会对营商环境产生极大的影响，事实上，很多学者在评价我国的营商环境时，认为制度环境是不可或缺的评价因素。因此，我国营商环境的评估，不能不考虑政府这个极为重要的经济主体及其工作方式。

2. 国家发改委营商环境指标体系

从国内来看，国家发改委首先尝试建立国内营商环境评价指标体系。基于国际接轨的考虑，该指标体系也参照世界银行的评价指标体系，建立“企业开办”“工程建设项目审批”“房产交易登记”“用电报装”“用水报装”“用气报装”“获得信贷”7 项一级指标的评价体系。但该指标体系数据受到数据的可得性和评估可行性的质疑。

3. 国务院营商环境指标体系

2018 年 11 月 28 日，国务院常务会议再次研究，决定着眼打造市场化、法治化、国际化的营商环境，按照“国际可比、对标世行、中国特色”的原则，围绕开办企业、办理建筑许可、获得信贷、纳税和知识产权保护等，开展营商环境评价，建立了 13 项一级指标和 52 项二级指标的营商环境评价指标体系，并在全国范围内开展营商环境试点评价，在该评价指标体系下，各省市对标先进，立足实际，找“堵点”“痛点”“难点”，加快打造市场化、法治化、国际化营商环境，有力促进了当地营商环境水平的提升。

综上所述，不同层面政府和国际组织对营商环境评价有不同表述，第三方机构对此也有不同建树，但从政府层面来说，全国的地级以上城市均按国务院指标体系开展评价工作，因此，本次营商环境摸底自查评估将以此指标体系进行评估。

（二）辽宁省营商环境的建设

辽宁省委、省政府高度重视辽宁营商环境的建设和持续优化，并为进一步推动深化营商环境建设做出了许多理论研究和政策实践。2015 年，辽宁省政府成立政务服务中心，将 400 多项审批服务事项集中统一运行管理，吹响了改善营商环境的“号角”，随后出台了一系列优化营商环境的政策措施。2016 年 6 月，辽宁省委、省政府成立了辽宁省软环境建设工作领导小组；同年 12 月，辽宁省第十二届人民代表大会常务委员会第三十次会议通过了《辽宁省优化营商环境条例》，并成立营商环境建设监督局，负责具体的贯彻执行工作，从而开创了两个全国“唯一”——唯一的省级营商环境法规和唯一的省级营商环境建设监督局。2017 年，以优化营商环境为目标，辽宁省委、省政府将简政放权作为“先手棋”，推进“放管服”改革，取消调整 315 项省政府行政职权。2018 年，为改善和提高地方政府部门的工作作风和办事效率，相关部门开展了“纠四风”“办事难”和优化政商关系等专项整治活动。为提高行政审批效率，相关部门着力打造“五个一”工程，切实推动了辽宁营商环境的优化改善。2018 年 11 月，在营商环境建设监督局基础上改革后的营商环境建设局挂牌成立，全面强化对营商环境建设工作的组织指导、统筹协调和监督检查，这也标志着辽宁省营商环境建设进入了新阶段。2019 年 7 月，辽宁省第十三届人大常委会第十二次会议表决通过了新修订的《辽宁省优化营商环境条例》，强化了优化营商环境的法规依据。省政府要求各部门要主动作为，针对规模以上企业，推出项目管家制度，为企业发展提供“保姆式”服务。

二、锦州市营商环境的建设与评价

（一）锦州市营商环境建设的基本概况

“十三五”期间，为了优化锦州营商环境，锦州市委、市政府出台了一系列政策条例，各相关部门也纷纷采取多项措施改善营商环境。

锦州市委、市政府将《优化营商环境条例》和《辽宁省优化营商环境条例》（以下简称《条例》）137 项条款逐一分解定位给 29 个市直部门（单位），同时开展“5・15 政务公开日”营商环境政务公开活动。推进“党建 + 营商环境”建设，将《条例》纳入机关中心组学习范围，市直 10500 名机关干部全覆盖考核，市直 98 家单位深入 62 个基层社区进行宣传解读。清理与《条例》规定等不符的法规文件，并废止 612 件、修改 1

件行政规范性文件。

几年来，锦州市委、市政府深入推进“放管服”改革，累计调整、取消、下放494项行政职权事项，市本级4511项政务服务事项已进驻综合性实体政务服务大厅，1602项政务服务事项实现“网上办”，“应进必进”工作走在全省前列。按照“建系统、推网办、抓高频、办一件事、完善App”的思路推进“一网通办”，建成10个配套系统。电子政务外网在全省率先实现市、县、乡、村100%全覆盖，全市310项高频事项实现“最多跑一次”办理，全市828个单部门事项已实现“一件事一次办”，“锦州通”App实现2万余事项“掌上办”，一体化在线政务服务平台成为全省第一个实现网上、掌上同步办理的政务服务系统。

（二）锦州营商环境评价与差距

2021年2月6日至4月10日，为进一步深化“放管服”改革、优化锦州市营商环境，按照国家发展和改革委制定的营商环境评价指标体系，锦州市营商局组织多方力量对营商环境进行了一次全面、彻底的自我检查和评价。

1. 深化“放管服”改革深度不够，行政效率不高

简政放权、放管结合、优化服务，是我国全面深化改革特别是供给侧结构性改革的重要内容，也是优化营商环境的重要举措。自2015年以来，国家和省市层面出台了多项有关营商环境优化的政策措施，但改革深度不够，政策措施执行不到位，导致企业和群众的满意度不高。

“放管服”改革深度不够方面：一是在精简放权方面，在本次的摸底自查中发现，锦州市的行政审批事项还相对较多，行政征收（1036项）和行政处罚（14286项）条目数量庞大，实行告知事项的条目数量过少（139项）。对营商环境指标而言，获得电力、获得建筑许可和获得用水审批时限过长，登记财产、办理建筑许可办事环节过多。二是在放管结合方面，获得水、电、气及办理建筑许可强调事前审批，未加强事中和事后监管。三是在优化服务方面，一站式的“一网通办”和“一窗通办”的覆盖面不高，税务登记未进入到政务大厅。银行开户和获得金融信贷等金融业务未实现“一网通办”和“一窗通办”。开办企业和财产登记未能与获得用水、电、气实现并联办理。

营商环境优化政策措施不到位方面："开办企业"指标（指标1）未与"纳税"指标（指标8）并联办理，从而实现"一网通办"和"一窗通办"。水、电、气指标以及银行开户、金融信贷支持等业务未与"开办企业"指标并联办理。市场监管指标（指标11）未建立一单双库，导致"双随机、一公开"的监管机制流于形式，同时未实现联合惩戒机制，导致电子招投标的公开公正受到广泛质疑（见表2－1）。

表2－1　锦州营商环境一级指标评价情况

指标名称	现状	问题	优化建议
开办企业	按照省营商环境建设局要求，企业开办的三大环节和银行开户及社保参保已实现一网通办和3个工作日办理，预估该指标排名在全省第6～7位左右	（1）企业开办、银行开户和税收办理未能实现"一窗通办"或"一网通办"，税务窗口、印章刻制企业未入驻政务大厅。 （2）银行开户核准形式复杂，不便于企业的工商登记和银行开户。 （3）企业开办成本过高，多数县区市级政务大厅未实现复印、打印和印章刻制免费服务	（1）银行和税务系统入驻政务服务大厅，设立"企业开办、银行开户、税务办理"综合窗口，实现企业开办、银行开户和税收同一窗口办理，条件允许，可实现自助打印机一体化电子服务。 （2）营业执照和复印打印免费服务，可通过市财政适当拨款解决，免费刻制印章可以通过"一网通办"或"一窗通办"的形式，在"政银服务站"窗口或直接通过银行网点全程办理，由银行提供免费赠送公章服务
获得电力	获得电力营商环境指标总体居于全省前列，预估该指标排名在全省第4～5位左右，尤其是电力便利度和电费透明度指标相对靠前，但审批时限过长，获得电力成本相对过高，未与不动产登记及开办企业并联办理并提供先导服务	（1）获得电力流程过多，耗时过长。目前，锦州市高低压平均接电时间分别压减至45个工作日和12个工作日，办电环节压减至4个工作日以内，而其他发达地区的高低压平均接电时间分别压减至25个工作日和5个工作日，办电环节压减至2个工作日。 （2）获得电力成本偏高。对于小微企业和零散居民并未推广"三零"（零上门、零审批、零投资）服务，对于大中型企业未实行"三省"（省力、省时、省钱）服务。 （3）未与开办企业及财产登记等业务并联办理	（1）优化审批流程，并联业务环节。实现智能申请、容缺受理、网上审批、业务优化等一系列用电报装程序，缩短获得用电时间和用电环节。 （2）大力推广"三零"（零上门、零审批、零投资）服务。将适用于小微企业和零散居民的获得用电"三零"服务可以推广到标准化用电企业。 （3）建立"一窗通办"窗口或"一网通办"网络平台，实现水、电、气、广电、网络等相关公共服务事项与不动产过户业务的资料共享和业务联动办理

续表

指标名称	现状	问题	优化建议
登记财产	目前，锦州市的登记财产已经实现“一网、一门、一次”功能，登记财产营商环境指标在省内相对靠前，但仍存在需要改进的地方	(1) 财产登记办事环节过多，业务流程未明示。其他省市已将登记不动产事项压减为1个环节，实行“一件事，一次办”。 (2) 未实现数据共享，不动产过户业务未与水、电、气、广电、网络等相关公共服务事项实现网上数据共享	(1) 压减财产登记环节，公开业务流程，实现“一件事、一窗口，一次办”。 (2) 开发业务联办信息系统，实现不动产登记与水、电、气、广电、网络等相关公共服务事项联办机制
招标投标	目前，锦州市招标投标市场环境持续向好，招投标“锦州市公共资源交易中心”网络平台已经实现电子化招投标交易，但投招标规模、企业数量偏少，并呈下降趋势	(1) 外地企业中标率仅为34%，而全国营商环境标杆城市已达60%。 (2) 缺乏交易电子化管理，服务效能低下。 (3) 缺乏有效招投标监管	(1) 在县区市营造“平等准入、诚实守信、开放有序、公正监管”的招标投标市场环境，切实维护市场公平竞争秩序，吸引更多企业参与市场竞争。 (2) 建立智慧型的交易电子化管理平台，与现有的“辽事通”“锦州通”等App兼容，制定《电子投招标管理办法》等制度性文件，提升招投标效率。 (3) 开展招投标智慧监管，形成包括“投标文件偏差度”“评标时间偏差度”“评委评分偏差度”“投标人得分偏差度”的分析功能和“重点关注名单”提醒功能的“4+1”智慧监管技术工具箱。 (4) 实施招投标综合监管，形成发改部门、政务部门、行业主管部门三方面权力边界清晰、职责边界清楚的协调机制，在招标投标领域建立“双随机、一公开”的长效监管机制，强化事中事后监管。 (5) 加强招投标信用监管和约束力，建立失信主体备忘录系统，强化联合惩戒的硬约束，加强不良行为公示的软约束
办理破产	锦州市的办理破产营商环境指标在省内处于中游水平，在资产处置周期及破产协调保障机制方面还存在不足	(1) 尚未形成专门的审判庭或合议庭。 (2) 尚未成立破产管理人协会。 (3) 尚未形成管理人破产费用保障机制	(1) 市法院协调职能部门成立专门的审判庭或合议庭。 (2) 市法院引导成立破产管理人协会。 (3) 财政局建立破产援助资金

续表

指标名称	现状	问题	优化建议
政府采购	目前，锦州市已有政府采购网络平台，实现政府采购的全流程电子化，并颁布实施了政府采购全流程电子化实施方案	（1）未对招投标例行程序和要求做出明确性公开和公示。 （2）缺乏采购供应商信用管理及诚信管理等制度规定	（1）公开公示招投标例行程序及电子文档及纸质材料格式要求，在采购文件中明确资金支付的方式、时间和条件，明确逾期支付资金的违约责任。 （2）制订《采购供应商信用管理暂行办法》，并开发采购供应商信用管理系统，制定公开失信供应商的联合惩戒机制
办理建筑许可	目前，依托锦州市工程建设项目审批管理系统，网络数据对接，办理建筑许可时限缩短	（1）办理建筑许可成本较高，特别是人防易地建设费用和人防工程审图费用成本过高（标准为锦州市每平方米1487.5元，接近于国家规定的最高标准）。 （2）并联办理建筑许可审批时限过长	（1）将人防易地建设费用和人防工程审图费用纳入税务局征管。 （2）审批阶段实行一家牵头、并联审批、限时办结的承诺告知机制
纳税	目前，纳税指标表现正常，但企业税务过重，税务部门可以进一步优化纳税流程，缩短纳税时间	纳税业务未进入政务服务大厅，不能实现“一窗办理”或“一网通办”	纳税环节进入政务大厅，与开办企业形成“一窗通办”并实现“一网通办”
获得用水	目前，锦州市获得用水审批环节过多，时间过长，未实现“一窗受理”和“一窗通办”	（1）用水审批时间过程，未实现“多规合一”及“三零”服务。 （2）工业用水成本较高，目前锦州市非居民用水价格为5.15元/立方米（其中，水费为3.75元/立方米、污水处理费为1.4元/立方米），高于沈阳、大连。根据水务集团的解释，水费过高起因于制水成本过高	（1）继续优化用水审批流程，缩短用水审批时间。 （2）将用水、电、气等公共服务与不动产登记纳入一网系统，实行“一网通办”或先导式服务。 （3）引进制水技术或设备，降低制水成本

续表

指标名称	现状	问题	优化建议
获得用气	目前，锦州市获得用气报装时间相对较短，成本相对较低，流程相对较多，预估该指标在省内排名靠前	(1) 获得用气报装环节过多(10个环节)，且没有规定时限，缺乏容缺受理机制。 (2) 审批环节没有入驻市服务大厅窗口，未实现“一窗办、一网办、简化办、马上办”，未实现“并联审批”或“一窗通办”。 (3) 缺乏事中和事后监管机制	(1) 将获得用气报装10个环节压减为“用气申请受理”“勘察设计”“验收通气”3个环节。 (2) “用气申请受理”可入驻市政服务大厅窗口或通过“互联网+”形式实现“一窗式”或“一网通办”。用气申请受理一般不超过1个工作日。 (3) 整合优化用气报装外线施工办理程序，燃气接入外线工程规划许可、绿化许可、路政许可、占路掘路许可实现并联审批，在5个工作日内完成审批。审批部门允许容缺受理，将“重事前审批”改为“提前服务，加强事中和事后监管”。 (4) 燃气企业应做好一站式服务，对于标准接入项目，即时告知用户接入方案，对于一般接入项目，无外线接入的在3个工作日内完成方案设计和预算编制，有外线工程的在5个工作日内完成方案设计和预算编制。 (5) 燃气企业及时推进材料设备采购、工程施工、质量验收等工作，对无外线接入的项目在5个工作日内完成验收通气，有外线接入的工程项目在9个工作日内完成验收通气
市场监管	2020年6月，锦州市出台《锦州市全面推行部门联合“双随机、一公开”监管实施方案》，基本建立并实施“双随机、一公开”的市场监管机制，但监管覆盖率为54.3%，相对较低。多数市区县级政务人员诚信档案尚不完整，商务诚信惩戒措施不强	(1) “双随机、一公开”的市场监管思想认识淡薄，意识不强。 (2) 尚未动态建立完整的“一单两库”，随机抽查事项清单不完整，不能完整地统计市场主体名录库与执法检查人员名录库。 (3) 公开公示渠道未实现网络平台协同一体化，部门协作还有待加强。 (4) “互联网+监管”平台和数据未实现有效对接	(1) 向市场主体宣传“双随机、一公开”的市场监管理念、意义及重要性，让“双随机、一公开”监管机制深入到市场主体的工作日程。 (2) 深化商事制度改革，建立全面的随机抽查事项清单，建立全面的市场主体名录库与执法检查人员名录库和动态更新机制。 (3) 建立“双随机、一公开”的市场监管法规和规章制度，做到例行化、公开化。 (4) 建立统一、网络化的“互联网+监管”平台，让失信主体“一处失信，处处受制”

续表

指标名称	现状	问题	优化建议
政务服务	目前，锦州市网上政务服务能力有了大幅提升，“6+1”类事项网上可办率最低达 98.9%，电子政务外网已实现市、县、乡、村 4 级 100% 覆盖。政务服务事项便利化水平持续改善，但行政效率不高	(1) 未就政务服务事项清单分类确定事项工作流程和工作标准。 (2) 政务服务考核评价及结果未公示	(1) 就“四办”（马上办、网上办、就近办、一次办）分类建立政务服务事项清单，并建立每类政务服务事项的办事工作标准，优化政务服务事项流程。 (2) 优化政务服务流程。严格按照“减事项、减环节、减材料、减时间、减费用”的总要求，全面梳理市区各类事项清单，提高“一件事一次办”的满意率。 (3) 公示公开政务服务考核评价及结果，加强“互联网+监管”、事中事后监管，加强宣传“12345”热线等群众监督措施，强化监督效果
跨境贸易	锦州口岸进出口边境及单证时间虽然有所下降，但在实际操作层面，口岸各单位串联作业环节仍较多，未能形成并联和回路	审批事项过多，业务流程串联，通港时间过长	整合海关作业内容，进一步减少审批事项，推进“查检合一”，拓展“多查合一”，强化“单一窗口”建设，优化通关流程，减少事中作业环节和手续，形成多部门并联处理机制

在本书调研组掌握的资料中，锦州市一些县区市还未公布“最多跑一次”清单，一些县区市公布的“最多跑一次”清单事项数量也相对较少；而沈阳、大连一些县区市公布的“最多跑一次”清单事项数量高达数百项（见表 2-2）。

表 2-2　锦州市县区市及沈阳、大连公布的“最多跑一次”清单事项数量

项目	锦州市	凌河区	古塔区	太和区	黑山县	凌海市	北镇市	沈阳市	大连市
数量（项）	105	—	—	31	100	100	100	138	116

注：调研组未收集到凌河区、古塔区相关数据。

2. 地方保护主义浓厚，市场开放程度偏低

市场开放程度偏低是东北振兴的一个老大难问题，锦州市的市场开放程度同样偏低，主要表现在以下几方面。

一是对外开放程度偏低。全年进出口总额偏低，近4年出口额呈下降趋势，就规模而言，进出口占GDP的比重最高不到20%，严重滞后沿海发达城市的对外贸易依存度（见图2－1）。

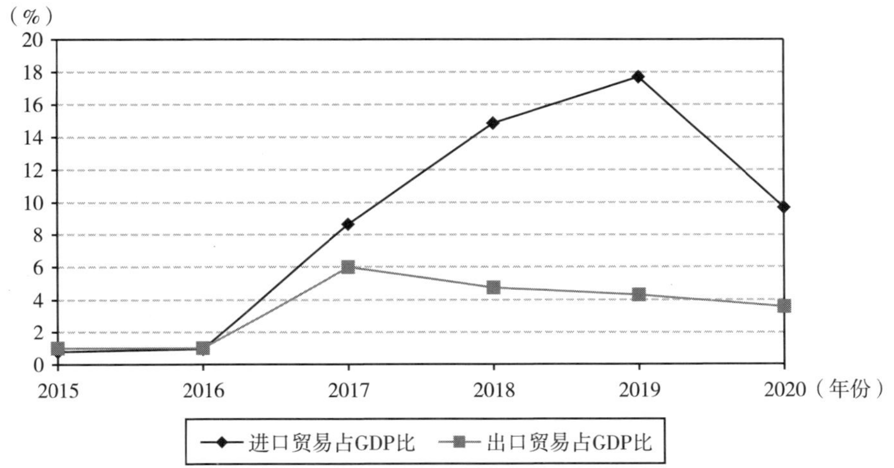

图2－1　2015～2020年锦州市对外贸易占GDP变化趋势

二是市场开放程度偏低，民间投资增长乏力，民营经济的贡献率偏低。首先，政府在利用外资方面，重国企、轻民企特别是小微企业。其次，职能部门在招标投标及政府采购方面，不能公平公正地对待所有企业，地方保护主义色彩浓厚。在招标投标过程中，外地企业中标率极低，2020年仅为34.2%。而在政府采购方面，偏重于大企业、国有企业，导致民营企业发展困难，民营经济贡献率偏低（见图2－2）。

三是产业开放程度偏低，非国有工业产值增速偏低。图2－3显示，2015～2020年，锦州市产业增加值增长率波动剧烈，表现极其不稳定。其中，国有企业增加值的平均增长率为5.60%，股份合作企业增加值的平均增长率为－10.00%，股份制企业增加值的增长率为－2.23%，外商及港澳台投资企业增加值的平均增长率为－7.43%，就波动性而言，股份合作企业产值波动最为剧烈（见图2－3）。这说明，锦州市的非国有工业产值增速相对较低，与国有企业产值增速相比，波动程度也较高。

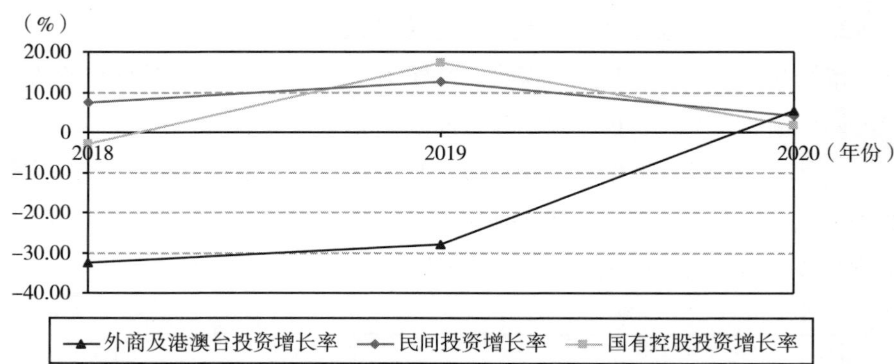

图 2－2　2018～2020 年锦州市不同类型投资增长率变化趋势

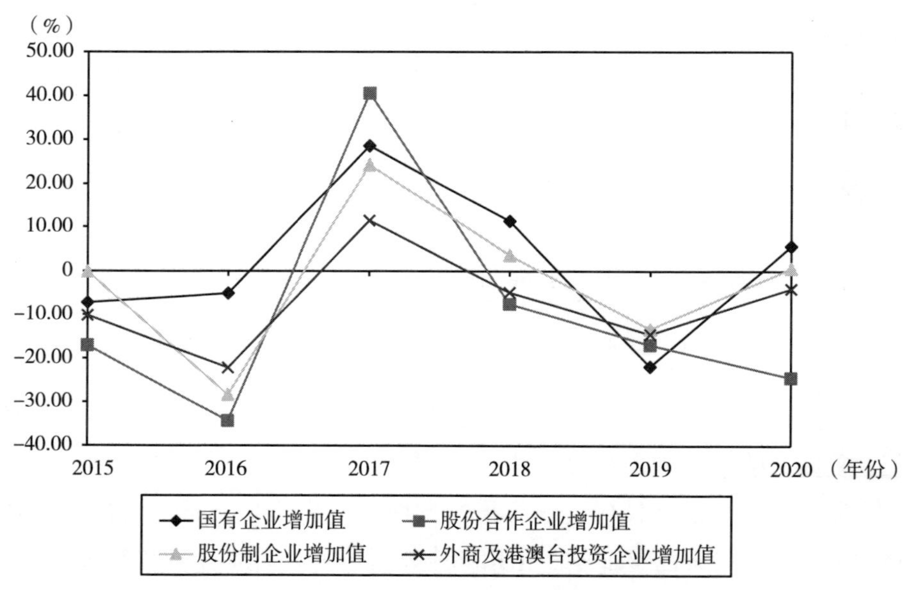

图 2－3　2015～2020 年锦州市不同类型产业增加值增长率变化趋势

3. 公用事业资源性成本偏高

锦州市的公共服务基础相对薄弱，公共服务费用过高，导致在锦州市开办的企业营运成本过高，挤压了企业利润。导致企业营运成本过高的主要原因：首先是办理建筑许可成本过高，特别是人防易地建设费用和人防工程审图费用成本过高，几乎接近于国家部门规定的最高费用标准。其次是获得用水和用电的成本过高，高于省内沈阳、大连等城市，非居民供暖价格也相对较高（2020 年为 31 元/平方米，高于辽阳、营口、本溪、朝阳等地），在本次的摸底自查中发现，锦州市用水成本过高起因于制水成本过高，用电成本过高主要是因为对小微企业和零散居民并未推广“三零”（零上门、零审批、零投资）服务，对大中型企业未实行“三省”（省力、省时、省钱）服务。

4. 非政府组织作用不显著，金融、法律中介服务意识不强

一是地方金融服务意识不强。锦州市的民营经济尚不发达，民营企业、小微企业发展相对困难。调研发现，锦州市 80% 左右的民营企业存在“融资难、融资贵”问题，85.3% 的民营企业希望获得金融机构的信贷支持和利率优惠。另外，金融机构未进入政务大厅为开办企业提供银行开户、金融信贷等“一窗式”金融服务，导致开办企业重复申报材料，增加开办企业时间和办证成本。

二是地方法律中介服务意识不强。办理破产程序需要一整套的破产法律程序和清算程序，锦州市的破产法律框架还不健全：（1）未成立专门的破产审判庭或合议庭；（2）未成立破产管理人协会；（3）未建立破产援助基金。

三、锦州市营商环境优化对策建议

（一）深化“放管服”改革，提高行政效率

深化“放管服”改革，是推动政府职能深刻转变、激发市场活力的战略举措，也是优化营商环境的组织和制度性保障。锦州市委、市政府可以建立制度性的组织、评估考核和责任纠错机制，进一步深化锦州市营商环境“放管服”改革，提高行政效率。

1. 制定阶段式锦州市营商环境发展规划目标

锦州市委、市政府统筹规划，组织制定锦州市营商环境发展规划总体目标和阶段式目标，并将营商环境优化行动作为未来一段时期的头条抓手，分阶段、分部门制定和实施营商环境优化的问题清单与行动纲领，并将之作为机构和工作考核的重要依据，全面从实从严做好营商环境优化具体行动和目标考核。营商环境建设涉及部门业务、权责的变化更替，需要相关法规条例的规范和保障。根据营商环境的总体规划方案，各职能部门

应该尽快制定公布相关工作方案和工作条例，有法可依、违法必究，这也是营商环境法治化建设的根本制度性保障。

2. 建立锦州市营商环境发展优化的组织考评机制

锦州市成立以市委、市政府领导为主任的营商环境优化领导小组，下辖办公室负责统筹协调，同时，针对每个营商环境一级指标成立13个专门小组，组长由每个一级指标的承头单位担任，负责该营商环境指标的整改、优化、落实、考核和纠错。

3. 进一步完善政务大厅的一体化、网络化建设

加速推进"互联网+政务服务"新政务模式，全面贯彻执行"一张网、一个窗口、一个平台"的政务、公共服务平台建设。相关部门制定锦州市推进"互联网+政务服务"整改方案，列举清单，分解任务，按时落实，领导小组及时监控、评估和考核。当前需要解决的突出问题是将税务业务纳入一体化的"一网通办"和"一窗通办"综合业务程序当中。另外，考虑水、电、气业务与财产登记及企业开办业务并联，构建并联、协办业务处理机制。

4. 健全考核激励机制，激发政务服务人员的服务意识

为了提高政府服务质量和行政效率，建立必要的激励惩罚考核机制，进一步激发基层管理部门的事业心和服务意识，对为企业和群众作出重大贡献的政务人员在考核、升职及评优等方面给予物质和精神奖励。积极鼓励相关部门前移、下沉业务服务，讲情感、带业务、谋发展，给企业、群众带来贴心、实在的利益，扩大企业、群众的受益面，提高企业、群众对政务部门的满意度。

（二）深化供给侧改革，降低市场主体资源性成本

资源性成本高低是衡量一个地区、城市舒适度和吸引力的重要指标之一。日前，国务院办公厅转发国家发展改革委员会、财政部等五部门《关于清理规范城镇供水供电供气供暖行业收费促进行业高质量发展的意见》，明确要求对城镇供水、供电、供气、供暖等公共事业收费进行清理规范，自2021年3月1日起，全部取消供水、供电、供气、供暖行业的40余项不合理收费项目。针对锦州市公共事业服务成本居高不下的情况，通过深

化供给侧改革，降低资源性成本。

1. 全面清理取消不合理收费

职能部门通过实地调研，根据相关规定取消供水、供电、供气、供暖环节的各种不合规收费项目。明确除法律法规和相关政策另有规定外，不得由用户承担建设项目建筑区划红线外发生的任何费用。

2. 加快完善价格形成机制

建立健全以“准许成本加合理收益”为核心的约束和激励相结合的定价机制，在严格成本监审的基础上，合理制定并动态调整供水、供电、供气、供暖价格，对于法律、法规允许的公共服务，必要时执行政府定价或政府指导价。

3. 严格规范价格收费行为

对保留的收费项目实行清单分类管理。对实行政府定价管理的项目，制定完善成本监审和定价办法；对实行市场调节的价格或收费，严格规范经营者收费行为。严禁供水、供电、供气、供暖企业实施垄断价格和乱收费乱摊派行为。

4. 改善公共事业发展环境

提升市政配套基础设施规划建设管理水平，为公用事业企业提供便利的发展环境，推进公用事业企业向规模化、集约化、跨地区经营方向发展。

5. 强化监督检查

供水、供电、供气、供暖企业应全面自检，梳理现行收费项目和标准，取消不合理收费项目，纠正强制性收费，降低偏高收费标准。市场监管部门要加强监管，对供水、供电、供气、供暖工程安装、维护维修领域的价格监管和反垄断执法，着力查处各类违法违规行为。

（三）加大市场开放力度，维护市场秩序，鼓励公平竞争

1. 保障招标投标公平、公开竞争环境

在市区县营造“平等准入、诚实守信、开放有序、公正监管”的招标投标市场环境，破除地方保护主义藩篱，切实维护市场公平竞争秩序，吸引更多外来企业参与市场竞争。

2. 维护政府采购平等开放市场

对所有政府采购项目，严格执行公平竞争审查制度，破除歧视性准入

条件，平等对待所有资质供应商，激发市场活力。

3. 加强对招投标和政府采购程序的监管

优化招标投标、政府采购程序，剔除不合法、不合规的审查程序。加强事中监管和事后监管，惩治腐败、欺诈行为，确保招投标和政府采购的公正。为企业投资提供公平的市场竞争环境。

（四）发挥非政府组织职能，增加公共服务有效供给

1. 发挥地方金融信贷服务，助力营商环境优化

积极营造良好金融营商环境，推进地方银行机构立足锦州市经济社会发展和现实市场需求，提供金融精准服务。首先，聚焦民营企业特别是小微企业融资难、贷款难问题，成立政府性融资担保公司，降低担保费率；其次，加大普惠金融力度，分类提高普惠小微贷款速度，切实解决小微企业的融资难、融资贵问题；最后，提高金融信贷服务效率，在政务大厅建立“开办企业 + 金融服务”窗口，为开办企业的银行开户、金融信贷、印章刻制等业务提供一条龙服务。

2. 健全法律中介机构组织，保障营商环境优化

目前，锦州市的破产管理程序还不健全，一是需要成立破产管理人协会和建立管理人破产费用保障机制；二是需要为破产案件建立专门的审判庭和合议庭，从而为办理破产提供市场化、法治化的营商环境。

（五）拓宽政企沟通渠道，构建新型“清亲”政企关系

一是市区县政府可以开展“清亲在线”等交流活动，加强与当地企业、企业家的沟通，不定期开展企业家座谈会，定期举办多种形式的招商会，可以建立市、县（区）两级政企沟通联席例会制度，现场为企业纾困解难；二是相关职能部门进一步完善项目管家制度，拓展项目管家的服务范围和对象到所有在锦企业，让“保姆式”服务见真章、出实效。

专题三

辽宁省民营企业融资问题分析

中小型民营企业在筹集资金时面临的各种挑战中，筹资难、筹资贵是最大的问题；自 2020 年 1 月新冠肺炎疫情发生以来，民营企业的正常生产运营又受到严重打击。在这双重压力下，如何帮助民营企业渡过难关考验政府部门和金融机构的政治智慧与支持能力。

一、辽宁省民营企业融资现状分析

（一）辽宁省民营企业融资结构特征

受 2020 年新冠肺炎疫情的冲击，辽宁省民营企业的发展大环境进一步恶化，辽宁省民营企业融资表现出了以下特征。

1. 民营企业过度依靠内源融资

辽宁省民营企业中有大部分是家族企业，资金来源主要依靠的就是内源融资。一般而言，内源融资更加适用于创业初期的民营企业，对于已经步入发展期与成熟期的企业就不太适用了。而且疫情过后，企业的经营成本整体都有所上升，疫情期间许多企业都停工停产，只能靠以往所获得利润支撑企业的存续，有些民营企业甚至出现资金链断裂的问题。与此同时，一些民营企业不愿意以借款形式获得资金或者很难从外部获得合理利息的资金，使得企业的融资结构中内部融资所占比重很大，而内部融资往往无法满足企业的持续发展。

2. 银行贷款在融资结构中的比例偏低

民营企业原本就很难从商业银行获得大额的贷款额度。疫情过后，一部分民营企业刚刚复工，企业刚开始运行，很难快速获得资金收入。商业银行认为向此类企业贷款具有很大的潜在风险，故会按照惯例拒绝他们的贷款申请。而且就算银行最终批准了这类企业的贷款请求，民营企业往往也要付出高额的贷款利息，极大程度上加大了企业的经营压力。

3. 民间借贷逐步成为重要的融资来源

民间借贷是指从非正式的融资渠道来取得资金，主要有民间自由借贷、私人钱庄等，这类民间贷款也逐渐在民营企业的融资结构中占据一席之地。

（二）辽宁省民营企业融资环境特征

1. 国家高度重视民营企业融资问题

针对融资难的问题，2019 年 4 月，中共中央办公厅、国务院办公厅印发了《关于促进中小企业健康发展的指导意见》（以下简称《意见》），《意见》提出引导担保机构逐步取消反担保，降低担保费率。银行等金融机构往往要求民营企业出具相关担保证明，而且会对担保机构进行审核，才会受理贷款请求，使民营企业融资成本大大增加。取消反担保的举措，对担保费率也有所降低，这对民营企业来说是十分利好的政策。意味着在稳增长的过程中，民营企业被赋予重要使命，金融支持民营企业发展将是当前乃至今后一个阶段的重要工作任务。

针对疫情带来的不利影响，2020 年 3 月 31 日，李克强总理在国务院常务会议上提出要强化对中小微企业普惠性金融的支持。增加中小银行再贷款再贴现额度 1 万亿元，进一步实施对中小银行定向降准，引导中小银行将获得的全部资金以优惠利率向中小微企业贷款，扩大涉农、外贸和受疫情影响较重产业的信贷投放。

2. 辽宁省政府高度重视民营企业融资问题

2020 年 2 月 6 日出台的《辽宁省应对新型冠状病毒感染的肺炎疫情支持民营企业生产经营若干政策措施》不仅提出针对性的政策措施，而且具体到了每条措施的责任单位。要求省金融监管局、中国人民银行沈阳分行等妥善解决困难企业融资问题。对有发展前景但受疫情影响暂遇困难的企业，特别是小微企业，金融机构不能盲目抽贷、断贷、压贷，通过展期、无还本续贷、贷款期限和结构重组、增加信用贷款等方式维持企业融资规模稳定，必要时增加资金支持。

2020 年 5 月 22 日，中共辽宁省委、辽宁省人民政府颁布了《关于营造更好发展环境支持民营企业改革发展的实施意见》。鼓励银行机构加大续贷政策落实力度，提前主动对接企业续贷需求，加强续贷产品开发和推广。简化办理流程，实现无风险企业“无缝对接”。鼓励银行机构行业内开展多形式合作，分领域、分区域、分行业制订信贷计划，创新金融产品，合理设置贷款期限，降低民营企业、小微企业综合融资成本。

3. 金融机构对民营企业融资的支持

各金融机构也尽快落实了国家及省内的各项文件，加大了对民营企业融资的支持力度，使民营企业的信贷规模也逐渐扩大。与此同时，金融机构也在自身发展的同时不断创新针对民营企业融资的产品与服务。一些金融机构也对民营企业特别是小微企业实行信贷倾斜，提升了民营企业的信贷规模，民营企业的贷款满意度也有所提升。简化了部分贷款流程，使申请贷款更加便利，等待的周期也大大缩短。根据本书课题组调查问卷数据显示，近 70% 的调查企业表示随着金融机构产品和服务的不断完善与创新，金融机构贷款申请程序越来越便利，贷款周期基本控制在两周以内。

2020 年，中小民营企业的经营环境依旧严峻——缺乏足够的资金支持，经营效益也有所下降、市场波动性大、发展信心急需重建。另外，2020 年无论辽宁省还是全国，甚至是国外，受疫情影响，经济态势都将更加严峻、比以往任何时期都更加复杂。虽然国家、省政府、各金融机构都相继推出各种政策措施以及指导意见，力挺中小民营企业的改革发展，但是新的政策真正落地实施、发挥作用还需要较长的时间。

二、现阶段辽宁省民营企业融资面临的新问题

（一）资金短缺问题更加凸显

2020 年，受疫情影响，民营企业的生存和发展面临更加严峻的挑战，

一直困扰民营企业的资金短缺问题更加凸显。企业可以通过两条途径融通资金——内部融资和外部融资。内部融资没有筹资费用，所需资金主要来自企业的留存收益，融资成本比较低。外部融资是通过外部渠道进行融资，可以分为直接融资和间接融资。直接融资门槛较高，对企业要求比较严格，审批程序较为复杂，民营企业通过直接融资获得资金的比例一直较低，大多数民营企业会选择间接融资方式，主要是通过银行贷款来获得资金。由于处于产业链上下游企业存在着比较严重的信息不对称问题，导致供给和需求有时会出现不匹配现象，而银行服务的企业较多，能够充分掌握企业信息，可以有效地提供相关服务。银行作为整个产业链条上提供金融服务的主体，能够解决产业链条上下游企业之间占款问题，保证资金顺利周转。

（二）银行的授信条件更为审慎严格

疫情已经给民营企业的经营带来了严重影响，对于本身就存在融资困难的民营企业更是雪上加霜，信用风险进一步加大。而企业的风险会进一步传导给银行，使整个金融体系的风险上升。银行在面临比较大的金融风险时会表现出惧贷惜贷现象，会导致企业资金链进一步紧张，形成恶性循环。从短期来看，疫情主要影响交通运输、餐饮娱乐等服务性行业和一些劳动密集型产业领域，与此相关的民营企业会面临比较大的生存与发展压力。从中长期来看，疫情会通过实体经济对金融机构造成持续性的影响，因为实体经济的信用风险向金融体系传导存在一定的时滞，随着时间的推移，金融体系的金融风险将会逐渐暴露。

此外，民营企业信息不透明也会导致金融机构风险加大。企业财务信息不透明，各个企业信贷条件参差不齐，严重影响了银行的正常授信。一些民营企业负债较高，货款回笼现金很少，应收账款持续增加，信用风险很高。很多中小型民营企业的财务报表并未经过审计，报表数据的真实性无法进行核实。有些企业虽然报表显示销售额很大，但与其账户流水又无法匹配，企业真实情况难以判断。尤其在当前疫情情况下，取得相关企业经营及财报数据更加困难，无法全面判断企业实际经营情况，也无法核实风险，导致放贷受限。此外，民营企业家在投资时往往会考虑该投资是否能得到政府补贴等因素，对项目的市场前景缺乏系统研判，产成品往往替代性较强，科技含量较低，导致项目收入与预期有差距，容易陷入生产困境。这一系列民营企业存在的问题都会进一步传导至金融领域，金融风险压力加大。

（三）金融机构服务民营企业能力下降

1. 不良贷款上升趋势明显

根据中国银行保险监督管理委员会辽宁监管局统计数据，截至2020年11月末，辖内银行业（不含大连）累计实现利润141亿元，同比下降24.0%。受疫情影响，商业银行清收工作出现巨大困难，许多借款无法归还。资产风险已经超出估算范围，出现了严重欠息情况。截至2020年第三季度，中国银行、建设银行、农业银行、锦州银行等商业银行不良贷款余额上升幅度明显。

2. 银行业务拓展难度增加

疫情导致企业停工停产或处于半停工停产状态，银行网点轮流营业，压缩营业时间，员工在家工作，这都导致许多网点柜台业务无法及时正常办理。这不仅给个人带来了诸多不便，也凸显了金融机构线上业务单一、技术能力不足的问题。为了减小疫情和经济形势不确定性对金融机构带来的负面冲击，金融机构积极自救，一方面，金融机构从创新金融产品、开辟新市场、采用新技术、调整业务模式等方面积极探索；另一方面，金融机构采取降低运营成本、压缩管理办公经费、加快业务推进或者采取远程线上办公等方式进行改进。

3. 盈利能力下降，贷款审批难度加大

根据中国人民银行调查统计司数据，2020年第四季度银行业景气指数为67.9，比上年同期降低2.8个百分点；银行盈利指数为60.9%，比上年同期降低6.8个百分点。说明疫情已经不只影响到实体经济，也已经严重影响到金融领域。同时也从侧面说明银行业授信额度已经降低或者不良贷款率上升，从而导致盈利下降。中国人民银行调查统计司对全国多家银行针对2020年四个季度银行业支持企业情况进行了问卷调查，按照特定规则计算了相应指数。对于银行贷款审批来说，总行对各省分行有统一政策，所以全国数据走势基本反映了辽宁省指数走势。根据测算数据，银行贷款审批指数一直呈下降趋势，由2020年第一季度的64.7%下降到第四季度的53.6%，说明虽然金融支持政策不断出台，但由于疫情形势的严峻，银行业信贷审批逐渐严格（见表3-1）。

表3-1　　问卷调查银行贷款审批指数表　　单位：%

指标	2020年第一季度	2020年第二季度	2020年第三季度	2020年第四季度
银行贷款审批指数	64.7	60.8	56.8	53.6

资料来源：中国人民银行调查统计司。

4. 优质项目少，有效融资需求不足

金融机构不断创新金融产品和服务支持全省经济恢复正常循环，但仍然面临企业融资需求无法满足的问题，主要表现为：第一，金融机构虽然能够按照政策要求提供信贷资金，但符合信贷条件的企业往往表现为有效需求不足。如表3-2所示，各类型企业贷款需求指数均在2020年第一季度较低，第二季度有所回升，到第三、第四季度又有所下降，说明随着疫情的反复，企业生产又受到了影响，虽然没有疫情最初暴发时严重，但也呈现下降趋势，进一步说明贷款需求有所下降。另外，一些客户由于存量贷款逾期、抵押物已抵押或不足值、所处行业不符合信贷政策标准等原因无法新增贷款，这些客户的信贷需求则为非有效信贷需求。第二，金融机构虽然为支持民营企业应对疫情提供了多项金融支持政策，但企业与金融机构和政府之间缺乏政策合力，导致资金的供给与需求也出现错位。第三，金融机构虽然积极地为民营企业提供项目融资贷款，但企业缺乏优质且成熟的项目。商业银行业内人士普遍反映省内优质、重大项目短缺，缺少带动信贷投放的龙头项目；部分政府推介项目质量不高，多数还在初期阶段，存在项目主体不明确等一系列问题，有效项目较少，有效需求不足。

表3-2　　问卷调查企业贷款需求指数表　　单位：%

时间	大型企业贷款需求指数	中型企业贷款需求指数	小微型企业贷款需求指数
2020年第一季度	59.7	62.6	68.6
2020年第二季度	60.7	66.9	78.6
2020年第三季度	59.5	64.8	76.6
2020年第四季度	59.3	62.9	74.7

资料来源：中国人民银行调查统计司。

三、辽宁省民营企业融资难问题成因

（一）外部原因

1. 资本市场不完善

就资本市场角度，辽宁省民营企业融资难问题主要由以下原因造成：首先，中国的资本市场由于发展时间较短，与国外较为成熟的资本市场相比，我国仍发展较慢，民营企业的融资渠道也比较少，而辽宁省的资本市场发展相比北京、上海等更为缓慢；其次，资本市场作为金融发展的长期市场，稳定性不足，政府应不断提升宏观调控能力。

2. 营商环境有待优化

（1）税制环境。对民营企业来说，政府的征税代表着部分企业利润将会面临“强制性”抽离，使得民营企业内部融资减少，故此出现了“征税效应”。辽宁省相关税务部门有一定的“自由裁量权”，税务部门的税收稽查频率和强度都会直接影响民营企业的避税成本和留存收益，从而对民营企业的外部融资产生影响。如今，辽宁省针对民营企业，推出了许多税收政策措施，减免部分企业所得税，降低符合标准的民营企业税费，让民营企业在日常经营活动中体会到明显的减税优惠。

（2）审批程序复杂。民营企业从成立公司、拿到营业执照到公司开始正常经营活动，整个过程周期很长，各个环节要审批很多事项，并且有许多需要面对面办理的事宜，办理的地方有的也不在同一地点，需要企业管理者耗费很多时间在往返的路程中，相关部门应整合办事处，方便民营企业各事宜的快速开展。

（3）法律体系不健全。有些民营企业由于经营不善或不愿意按时偿还银行贷款，使自己企业在征信系统中被标记成“老赖”，虽然现在法律对“老赖”有一定的制裁措施，但惩罚力度还相对较小，要采取更加强有力的措施来整顿这种违法行为。上述部分民营企业的违法行为，影响了民营企业整体形象。从整体上看，辽宁省发布了部分支持民营企业发展的政策措施，但与政策措施配套的设施少，很难进行实际操作。

3. 银行等金融机构存在歧视与偏好

相对而言民营企业具有较高的违约风险。即使现在出台了许多有利于民营企业融资的优惠政策，但各金融机构出于自身营利性与安全性的考虑更愿意发放贷款给防范风险能力强的大型国有企业，而对民营企业的贷款请求比较苛刻，发放足额贷款的意愿不足。

（二）民营企业自身的原因

1. 民营企业缺失现代企业管理制度方面

目前，多数民营企业仍然为家族企业，仍采用家族式的管理制度，也有一部分民营企业采取合伙经营模式，大部分民营企业都没有建立起现代企业管理制度，使得企业产权单一，在与大型企业争夺市场时不具优势，竞争力较弱。目前，部分民营企业的财务体系仍不够完善，报送的财务数据有造假的嫌疑，也不能够保证其数据的完整与及时，甚至存在好几套不同版本的财务报表。各民营企业财务管理水平也有所差距。一些民营企业的高级管理者不重视财务制度，不重视财务工作对企业发展的帮助。这样的观念使企业的财务制度不完善，财务管理效率低下，信息披露不完整、不及时，报送的账目也十分混乱，背后存在着很大的融资风险。

2. 信息透明度方面

民营企业体量较小，数量众多。2019 年，辽宁省新增民营企业 17. 24 万户，同比增长了 9. 43%，数目的增多给信息的有效收集带来了难度，如果不深入搜集，外界很难及时获得各民营企业的有效信息。再加上许多民营企业的管理也有不规范的地方，许多民营企业也会出于对自己商业秘密或经营状况的保护，从而拒绝公布自己的真实信息。这些都会导致信息不透明、不对称。

3. 应对风险的能力方面

民营企业面对风险的能力较弱，故而经营风险较高，而且许多民营企业也不够重视创新，随着社会的进步、科技的更新换代，民营企业生产的不具创新的产品很快会被市场淘汰，很容易导致生产经营出现严重问题。

4. 信用方面

部分民营企业出于各种原因，不愿意按时偿还银行贷款，甚至有的民营企业在银行的征信上显示为“老赖”。因此银行对于民营企业的贷款申请也提高了审核标准，这就形成了一个恶性的“闭环”。并且由于多数民营企业的存货较少，可用于贷款抵押的标的物价值也有限，所以中小企业很难从银行获得足够的贷款额度。

四、辽宁省民营企业融资的对策建议

（一）政府助力

1. 帮助增强民营企业的融资能力

政府有关部门可以定期组织各类专业培训，邀请各专业人士举办讲座，以此来帮助民营企业完善自身的治理结构与财务管理能力，自觉为相关审计部门提供真实、准确、完全、及时的财务信息。帮助民营企业强化其内部控制，帮助其提升自身信誉，为民营企业提高融资能力提供坚实的依靠。

2. 减轻民营企业税负，降低其融资成本

政府对民营企业减轻税费，减轻了民营企业的部分负担。对增值税费的改革也要继续进行，加大各项税收政策的力度，针对民营企业降低或减免部分费用，使民营企业可以在日常生产经营中切实感受到降低税费的优势。

3. 加快政策措施的落地安排

对于国家发布的各项有利于民营企业融资的政策措施，辽宁省各级单位应充分重视，并加快脚步进行政策的落地生根，早日实施，早日造福于各民营企业。对于本省提出的更加具有针对性的政策措施，也要安排好各级单位早日实施，可在政策发布时限定一个合理时期，使政策可以更加畅通于各级单位。

4. 完善民营企业信息共享机制

加快辽宁省信用政策法律法规的建设，整合税务、工商、行政许可等多方面的各类别信息，从法律角度明确划分各部门收集和发布信息的权利和义务，尝试从本质上解决信息零散问题，帮助加大宣传辽宁省民营企业公共服务平台以及小微企业名录系统，使民营企业可以更加便利快捷地了解各金融政策，加大社会的共享程度。

5. 扩展民营企业外部融资渠道

当前，相关部门还应该鼓励民营企业发展投资基金，利用股权融资方式，使企业有机会通过外源直接融资。帮助民营企业转变传统的融资方式，例如，民营企业可以在互联网平台直接进行众筹，这种方式不仅可以拥有更多的融资机会，也有利于形成新型的合作伙伴关系。

6. 建立健全民营企业信用担保体系

建立健全民营企业的信用担保体系在一定程度上能缓解民营企业融资难的问题，也可以分散部分融资中存在的潜在风险。此外，银行等金融机构非常看重民营企业的信用等级，对信用要求很高，也对经营情况及财务状况有一定的要求。所以，政府应大力发展信用担保体系。

（二）民营企业自身发力

1. 建立现代化的企业管理模式

建立现代化的管理模式，打破原有的家族式企业管理方式，这样可以大力帮助民营企业加强其在行业中的竞争能力。首先，民营企业内部应该公平竞争，不搞传统家庭式的晋升形式。在外聘人才的基础上，民营企业也可以在公司内部选拔出较为优秀的人工，对其进行合理投资，使其受到更加专业的培训以更好地服务于公司的发展。其次，民营企业要放弃原来粗放式的管理模式，加强企业内部监管机制，完善企业财务体系。最后，应重视企业未来的战略规划，重视长期的经营成果，提升自身企业在行业内的竞争力。

2. 建立企业信用体系

首先，要完善民营企业制度体系，建立一套完整的企业规章制度，将信用建设提升到企业发展战略层面，规范企业行为。其次，培养合规信用文化，提升信用意识，引导员工“以诚兴业、信誉至上”，普及信用知识，开展信用培训，塑造信用文化。再次，设立内控部门，强化内部风险防范，通过定期对企业内部控制情况进行全面检查和效果评估，确保内控部门的监督职责应该贯穿于企业经营的各个环节。最后，发展数据技术，建立信息化信用体系，推动大数据技术在信息采集、信用信息共享、数据分析研判等方面的应用，提高信用体系运行效率。

3. 提升企业的财务管理能力

由于缺失财务体系或高级管理者财务素养不达标，民营企业在规划其现金流时容易出现问题，从而可能会引起企业的资金周转出现困难，资金链突然发生断裂而很难获得融资机会。所以，民营企业要从自身出发，深刻剖析自己存在的问题，并进行整改，健全自身财务管理体系，不断提高民营企业的财务管理能力。

首先，民营企业要加强对其自有资金的管理。民营企业要拥有对企业的现金流做出合理的判断和长期规划的能力，应当对每一笔资金做出合理的运用，既要开源，也不能忘记节流。企业要尽量避免不必要的应收账款坏账损失，并且减少过多的资金占用，增加其资金周转的速度。民营企业也要注意由于信息不对称而可能出现的潜在问题，降低融资难度，提高融资效率。在此基础上建立健全企业自身的财务体系，改变原来过度单一的融资渠道，积极学习国内外优秀的财务管理模式。其次，民营企业要提升对融资环节的管理。民营企业要提高进行融资的决策水平，建立健全科学的融资体系。民营企业要从自身风险可接受能力出发，选择最为恰当的融资渠道。另外，民营企业要时刻关注市场的最新动向，抓住融资机会。

（三）金融机构助力

1. 提升金融机构服务能力

首先，加强政银企直接对接，搭建直接互动平台。银行主管部门应积极听取民营企业的融资需要，并应用大数据、云平台不断搭建银企沟通的渠道。其次，强化金融机构的制度建设，建立平等的银企关系。金融机构也要重视创新，创新出更加适合民营企业的新型金融产品。金融机构要进一步简化贷款流程，减少冗长的中间环节，使民营企业能更容易筹集到需要的资金。再次，创新服务民营企业的金融产品，要结合民营企业所处行业区域特点、经营规模情况等进行客户细分，并创新具有针对性的信贷类金融产品。最后，要强化金融科技手段的运用，由于中小民营企业单笔融资规模小、融资期限短、融资支用频、融资需求急等也增加了银行服务中小微企业的成本，因此要积极运用大数据等科技手段解决信用信息不对称问题，同时通过大数据技术提高业务办理效率，降低成本。

2. 改善金融机构的考核与激励约束机制

首先，充分考虑民营企业的经营情况与特点，建立专业的民营中小微企业金融服务人员队伍，单列民营中小微企业专项信贷计划等手段强化资源配置。其次，银行等金融机构要加强其纠错容错体系建设，细化民营中小微企业贷款不良容忍度管理，修改过去不合理的各项制度，并通过修订考核激励方法，实行差异化的考核办法，充分调动民营企业员工参与服务民营中小微企业的能动性、积极性。最后，监管部门要强化政策激励约束，从顶层设计上推动金融机构服务民营中小微企业。

3. 完善融资服务和配套机制

首先，金融机构要积极开展融资对接服务，联合政府，建立常态化的银企对接机制。其次，建立民营企业信息共享体系，中国人民银行等机构要牵头与工商、税务、市场等部门沟通协作，通过征信平台，建立中小企业经营信息共享数据库。最后，构建、完善配套机制，金融机构积极与评估机构、担保机构和产权机构沟通，在信息共享的同时，提高服务民营企业的效率。

专题四

资产流动性、融资约束与辽宁民营企业创新

随着经济的快速发展，中国经济已经进入稳步发展阶段，而实现经济可持续发展的重要核心就是创新。近年来，中国企业创新能力明显提升，创新投入也不断增加。根据工业和信息化部公布的数据可知，2019 年中国企业研发投入占全社会研发投入的比重超过了 70%，而民营企业数据量占全国企业研发投入比超过 95% 以上，可见民营企业是企业研发投入的主体；同时民营企业专利发明占比超 75%，因此民营企业更是中国创新的主力军。国家为了促进区域经济协调发展，多次提出振兴东北老工业基地的战略，辽宁省从改革开放以来经济发展速度相比东部沿海地区出现了明显落后，2019 年中国平均研发（R&D）投入强度为 2. 2%，而同年辽宁省研发投入强度为 2. 0%，虽有所增长，但仍然低于全国平均水平。提升辽宁省创新能力是振兴老工业基地战略中的核心动力，依靠企业技术进步和创新是振兴老工业基地的重要保证，而提升辽宁省民营企业的创新能力是促进辽宁省经济发展的首要任务。

一、研究背景

企业创新活动具有较高的不确定性和商业化周期较长的特征，这使企业在创新活动过程中会面临融资难和调整成本高的情况。霍尔和勒纳（Hall & Lerner，2009）指出大型成熟企业更加倾向于使用现金和其他内部

资金为创新活动提供支持；而小型和新兴的创新型企业在研发过程中出现资金不足时，需要花费高额的资本成本来为创新投入筹集资金。基于创新活动的特征，企业是否进行创新和创新投入多少，最终都要归根到考虑创新资金的来源上。

那么，如何促进民营企业的创新活动，增加企业创新投入呢？企业创新活动主要受到宏观经济因素和微观主体因素的共同作用。从宏观层面上看，各级政府已经制定了面向民营企业进行创新活动的补贴与税收优惠等相关政策，以克服民营企业所面临的融资约束难题，增强企业抵抗创新风险能力。但从微观层面上看，民营企业利用自身资产进行创新活动时的最大难题是资金短缺，而筹集资金需要花费高额的成本，这可能会直接影响到企业创新投资的决策，致使企业创新项目中断。在这种背景下，企业资产具有高流动性的特征尤为重要。因为高资产流动性有着较高的变现能力和较低的调整成本，有利于企业在受到融资约束时以较低的成本完成融资，为企业创新活动筹集资金。尽管在理想的市场当中，资产流动性并不重要，企业可以在不承担交易成本的情况下为投资提供充足的资金，但现实市场中存在很多不确定性因素会影响到企业筹集资金的问题，因此高资产流动性在企业生产和创新过程中越来越重要（Pham et al.，2017）。张占斌（2016）研究发现，东北民营企业融资难、融资贵；税费负担重、经营成本高；在政策制度和创新技术方面存在一定不足。解决融资问题成为推动东北民营经济发展乃至东北振兴的当务之急。

由此，我们提出以下几个需要关注的问题：民营企业提高资产的流动性是否可以促进创新活动投入的增加？不同资产的流动性对创新活动投入有何影响？高资产流动性是否可以帮助企业降低资本成本，缓解融资约束，更加便利地获得外部融资，从而促进企业创新活动的投入？本专题对资产流动性与企业创新活动投入之间的影响，以及企业受到融资约束的情况下资产流动性是否可以促进企业创新活动投入进行深入分析和评价。进而为今后全国民营企业和辽宁省民营企业提高资产的流动性、解决融资约束问题、促进企业创新活动水平的提高提供启示。

二、研究设计

（一）样本选择和变量定义

本节利用平衡面板数据进行实证研究，选取 2011 ~ 2018 年中国创业板上市企业作为研究对象，样本数据来源于万得（Wind）数据库。我们将数据进行筛选：（1）剔除了研发支出为 0 的企业；（2）剔除了金融行业企业；（3）剔除了含有相关数据缺失的企业。经过筛选后，最终得到 289 个企业作为研究对象。为了消除异常值对本研究的影响，本专题应用 Winsorize 对连续型的变量在 1% 和 99% 水平上进行了处理。

被解释变量创新投入（*Innov*）：借鉴鞠晓生等（2013）运用无形资产增量代表创新活动投入，无形资产包括专利权、著作权、商标权、特许权和非专利技术等，无形资产增量是企业创新投入的成果，可以更好地反映出企业创新活动的综合情况。企业创新投入不仅仅反映在 R&D 支出方面，还包括企业的人力资本、技术引进、对技术的吸收等。因此，无形资产增量相比 R&D 支出包括了更多的企业创新投入的信息。本专题选取无形资产增量除以总资产作为衡量企业创新活动投入的指标。

核心解释变量资产流动性（*ALIQ*）：本专题借鉴戈帕兰等（Gopalan et al.，2012）和范等（Pham et al.，2017）的资产流动性衡量方法，计算出企业三种层面的资产流动性，通过资产类别的不同分为现金和现金等价物、非现金流动资产、固定资产和其他资产。资产流动性的度量方法如下：

$$ALIQ1_{i,t} = \frac{C\&E_{i,t}}{TA_{i,t}} \times 1 + \frac{OA_{i,t}}{TA_{i,t}} \times 0 \tag{4-1}$$

$$ALIQ2_{i,t} = \frac{C\&E_{i,t}}{TA_{i,t}} \times 1 + \frac{NCA_{i,t}}{TA_{i,t}} \times 0.5 + \frac{OA_{i,t}}{TA_{i,t}} \times 0 \tag{4-2}$$

$$ALIQ3_{i,t} = \frac{C\&E_{i,t}}{TA_{i,t}} \times 1 + \frac{NCA_{i,t}}{TA_{i,t}} \times 0.75 + \frac{TFA_{i,t}}{TA_{i,t}} + \frac{OA_{i,t}}{TA_{i,t}} \times 0 \tag{4-3}$$

$$ALIQ4_{i,t} = \frac{NCA_{i,t}}{TA_{i,t} - C\&E_{i,t}} \times 0.75 + \frac{TFA_{i,t}}{TA_{i,t} - C\&E_{i,t}} \times 0.5 + \frac{OA_{i,t}}{TA_{i,t} - C\&E_{i,t}} \times 0 \tag{4-4}$$

其中，i、t 分别表示企业和年份，*ALIQ* 表示资产流动性，*TA* 表示企业总资产（total asset），*C&E* 表示企业持有现金及现金等价物（cash equivalent），*NCA* 表示企业的非现金流动资产（noncash current asset），*TFA* 表示企业的固定资产（tangible fixed asset），*OA* 表示企业的其他资产。

根据戈帕兰等（Gopalan et al.，2012）的研究，第一项资产流动性衡量指标（*ALIQ*1）衡量了企业现金持有量占总资产的比例。为了体现出现金持有量在创新过程中的重要性，假设其他的资产全部为非流动性资产，虽然这一假设并不符合实际（鞠晓生等，2013）。第二项资产流动性衡量指标（*ALIQ*2）除了衡量企业现金持有量外，还加入了其他非现金流动资产，由于现金持有量的流动性要远高于其他非现金流动资产，所以在衡量这一指标时对其他非现金流动资产赋值为 0.5。第三项资产流动性衡量指标（*ALIQ*3）同时包括了现金持有量、其他非现金流动资产和固定资产。整体赋值分别为现金持有量为 1，其他非现金流动资产为 0.75，固定资产为 0.5。因为前三项资产流动性指标都包括了现金持有量，为了检验其他资产流动性对创新活动投入的影响，在第四项资产流动性的衡量指标（*ALIQ*4）中去除现金指标构成，使用非现金流动资产和固定资产分别除以总资产减去现金流动资产之差，并赋值为 0.75 和 0.5。

融资约束（*FC*）：本专题参考哈德洛克和皮尔斯（Hadlock & Pierce，2010）和鞠晓生等（2013）的 SA 指数法衡量企业融资约束程度，SA 指数计算公式为：$SA = -0.737 \times Size + 0.043 \times Size^2 - 0.04 \times Age$，*SA* 指数结果为负值，将其取绝对值，绝对值越大说明企业受到的融资约束越大，绝对值越小说明企业受到的融资约束越小。沈洪波等（2010）研究发现，企业内部现金流显著影响着企业投资，说明企业投资会受到外部融资约束的影响。现金流越大，企业的外部融资成本就越低。企业较高的资产流动性可以降低融资成本，缓解企业外部的融资约束。本专题选择 SA 指数法衡量融资约束的指标。

企业价值（*TobinQ*）：格里利切斯（Griliches，1981）指出企业创新活动的增加可以提升企业的价值。由于 *TobinQ* 投资理论是具有高成长机会的企业更倾向于投资，所以本专题选择 *TobinQ* 为衡量企业价值的指标。

企业规模（*Size*）：霍尔等（Hall et al.，2005）的研究表明企业规模对创新活动产生了显著的正向影响。因此，本专题选择企业总资产的自然对数作为衡量企业规模的指标。

盈利能力（*Roa*）：本专题选择企业净利润与总资产之比作为衡量盈利能力的指标。

资产负债率（*Lev*）：鞠晓生等（2013）的研究指出资产负债率不仅反映了企业负债情况且影响到企业的融资渠道。本专题选择企业负债总计与资产总计之比作为衡量资产负债率的指标。

股权结构（*BS*）：本专题选择企业第一大股东的持有比例作为衡量股权结构的指标。

股权集中度（*MN*）：本专题选择企业前五大股东持股比例的平方和作为衡量股权集中度的指标。

本专题还固定了企业成立年数（*Age*），其反映了企业的资产流动性和创新活动都与商业完成的周期有关。最后固定了行业效应，不同行业的创新倾向有可能不同。

实证研究变量及其定义如表 4－1 所示。

表 4－1　　实证研究变量及其定义

变量符号	变量名称	度量定义
Innov	创新投入	无形资产增量/总资产
*ALIQ*1	资产流动性指标 1	现金及其等价物/总资产 ×1
*ALIQ*2	资产流动性指标 2	现金及其等价物/总资产 ×1 + 非现金流动资产/总资产 ×0.5
*ALIQ*3	资产流动性指标 3	现金及其等价物/总资产 ×1 + 非现金流动资产/总资产 ×0.75 + 固定资产/总资产 ×0.5
*ALIQ*4	资产流动性指标 4	非现金流动资产/（总资产 － 现金及其等价物）×0.75 + 固定资产/（总资产 － 现金及其等价物）
TobinQ	企业价值	托宾 Q 值
Size	企业规模	企业总资产的自然对数
Roa	盈利能力	净利润/总资产
Lev	资产负债率	负债总计/资产总计
BS	股权结构	企业第一大股东的持有比例
MN	股权集中度	企业前五大股东持股比例的平方和
Age	成立年数	统计年份——企业成立年份
FC	融资约束	融资约束强组，*FC* =1；融资约束弱组，*FC* =0

（二）模型设定

本专题为了研究资产流动性对创新活动投入的影响对企业的创新研发在实际资产流动以及其他控制变量的基础上建立了模型，模型如下：

$$Innov_{i,t+1} = \beta_0 + \beta_1 ALIQ_{i,t} + \beta_2 Innov_{i,t} + \beta_3 TobinQ_{i,t} + \beta_4 Size_{i,t} + \beta_5 Roa_{i,t} + \beta_6 Lev_{i,t} + \beta_7 BS_{i,t} + \beta_8 MN_{i,t} + \beta_9 Age_{i,t} + \gamma_j + \mu_i + \upsilon_t + \varepsilon_{i,t} \tag{4-5}$$

在式（4－5）中，i、t、j 分别表示企业、年份和行业。其中 *Innov* 表示创新活动投入；*ALIQ* 表示对 *ALIQ*1、*ALIQ*2、*ALIQ*3 和 *ALIQ*4 的资产流动性度量；*TobinQ* 表示企业价值；*Size* 表示企业规模；*Roa* 表示盈利能力；*Lev* 表示资产负债率；*BS* 表示股权结构；*MN* 表示股权集中度；*Age* 表示成立年数。本专题还固定了行业效应（γ_j）、企业效应（μ_i）和年度效应（υ_t），$\varepsilon_{i,t}$表示随机扰动项。同时考虑到资产流动性与创新活动的内生性问题，本专题采用了被解释变量前移一项，而所有解释变量（核心解释变量和控制变量）均采用当期来降低内生性问题产生的影响。

三、融资约束与辽宁民营企业创新的实证分析

（一）描述性统计特征

1. 我国创业板上市企业样本的描述性统计

表4－2显示了本专题变量的描述性统计结果。创新投入指标（*Innov*）的最小值趋近于－0.026，而其最大值为0.112，说明本专题采用的样本中创新活动差异较大，整体的创新活动投入偏低，其均值为0.008也反映出这一点。资产流动性的指标（*ALIQ*），*ALIQ*1 的平均值和标准差分别为0.239和0.184；*ALIQ*2 的平均值和标准差分别为0.436和0.156。*ALIQ*3 加入了固定资产，其平均值为0.614，但是标准差为0.136，比 *ALIQ*1 和 *ALIQ*2 的值都要小。这说明创业板企业相对于固定资产来说，企业愿意持有更多的流动资产。企业价值（*TobinQ*）的均值为3.085，其最小值和最大

值分别为0.147和10.597，说明创业板企业间企业价值差距较大，其标准差为1.861，表示对于企业的价值评估有着分歧（见表4－2）。

表4－2　　　　我国创业板上市企业样本的描述性统计

变量	均值	标准差	最小值	最大值	样本量
Innov	0.008	0.020	－0.026	0.112	2312
*ALIQ*1	0.239	0.184	0.019	0.818	2312
*ALIQ*2	0.436	0.156	0.156	0.876	2312
*ALIQ*3	0.614	0.136	0.313	0.929	2312
*ALIQ*4	0.497	0.115	0.192	0.716	2312
TobinQ	3.085	1.861	0.147	10.597	2312
Size	21.299	0.795	18.811	23.293	2312
Roa	0.044	0.062	－0.276	0.305	2312
Lev	0.285	0.168	0.028	0.716	2312
BS	0.305	0.126	0.030	0.625	2312
MN	0.132	0.085	0.001	0.399	2312
Age	14.311	4.328	4.000	26.000	2312

2. 辽宁创业板上市企业的描述性统计

辽宁省7家创业板上市的民营企业样本各变量的描述性统计结果见表4－3。通过辽宁省民营企业与创业板整体企业的比较，发现辽宁省创新投入指标（*Innov*）的最小值趋近于－0.003，而其最大值为0.109，说明辽宁省的样本中创新活动差异很大，与整体创业板企业相比较均值相等，创新活动投入偏低。辽宁省资产流动性的指标（*ALIQ*），*ALIQ*1现金资产流动的最小值趋近于0.009，而最大值为0.698，两数值均小于整体创业板整体企业的值，说明辽宁省民营企业持有的现金严重缺乏，同时差异很大。*ALIQ*2、*ALIQ*3和*ALIQ*4的各个统计值均在创业板整体企业整体统计值之内，进一步发现加入其他流动资产后整体标准差逐渐减小，反映出辽宁省民营企业相对固定流动资产更愿意持有现金流动资产。辽宁省民营企业关于企业价值（*TobinQ*）的均值、最小值略高于创业板整体企业数值，说明辽宁省民营企业的企业价值相对不错。辽宁省民营企业的企业规模（*Size*）均值稍小于创业板整体企业数值，说明辽宁省民营企业的整体规模偏小。辽宁省民营企业的盈利能力（*Roa*）虽然均值略高于创业板整体企业数值，但其最大值与最小值之间相差较小，说明辽宁省民营企业的盈利能力整体偏低。辽宁省民营企业的资产负债率（*Lev*）均值（0.326），高于创业板整体企业数值（0.285），说明辽宁省民营企业存在着负债较高的情况。辽宁省民营企业的股权结构第一大股东持股比例（*BS*）均值（0.384），高于创业板整体企业数值（0.305），说明辽宁省民营企业偏向于公司一人决定，同时前5大股东均值对比也反映了这一问题。

通过以上对比发现，在样本中辽宁省民营企业更愿意持有现金，但实际持有现金量非常少，且民营企业资产流动性也并不高，若企业希望在创新活动中增加投入，企业资金会出现严重的短缺问题。同时还发现，辽宁省民营企业的企业价值和盈利能力都不错，而企业的资产负债率也非常高，企业虽然有着较好的利润，但并没有降低企业的负债，这种情况下辽宁省民营企业更应加强企业产品的创新，提升产品质量，增强在市场中的竞争力。为验证辽宁省民营企业资产流动性与创新活动之间的关系，下面将对整体样本进行实证检验，以反映辽宁省民营企业的情况（见表4－3）。

表4－3　　辽宁创业板上市企业样本的描述性统计

变量	均值	标准差	最小值	最大值	样本量
Innov	0.008	0.019	－0.003	0.109	56
ALIQ1	0.235	0.156	0.009	0.698	56
ALIQ2	0.462	0.138	0.234	0.790	56
ALIQ3	0.636	0.124	0.396	0.882	56
ALIQ4	0.534	0.086	0.313	0.668	56
TobinQ	3.468	2.318	0.398	9.864	56
Size	21.294	0.834	19.308	22.976	56
Roa	0.061	0.057	－0.058	0.218	56
Lev	0.326	0.141	0.071	0.650	56
BS	0.384	0.108	0.246	0.570	56
MN	0.120	0.090	0.066	0.486	56
Age	12.214	3.285	6.000	19.000	56

（二）基本模型回归结果

本专题使用统计分析软件Stata 15.1对模型（1）进行估计，在对面板数据模型进行回归估计时，究竟应该使用随机效应模型还是固定效应模型，本专题进行了豪斯曼检验（Hausman），结果发现强烈拒绝原假设（P值为0.000），说明采用固定效应模型更为适合，但为了结果的稳健性我们将随机效应模型和固定效应模型的结果同时列出，其结果如表4－4所示。表4－4中回归均采用非同步变量处理方法估计，其中第一列、第三列、第五列和第七列为固定效应模型，第二列、第四列、第六列和第八列为随机效应模型。

表4－4　　　　回归结果（被解释变量为 $Innov_{i,t+1}$）

变量	(1) 固定效应	(2) 随机效应	(3) 固定效应	(4) 随机效应	(5) 固定效应	(6) 随机效应	(7) 固定效应	(8) 随机效应
ALIQ1	0.021 *** (4.313)	0.021 *** (3.991)						
ALIQ2			0.031 *** (4.943)	0.031 *** (4.575)				
ALIQ3					0.034 *** (4.912)	0.034 *** (4.546)		
ALIQ4							0.020 *** (2.775)	0.020 ** (2.568)
Innov	－0.070 ** (－2.125)	－0.070 ** (－1.967)	－0.061 * (－1.843)	－0.061 * (－1.706)	－0.057 * (－1.700)	－0.057 (－1.573)	－0.068 ** (－1.971)	－0.068 * (－1.825)
TobinQ	0.000 (0.931)	0.000 (0.861)	0.000 (0.839)	0.000 (0.777)	0.000 (0.925)	0.000 (0.856)	0.000 (0.881)	0.000 (0.815)
Size	－0.001 (－0.701)	－0.001 (－0.648)	－0.000 (－0.280)	－0.000 (－0.259)	0.001 (0.899)	0.001 (0.832)	0.001 (0.798)	0.001 (0.738)
Roa	0.026 ** (2.195)	0.026 ** (2.031)	0.022 * (1.909)	0.022 * (1.767)	0.022 * (1.847)	0.022 * (1.710)	0.022 * (1.846)	0.022 * (1.708)
Lev	－0.009 * (－1.659)	－0.009 (－1.536)	－0.009 * (－1.733)	－0.009 (－1.604)	－0.012 ** (－2.162)	－0.012 ** (－2.001)	－0.016 *** (－3.044)	－0.016 *** (－2.817)
BS	0.057 ** (2.420)	0.057 ** (2.240)	0.059 ** (2.457)	0.059 ** (2.274)	0.053 ** (2.194)	0.053 ** (2.031)	0.052 ** (2.185)	0.052 ** (2.022)
MN	－0.069 ** (－2.034)	－0.069 * (－1.882)	－0.070 ** (－2.040)	－0.070 * (－1.888)	－0.065 * (－1.877)	－0.065 * (－1.737)	－0.065 * (－1.881)	－0.065 * (－1.741)

续表

变量	(1) 固定效应	(2) 随机效应	(3) 固定效应	(4) 随机效应	(5) 固定效应	(6) 随机效应	(7) 固定效应	(8) 随机效应
Age	0.001 (0.417)	0.001 (0.386)	0.002 (0.594)	0.002 (0.549)	0.002 (0.651)	0.002 (0.602)	0.002 (0.648)	0.002 (0.600)
_cons	0.001 (0.014)	0.005 (0.095)	-0.028 (-0.639)	-0.026 (-0.473)	-0.069 (-1.533)	-0.072 (-1.284)	-0.051 (-1.114)	-0.058 (-1.021)
企业固定效应	是	是	是	是	是	是	是	是
行业固定效应	是	是	是	是	是	是	是	是
时间固定效应	是	是	是	是	是	是	是	是
N	2023	2023	2023	2023	2023	2023	2023	2023

注：***、**、*分别表示在1%、5%、10%的显著性水平下显著，括号内为t值。

从第一列和第二列的回归结果可以看出，无论采用固定效应模型还是采用随机效应模型，均发现核心解释变量*ALIQ*1的系数符号为正且在1%的水平上显著，表明企业现金持有水平对企业创新活动投入产生了显著的促进作用。这一结果与布朗等（Brown et al.，2009）和马等（Ma et al.，2013）的发现一致，现金持有量对企业创新活动投入有着显著的影响，现金持有量是企业研发创新的重要因素。核心解释变量*ALIQ*1的系数均为0.021，从数值上来看，企业平均每持有1元的现金，意味着创新活动投入会增加0.021个单位，即表明企业现金持有量对于企业创新活动有着重要的作用。从第三列和第四列中的回归结果发现，两种模型核心解释变量*ALIQ*2的系数符号均为正且在1%的水平上显著，这表明在加入了赋值后的非现金流动资产后，其系数符号和显著水平并没有发生变化，说明企业现金持有量和非现金流动资产的流动性对企业创新活动投入有着显著的正向影响。从第五列和第六列中的回归结果发现，两种模型核心解释变量*ALIQ*3的系数均为正且在1%的水平上显著，这表明资产流动性促进了企业创新活动的投入。我们发现加入固定资产后其显著水平没有发生变化，整体较高的资产流动性对企业创新投入有着显著的正向影响。这一结果与田存志和容宇恩（2018）的发现一致，高资产流动性企业具有较高的变现能力和抵押价值，有利于企业以较低的交易成本和融资成本为企业创新活动筹集资金。接下来为了检验非现金资产流动性对创新活动投入的影响，去除了现金及其等价物，使用赋值后的非现金流动资产和赋值后的固定资产对创新活动投入的影响进行分析。第七列和第八列中两种模型的回归结果核心解释变量 *ALIQ*4 的系数均为正且分别在 1% 和 5% 的水平上显著，这表明非现金资产流动性对创新活动投入同样有着显著的正向影响。非现金流动资产流动性可以作为现金流动资产的补充促进企业创新活动投入。通过以上研究结果发现，无论是在固定效应模型还是随机效应模型中核心解释变量的符号及其显著性均基本一致，反映出资产流动性对创新活动投入产生了显著的正向影响，其中现金流动性是资产流动性中最为重要的部分，非现金资产的流动性在一定程度上补充了现金，为企业创新活动投入提供了后续的保障。

通过表 4 - 4 的回归结果还发现，变量企业价值（*TobinQ*）和成立年数（*Age*）的系数均为正，但并不显著，说明企业价值较高和成立年数较多的企业对创新活动的影响不明显。企业规模（*Size*）对创新活动投入的影响并不显著。变量盈利能力（*Roa*）在回归结果中的系数均为正且在 10% 的水平上显著，表明企业的净利润对创新活动投入有着显著促进作用。资产负债率（*Lev*）在其中六列回归结果中的系数均为负且在 10% 的水平上显著，表明资产负债率对创新活动投入会起到显著抑制作用。并且在第七列和第八列回归模型中变量资产负债率（*Lev*）的系数为负且在 1% 的水平上显著，表明这种抑制作用在企业缺乏现金资产时体现得更为明显。股权结构（*BS*）在全部的回归模型中系数均为正且在 5% 的水平上显著，表明当第一大股东持股较多时，对企业的管理监督更加有效，使企业对创新活动的投入增加。在全部八列回归模型中变量股权集中度（*MN*）的系数均为负且在 10% 的水平上显著，说明当企业股权过于集中时会对企业创新活动投入产生抑制影响。

（三）内生性与稳健性检验

即使前面计量模型（1）设定过程中已经采用了被解释变量前移一项

而所有解释变量（核心解释变量和控制变量）均采用当期来降低内生性问题产生的影响，但这种做法还是有可能存在内生性问题。在此基础上，本专题进一步选择所有核心解释变量滞后阶作为工具变量进行分析，这样得到的回归结果可以进一步克服内生性问题。因此，本专题选择面板 2SLS 方法对前面设定的计量模型进行回归估计。在进行实际操作过程中，面板 2SLS 方法主要包括两类：面板固定效应 2SLS 和面板随机效应 2SLS。这两类方法的差异在于前者对模型进行固定效应模型处理以解决遗漏变量问题，而后者认为模型中不存在遗漏变量问题进而对此步骤进行了省略。在此基础上对变换后的模型使用二阶段最小二乘法（2SLS）。为了获得更为稳健的回归结果，分别使用面板固定效应 2SLS 和面板随机效应 2SLS 分别对计量模型进行估计，结果见表 4－5。回归结果显示核心解释变量资产流动性指标 *ALIQ*1、*ALIQ*2、*ALIQ*3 和 *ALIQ*4 呈现出与表 4－3 回归结果基本一致的统计特征，证实了前文中回归结果的稳健性。

表 4－5　两阶段最小二乘法回归结果（被解释变量为 $Innov_{i,t+1}$）

变量	(1) 固定效应	(2) 随机效应	(3) 固定效应	(4) 随机效应	(5) 固定效应	(6) 随机效应	(7) 固定效应	(8) 随机效应
*ALIQ*1	0.090*** (3.193)	0.087*** (2.925)						
*ALIQ*2			0.093*** (3.946)	0.093*** (3.661)				
*ALIQ*3					0.081*** (4.274)	0.079*** (3.912)		
*ALIQ*4							0.040*** (3.046)	0.041*** (2.813)
Innov	−0.029 (−0.865)	−0.037 (−1.081)	−0.016 (−0.499)	−0.024 (−0.723)	−0.020 (−0.663)	−0.026 (−0.815)	−0.053 (−1.632)	−0.055 (−1.568)
TobinQ	0.001*** (2.596)	0.000 (0.850)	0.001** (2.550)	0.000 (0.614)	0.001** (2.009)	0.000 (0.848)	0.000 (0.957)	0.000 (0.796)
Size	−0.004* (−1.713)	−0.003 (−1.437)	−0.001 (−0.568)	−0.001 (−0.302)	0.003* (1.727)	0.003* (1.729)	0.002 (1.342)	0.003 (1.440)
Roa	0.019 (1.402)	0.027* (1.905)	0.008 (0.648)	0.016 (1.179)	0.013 (1.022)	0.017 (1.237)	0.018 (1.453)	0.018 (1.382)

续表

变量	(1) 固定效应	(2) 随机效应	(3) 固定效应	(4) 随机效应	(5) 固定效应	(6) 随机效应	(7) 固定效应	(8) 随机效应
Lev	0.015 (1.386)	0.011 (1.025)	0.006 (0.797)	0.003 (0.342)	−0.005 (−0.791)	−0.006 (−1.035)	−0.017*** (−3.129)	−0.017*** (−2.956)
BS	0.082*** (2.666)	0.062** (1.976)	0.083*** (2.806)	0.066** (2.119)	0.059** (2.167)	0.050* (1.704)	0.052** (2.107)	0.050* (1.852)
MN	−0.096** (−2.223)	−0.073 (−1.593)	−0.096** (−2.298)	−0.076* (−1.684)	−0.073* (−1.866)	−0.062 (−1.461)	−0.064* (−1.831)	−0.061 (−1.596)
Age	0.003** (2.368)	0.001 (0.274)	0.002*** (2.588)	0.003 (0.777)	0.001 (1.554)	0.003 (0.816)	−0.001** (−2.011)	0.003 (0.777)
_cons	−0.003 (−0.087)	0.028 (0.568)	−0.064* (−1.676)	−0.063 (−1.281)	−0.129*** (−2.800)	−0.147** (−2.488)	−0.052 (−1.393)	−0.091* (−1.691)
企业固定效应	是	是	是	是	是	是	是	是
行业固定效应	是	是	是	是	是	是	是	是
时间固定效应	否	是	否	是	否	是	否	是
N	2023	2023	2023	2023	2023	2023	2023	2023

注：***、**、*分别表示在1%、5%、10%的显著性水平下显著，括号内为t值。

为了进一步检验回归结果的稳健性，我们使用GMM估计对前文回归结果进行验证，由于寻找外部工具变量相对困难，本专题选择内部工具变量即解释变量的滞后期，使用变量*ALIQ*滞后最多三阶作为工具变量进行GMM估计，以此作为稳健性检验。弱工具变量检验Cragg－Donald Wald F统计量证明，并不存在弱工具变量。在工具变量过度识别的检验中，我们考虑到存在异方差的问题所以采用了Hansen检验，放弃了Sargan检验，因为Sargan检验是衡量同方差的情况，若存在异方差则Sargan检验的结果并不可靠。Hansen检验的结果分别为0.854、0.577、0.470和0.409。Hansen检验统计量均大于0.1，所以Hansen检验的结果证明不存在工具变量过度识别问题。GMM估计结果（见表4－6）与表4－4回归结果基本一致，核心解释变量资产流动性指标*ALIQ*1、*ALIQ*2、*ALIQ*3和*ALIQ*4显示出了一致的统计特征，进一步证明前面回归结果的稳健性。

表 4-6　　GMM 估计结果（被解释变量为 $Innov_{i,t+1}$）

变量	(1) GMM	(2) GMM	(3) GMM	(4) GMM
ALIQ1	0.033*** (2.702)			
ALIQ2		0.055*** (4.055)		
ALIQ3			0.062*** (4.521)	
ALIQ4				0.058*** (3.802)
Innov	-0.078** (-2.179)	-0.062* (-1.722)	-0.049 (-1.378)	-0.045 (-1.254)
TobinQ	0.000 (0.357)	0.000 (0.353)	0.000 (0.506)	0.000 (0.325)
Size	-0.004** (-2.067)	-0.002 (-1.279)	0.001 (0.363)	0.002 (0.771)
Roa	0.034** (2.445)	0.024* (1.658)	0.022 (1.564)	0.021 (1.402)
Lev	-0.002 (-0.344)	-0.003 (-0.430)	-0.006 (-0.991)	-0.014** (-2.277)
BS	0.040 (1.283)	0.048 (1.554)	0.038 (1.232)	0.033 (1.082)
MN	-0.037 (-0.842)	-0.048 (-1.081)	-0.039 (-0.879)	-0.031 (-0.707)
Age	0.001 (0.392)	0.002 (0.724)	0.003 (0.820)	0.003 (0.859)
Hansen 检验 P-value	0.854	0.577	0.470	0.409
企业固定效应	是	是	是	是
行业固定效应	是	是	是	是
时间固定效应	是	是	是	是
N	1734	1734	1734	1734

注：***、**、*分别表示在1%、5%、10%的显著性水平下显著，括号内为t值。

（四）融资约束

根据现有研究，我们认为高资产流动性企业拥有更高的企业清算价值能力，有着更好的变现能力和抵押价值，即企业可以在折损较小的情况下完成交易或融资，为创新研发筹集资金，增加企业创新活动的投入。屈文洲等（2011）指出高度的信息不对称会导致高额的外部融资成本，当企业存在内外部融资差异时，企业投资会首先考虑内部现金流。那么民营企业或小企业受融资约束严重时，资产流动性是否可以帮助企业降低资本成本，从而促进企业创新活动的投入？本专题参考哈德洛克和皮尔斯（Hadlock & Pierce，2010）、鞠晓生等（2013）的 SA 指数法测量出企业融资约束程度，并将企业受约束的情况按 SA 指数取绝对值后的四分位数进行等级划分，融资约束水平 1/4 分位数以下为融资约束弱组；融资约束水平位于 3/4 分位数水平以上为融资约束强组。豪斯曼检验（Hausman）结果强烈拒绝原假设，应该使用固定效应模型，分组后回归结果如表 4－7 所示。

表 4－7　融资约束强弱分组回归结果（被解释变量为 $Innov_{i,t+1}$）

变量	(1) 弱	(2) 强	(3) 弱	(4) 强	(5) 弱	(6) 强	(7) 弱	(8) 强
ALIQ1	0.004 (0.292)	0.028*** (3.071)						
ALIQ2			0.013 (0.577)	0.040*** (2.743)				
ALIQ3					0.018 (0.704)	0.040** (2.273)		
ALIQ4							0.006 (0.293)	0.029 (1.296)
Innov	−0.260*** (−2.941)	−0.187*** (−2.697)	−0.252*** (−2.765)	−0.176** (−2.519)	−0.248*** (−2.698)	−0.172** (−2.404)	−0.262*** (−2.901)	−0.174** (−2.224)
TobinQ	0.001 (0.531)	0.000 (0.432)	0.000 (0.417)	0.000 (0.333)	0.000 (0.377)	0.000 (0.384)	0.001 (0.555)	0.000 (0.473)
Size	0.009 (1.098)	−0.004 (−1.194)	0.009 (1.140)	−0.003 (−0.863)	0.010 (1.314)	0.000 (0.057)	0.009 (1.280)	0.001 (0.292)

续表

变量	(1) 弱	(2) 强	(3) 弱	(4) 强	(5) 弱	(6) 强	(7) 弱	(8) 强
Roa	0.066* (1.827)	0.031 (0.696)	0.068* (1.949)	0.024 (0.543)	0.070** (1.998)	0.021 (0.485)	0.065* (1.903)	0.019 (0.419)
Lev	-0.043** (-2.375)	0.009 (0.646)	-0.041** (-2.189)	0.006 (0.450)	-0.041** (-2.265)	0.002 (0.163)	-0.044** (-2.482)	-0.004 (-0.290)
BS	0.243*** (3.452)	-0.040 (-0.692)	0.244*** (3.454)	-0.037 (-0.642)	0.249*** (3.430)	-0.048 (-0.849)	0.246*** (3.418)	-0.046 (-0.843)
MN	-0.209** (-2.265)	0.067 (0.764)	-0.207** (-2.209)	0.069 (0.785)	-0.210** (-2.214)	0.082 (0.959)	-0.214** (-2.346)	0.086 (1.019)
Age	0.052*** (8.047)	0.001 (0.315)	0.052*** (7.965)	0.002 (0.533)	0.052*** (8.049)	0.002 (0.575)	0.052*** (7.771)	0.002 (0.611)
_cons	-0.572*** (-3.636)	0.055 (0.639)	-0.586*** (-3.773)	0.009 (0.108)	-0.616*** (-3.843)	-0.054 (-0.571)	-0.588*** (-3.900)	-0.063 (-0.548)
企业固定效应	是	是	是	是	是	是	是	是
行业固定效应	是	是	是	是	是	是	是	是
时间固定效应	是	是	是	是	是	是	是	是
N	369	515	369	515	369	515	369	515

注：***、**、*分别表示在1%、5%、10%的显著性水平上显著，括号内为t值。融资约束水平1/4分位数以下为“弱”；融资约束水平位于3/4分位数水平以上为“强”。

其中，第一列、第三列、第五列和第七列为融资约束弱组模型，第二列、第四列、第六列和第八列为融资约束强组模型。融资约束弱组和融资约束强组中的核心解释变量系数均为正，其中强组的系数值均大于弱组，在第一列和第二列对比中，融资约束弱组的核心解释变量 *ALIQ*1 系数为正不显著。融资约束强组的核心解释变量 *ALIQ*1 系数为正且在1%的水平上显著，说明企业受融资约束强时，现金及其等价物可以缓解融资约束，同时可以增加创新活动的投入。这一研究结果与张杰等（2012）的发现相一致，融资约束会显著影响企业创新投入且自身现金流是企业创新投入的重要融资渠道。在第三列和第四列的对比中，同样融资约束强组的核心解释变量 *ALIQ*2 系数为正且在1%的水平上显著。说明加入赋值后的非现金流动资产后，当企业受融资约束强时，核心解释变量资产流动性可以缓解融资约束，并且促进企业创新活动的投入。在第五列和第六列的对比中，当核心解释变量加入赋值的固定资产后，受融资约束强组的核心解释变量 *ALIQ*3 系数为正且在 5% 水平上显著，显著度有所降低，系数值并没有变化。说明企业受融资约束强时资产流动性对创新投入有着显著的正向影响，固定资产流动性在企业融资约束严重的情况下对创新活动投入的促进作用没有流动资产的流动性显著。在第七列和第八列的对比中，融资约束强组变量 *ALIQ*4 系数为正，但并不显著。说明企业受融资约束严重时，非现金流动性虽然可以缓解融资约束，但效果并没有现金流明显。综上所述，我们认为当企业受融资约束强时，企业倾向于持有更多的现金，其他资产流动性可以作为现金流的补充。提高企业的资产流动性，可以缓解融资约束，降低资本成本，有利于为企业筹集资金来完成对创新活动的投入，同时也反映出创业板企业融资困难这一问题还是没有得到妥善的解决。

为了进一步检验回归结果的稳健性，我们使用 GMM 估计对回归结果进行检验，使用变量 *ALIQ* 滞后最多三阶作为工具变量进行 GMM 估计以此作为稳健性检验。弱工具变量检验结果证明不存在弱工具变量。在工具变量过度识别的检验中，融资约束强组的 Hansen 检验结果分别为 0.899、0.941、0.982 和 0.662。Hansen 检验统计量均大于 0.1，所以 Hansen 检验的结果证明不存在工具变量过度识别问题。由于篇幅原因本专题并未列出回归结果，其中融资约束强组核心解释变量 *ALIQ* 的系数均为正且在 10% 的水平上显著，融资约束弱组则均不显著。这与前面回归结果基本一致，证明了回归结果的稳健性。

四、结论与建议

（一）研究结论

通过对 2011 ~2018 年中国创业板上市企业的平衡面板数据进行实证分析，得到以下研究结论。

（1）控制了企业的重要特征（企业价值、企业规模、盈利能力、资产负债率、股权结构、股权集中度和成立年数）后，本书发现：资产流动性对企业创新投入产生了显著的正向影响。其中现金流动性是资产流动性中最为重要的部分，非现金流动资产流动性在一定程度上补充了现金流量，为企业创新活动投入提供了后续的保障。通过采用不同资产流动性指标和利用不同的回归方法均发现以上研究结果的稳健性。

（2）将融资约束分为强弱两组后，在融资约束强的样本中，高资产流动性会通过降低交易成本和融资成本来实现对创新活动的投入，其中现金及其等价物是缓解融资约束的主要因素。

（3）辽宁省民营企业更愿意持有现金，但企业实际持有现金量非常少，且民营企业资产流动性也并不高，企业存在着资金短缺问题。同时还发现辽宁省民营企业的企业价值和盈利能力都不错，而企业的资产负债率却非常高，企业虽然有着较好的利润，但并没有降低企业的负债，辽宁省民营企业主要面临融资渠道单一、成本过高、缺口扩大和竞争激烈等问题。

（二）政策建议

大量事实表明，企业创新是中国创新的主体，是经济发展的重要动力。相对于大型企业，民营企业在创新过程中抵御风险的能力较差。辽宁省民营企业应加强企业产品的创新，提升产品质量，增强在市场中的竞争力，应从以下方面来促进民营企业增加创新活动投入。

（1）引导民营企业适量增加流动资产为企业未来的创新提供足够的动力。政府应通过金融、财税政策引导企业提高流动资产所占的比率。由于创新周期性较长，而创新产出又具有不确定性，导致企业在创新过程中筹集资金时非常困难，阻碍了企业的创新活动。而资产流动性的提升可以降低企业筹集外部资金的成本，为企业创新项目研发投入提供支持，解决民营企业在创新过程中的融资问题，促进企业创新投入的提升。

（2）政府应激励民营企业自主创新。通过对创新研发的激励来实现企业创新投入，如对创业板企业进行税收优惠和技术开发税前扣除等方式来促进创新的投入。增加相关的政策宣传，简化相关的申报流程，提高退税效率。通过对政策的制定和监督管理为中小型创新企业提供更好的外部环境。提供更加便利的外部融资环境，缓解企业因创新投入带来的资金问题，如鼓励金融机构积极支持民营企业技术创新和改善金融服务等方式来缓解小企业融资困难的问题。

(3) 辽宁省政府需完善金融市场和金融机构等相关政策，为民营企业提供良好的创新融资环境。同时，辽宁省民营企业普遍存在缺乏创新型人才，招不到人、留不住人才等问题，政府和企业应出台相关政策吸引创新型人才，增加与高校、科研院所的合作，为企业创新活动提供基础保障，促进企业进行技术创新。

专题五

辽宁省民营企业数字化赋能问题研究

新冠肺炎疫情的发生及蔓延不可避免地对我国经济和社会发展在短期内造成较大冲击，民营企业由于自身的规模有限，抗风险能力较弱，受疫情影响程度更深。为贯彻习近平总书记关于统筹推进新冠肺炎疫情防控和经济社会发展工作的重要指示精神，2020 年 3 月 18 日，工信部发布了《民营企业数字化赋能专项行动方案》，以数字化、网络化、智能化赋能民营企业，帮助民营企业复工复产和可持续发展。金融业作为推动实体经济发展的命脉，应该为数字化赋能中的民营企业提供金融支持，助力民营企业加快数字化转型步伐，促进民营企业平稳健康发展。

一、数字化应该成为辽宁省民营企业转型升级的有效路径

（一）数字化是民营企业的必然选择

1. 数字化是人类社会发展的必然趋势

从人类文明发展史看，我们正在经历第四次工业革命——信息革命。信息技术在诸多产业和社会领域的应用极大地推动了生产力的发展，对人民生活产生了深远影响。信息技术不仅改造和提升了传统产业，提高了资源利用效率，加速了产业结构调整、升级和转换，而且促进人类生活方

式、社会体系和社会文化发生深刻变革，实现产业信息化。而产业信息化必须要通过计算机、通信设备等将信息转变为可以处理、传送和存储的数字信息。产业信息化的核心方式是数字化，数字化是信息化的必经过程，是信息化社会的必然趋势。

2. 数字化是国家的长远发展战略

近年来，我国顺应全球经济数字化转型发展新趋势，不断优化数字经济的顶层设计。党的十九大报告提出了建设网络强国、数字中国、智慧社会的战略部署。加快经济的数字化转型和促进实体经济与数字经济融合发展，已成为中国经济发展的关键所在，对于实现数据要素市场培育突破、促进要素自由流动、提高要素配置效率具有重要意义，同时有望成为以国内大循环为主体、国内国际双循环相互促进的新发展格局的基础支撑。

3. 数字化是“后疫情”时期的现实需求

受新冠肺炎疫情的影响，全球经济陷入衰退边缘，民营企业作为我国经济发展中的重要力量，也同样遭遇复工难、融资难、供应链断裂等难题。为应对新冠肺炎疫情，帮助民营企业复工复产，各级政府应采取各种措施，促进工业互联网、人工智能、区块链、增强虚拟现实等新技术的深度运用，助推企业数字化转型和提升智能制造水平，数字化技术加快恢复了制造业产能，大幅对冲疫情的负面影响，成为助力企业复工复产的战“疫”利器。因数字化技术在帮助企业应对危机中发挥了重要作用，在“后疫情”时期，企业必将加大企业数字化的投入，使数字技术在更多的领域广泛应用。

（二）数字化技术能提高民营企业生产运营效率

1. 数字技术助力民营企业实现智能制造

在中小企业的生产运营过程中，数字化主要在设计和生产环节赋能。在产品设计环节，可以借助大数据和互联网技术支持，完成对产品进行数字化设计和优化。在生产环节，可以使用数字技术对生产工艺进行精准控制，使工艺过程标准化，实现智能生产。数字化还可以进行生产数据的采集和存储，建立生产数据库，为企业智能化奠定基础。

2. 数字技术助力民营企业运营管理提效

民营企业可以利用工业互联网集采平台开展数字化的运营管理。利用ERP企业信息管理系统，将企业的生产控制、销售采购以及财务管理等工作在平台上通过远程智能服务协同处理。利用集采平台开展数字化的运营管理，有助于企业实现信息共享，提高生产与运营的透明度，整合上下游供应链，挖掘创新的商业模式。

3. 数字技术助力民营企业远程高效协同办公

新冠肺炎疫情迫使很多民营企业员工开启了居家办公模式。数字技术的广泛采用大大提升了员工的线上办公效率，保证了民营企业日常业务流转的顺利进行。视频会议和信息共享等数字技术保证了工作中沟通和协作流程顺利完成，互联网技术和数字化实现了企业的移动审批、汇报和项目在线管理。可见，数字技术有助于民营企业实现远程协同办公的高效运行。

（三）数字化技术应用前景广阔

1. 推动民营企业生产制造向线上方向发展

数字技术使民营企业产品的生产制造过程向线上转移。在产品设计中更多运用软件和网络，建立虚拟产品模型，实现多方异地设计开发，极大降低设计成本，提高开发设计效率。在生产制造环节，通过数字技术实现制造流程可监控、可追溯，制造过程在线管理，异地制造的多方协调，提高生产制造效率。在生产现场，利用平台深度集成物料、人员、设备，实现实时化的生产控制、计划管理和制造，改善生产资源调配效率，提高产品生产能力，实现企业利润的最大化。

2. 数字技术推动民营企业运营向智能化发展

数字化会推动民营企业的运营管理向智能化、网络化方向发展，大幅提升企业的运营效率。数字技术应用越多，运营越智能化。未来民营企业收到订单后，企业管理软件会根据企业物料、人员、物流等信息科学制订采购计划、安排生产任务，大幅提升办公效率，使企业业务流程实现线上闭环操作。企业各层次管理者，可以利用实时的、集中的财务和生产数据进行分析与研究，洞悉企业发展，做出科学的预测和决策，实现企业运营管理智能化。

二、现阶段，辽宁省民营企业数字化转型升级面临的困难

受新冠肺炎疫情的影响，辽宁省民营企业数字化转型进入了快速发展时期，但在数字化转型升级中也面临诸多困难。

（一）数字化转型的支持体系亟待完善

1. 数字化基础平台建设滞后

辽宁省八成以上民营企业数字化转型处在初级阶段，并未将数据、技术等进行深度融合与开发。主要原因是数字化平台建设滞后，诸多平台和企业业务系统无法实现互联互通，数据无法整合，企业数据采集难度大，即使获得数据也不具备较高价值，无法达到平台对系统复杂数据分析和迭代复用要求。有些数字化系统与企业系统间无法实现即插即用，需要数字化人才进行定制化开发和维护，这无疑会成为数字化的阻碍。

2. 服务团队缺乏专业性

在民营企业的数字化改革中，对专业的人才技术服务团队的需求是非常大的。因专业服务团队的缺乏，致使很多民营企业在数字转型过程中，不能获得端对端的技术改革方案。很多服务团队只能提供战略咨询、架构设计、流程优化、风险评估、核心软件、设备上云、数据运营、运维升级等诸多方案中的一种或几种，很少有企业能提供集上述方案于一体的数字系统。对于制造企业来说，很少有企业能提供具备核心技术、数据挖掘分析能力和生态构建能力的数字转型方案。

3. 缺少数字化转型整体规划

政府部门对民营企业的数字化转型缺乏整体规划，目前，还是依靠民营企业自己主动开展，而大多数民营企业对数字化转型的方向、路径、步骤也不甚明确。民营企业大多只能通过有经验的工程师和外部供应商合作，实现生产线上特定环节的自动化，解决企业单环节的数字技术应用问题。政府整体规划的缺乏，导致民营企业数字化转型过程中，很难找到数

字化转型示范企业、数字化转型标杆工厂、体验中心等为其借鉴和参考，只能依靠自身力量摸索推进。此外，指导性政策缺乏，与工业互联网、新型基础设施建设协作效果差，数字化转型的法律法规体系不完善等因素也制约着民营企业数字化转型的顺利发展。

（二）民营企业数字化转型的内在动力不足

1. 转型资金严重不足

“融资难”是民营企业长期以来所面临的难题。近年来，民营企业受需求增速放缓、劳动力成本增加等因素的影响，可持续经营能力存在一定问题，很多金融机构提高了融资门槛。2020 年受新冠肺炎疫情影响，很多民营企业经营压力加大、资金流告急，甚至面临倒闭风险。民营企业数字化转型需要购买设备、培训人员、维护保养设备等，这些都需要耗费资金，但转型耗费的资金，短期内又不能马上取得收益，这无疑会增加企业的资金周转压力。当民营企业的资金周转不足以支撑数字化转型，就会阻碍数字化转型的发展。

2. 转型人才缺乏

具备数字化技能的人才是民营企业完成数字化转型的关键。从整体看，我国数字化人才供需比例严重失衡，而辽宁省民营企业因经营规模小、创新能力不足、市场竞争优势弱等因素，导致其在人才招聘、培养、储备等方面都处于弱势，数字人才匮乏的现象更严重。此外，数字化转型带来的新特征要求企业员工要适应持续变化的环境并快速响应，实现工作由被动接受向主动参与的转变。例如，财务人员虽然减少了会计核算工作，但更需要做好业务发展的指导和经营管理，以保证良好的财务效益和经营业绩。这无疑提高了企业对员工的要求，进而导致员工对数字技术应用参与的积极性不高。

3. 传统模式对数字技术应用阻碍大

民营企业在疫情期间的数字化转型多数是数字化匹配、在线办公等浅层数字技术的应用，真正的数字化是实现人机协同、产业链协同的全局优化、智能决策的新模式。数字化的新模式是对企业传统业态的颠覆，传统模式已不适应这种新模式。在传统模式向数字化转型过程中，传统管理模式存在的各种障碍阻碍了转型速度和转型效果。而这种障碍不仅有管理者思维守旧、团队惰性大、商业与管理模式不清晰、产品陈旧等来自企业内部的障碍，也有环境复杂、转型成本投入大等来自企业外部的障碍。这都会对民营企业数字化转型积极性产生影响。

三、数字化赋能辽宁省民营企业发展的有效路径

（一）强化民营企业数字化赋能平台建设

1. 设立税银互动平台，赋能企业快速融资

民营企业在发展过程中的最大问题在于融资难，为有效解决这一问题，建议辽宁省政府相关部门盯准准确的税务数据，联合国税部门，利用大数据征信和民营企业评估模型两大核心技术，打造民营企业税银互动平台。

（1）打破信息孤岛。经过不断创新，我国商业银行虽相继推出多种金融产品，融资种类也比较齐全，但融资金额还难以满足市场需求。与此同时，民营企业征信体系不健全，经营状况、财务信息等透明度不高，而且银行与国税之间存在着严重的信息不对称，信息孤岛已然形成，难以打破。另外，商业银行对民营企业提交的申贷材料及文件无法准确判断真伪，无法获知企业真实财务状况，出于对贷款安全和各种风险因素的考虑，银行通常会拒绝民营企业的信贷申请。

处理和解决银行与国税之间的信息不对称是构建税银互动平台的重点。过去民营企业想要申请贷款，首先需要到银行营业厅打印相关材料后，再到税务大厅盖章，这个过程通常会存在财务造假的可能。在这种信息不对称的现状下，税银互动平台基于大数据和互联网技术，与传统信用体系深度结合，利用互动平台对税务数据的深入分析、挖掘和解读，突破税银之间的信息不对称阻碍，搭建起民营企业纳税信用与融资信用之间的桥梁。打造税银互动平台最关键的问题在于对“税务”数据的解读是否准确，平台通过对金融精算的深入研究，以“税务数据”为核心设计出学习型算法建模，尽调维度和交叉验证数据囊括基本数据、上下游数据、申报征收数据、财务数据等众多方向。

（2）实现数字“增信”。搭建税银互动平台，将民营企业纳税信用转为融资信用，可以帮助民营企业有效缓解融资难问题。信用积分不仅可以为纳税人在领用发票等多方面提供便民服务，而且会成为一笔隐性的财富，那些纳税信用好、纳税信用评级高的企业可以通过税银互动平台将涉税信息提供给银行作为申贷的依据。银税合作机制助力民营企业与金融机构之间搭建信用桥梁，推动企业实现又好又快发展，且平台通过税务部门、银监部门及商业银行共同建立，切实实现税、银、企三方共赢。

税银互动平台不仅有利于解决银企之间的信息不对称问题，降低企业融资成本，而且能够加强企业经营管理，规范财务制度，推动企业依法诚信纳税。税银互动平台使税务部门与银行共享企业的纳税信息，金融机构可以此来判断民营企业的融资信用。然而，企业融资信用不是单纯根据纳税的多少来判定，而是通过多方面的信息，包括工商数据、税务数据、司法数据等信息的深入分析与挖掘。与此同时，税银互助平台数据的共享帮助国税部门审核、评定纳税人的信息，使一部分不诚信的人和企业显现出来。税银互动平台所创造的“互联网 + 大数据 + 金融 + 税务”，实现了民营企业“增信”新突破。

（3）完成快速放款。目前，由于银行无法准确评估民营企业的经营能力和财务状况，传统的审贷模式也无法应对大量分散的民营企业，导致民营企业信贷出现人工成本过高、审批流程较长、准备材料烦琐、企业等待时间长等一系列问题。税银互动平台可以帮助银行实现精准对接，借助民营企业的纳税信息准确评估其资产水平和信用状况，向其发放信用贷款，同时帮助银行进行信贷持续跟踪，防范贷后风险。民营企业局、银监局和金融机构共同研发多种信贷产品，通过税银互动平台，企业可以根据各家银行提供的信贷产品，申请信用贷款，银行可以利用纳税信息展开融资服务，实现企业与银行的双向选择。企业通过税银互动平台可以在线申办贷款业务，既有效解决了融资难问题，又省去了诸多贷款手续，缩短了贷款流程，实现批量化、自动化的商业银行可以真正做到最高效率完成贷款审批。

助力民营企业，积极践行普惠金融的征程中往往会遇到诸多问题，如认识不到位、服务体系不健全、普惠金融产品创新能力不足、法律体系不健全、监管体系缺失等。税银互动平台以极具“影响力”的税务数据为基础，并借助大数据征信和民营企业评估模型两大核心技术，将民营企业纳税信用与融资信用结合起来，不仅打造出融资业务线上化的自动审批平台，而且可以进一步开发贷后风险控制服务、融资产品精准营销服务等。通过税银互动平台，税、银、企三方实现信用信息的共建共享，不仅将民营企业纳税信用转为信贷信用，有效化解信贷风险，还能进一步深入挖掘税务信息的价值，实现以税定贷、以贷促税、税贷促信的良性循环。通过税银互动平台助推民营企业发展，为其提供更多、更高效便捷的融资服务。

2. 支持建立财税共享服务中心，为民营企业节支赋能

大数据、物联网、云计算等技术的不断发展，使企业步入了“大智移云”时代，很多跨国公司和大型企业纷纷设立财务共享中心。财务共享中心将大量碎片化的信息集中起来，利用大数据进行筛选、分析后，可以为企业风险控制、运营管理提供有利的决策支持。同时，财务共享中心利用移动互联网、云计算、智能化物联网等技术，将下属分支机构的财务信息共享到“云”端，供企业使用，这不仅可以大幅减少人力支出、降低运营成本和管理费用，还可以强化内部控制、提高运营效率和资金使用效率。鉴于民营企业的财力和人力限制，自身无法建立大型财务共享中心，建议金融机构支持建立财税共享服务中心，承接民营企业的财税外包业务，降低民营企业运营成本，提升民营企业财务工作效率。

（1）财税共享服务中心的作用。财税共享服务中心就是指民营企业将财税业务集中到一个专门的外部服务中心，由专业人员为其统一处理，提供专业化的服务。财务共享中心通过标准化的财务操作，将民营企业不规范的、不标准化的财务业务规范化，实现民营企业内外部财务业务的标准化、规范化对接，降低财务成本，提高财务工作效率和资源使用效率。可以视财税共享服务中心为一个大型的财税业务工厂，针对民营企业的财税业务，建立大型的会计、财务业务生产线，按照标准化的操作流程，规范、快速地处理民营企业的财税业务。通过工厂生产线式的操作，民营企业可以降低企业财务成本，提高财税业务水平，实现财税业务处理工具的公用、共享。

财税共享中心还可以利用自身数据库深入分析、挖掘、解读财税信息，为民营企业提供咨询服务，为企业提高运营水平、转变管理方式、制定发展战略提供决策支持。财务共享中心还可以与金融机构之间实现数据共享和信息互通，为民营企业贷款申请获得增信。

（2）财税共享中心在民营企业中的应用模式。首先，按民营企业财税服务需求设立中心组织架构。财税共享中心下设营销、客服、业务、技术、政务服务等部门，各部门分工明确、责任清晰，利用互联网、云计算、大数据等技术，实现记账流程的在线化、专业化、标准化，各部门协同作业，力争实现民营企业财税数据的使用价值最大化。营销部门需要与民营企业建立联系，及时响应民营企业财务服务需求，快速构建相应的财税服务方案，同时建立服务跟踪和反馈制度，全方位满足客户需求，提升财税共享中心客户满意度。客服部门为民营企业客户提供业务进度查询、业务变更、售后服务等，根据客户需求督促业务部门进行相应的业务处理，满足客户特殊需求，搭建财税共享中心与客户间的沟通渠道，缓解二者的信息不对称。业务部门是中心的核心部门，主要承担代理记账工作，票、财、税的处理工作，财税规范性审核工作，同时利用中心财务数据为民营企业提供财务分析和管理工作，为企业发展决策提供财务信息支持。技术部门要针对中心业务的数字化、智能化、及时性特征，保证中心系统正常运转，为中心各项业务的开展提供技术支持。政务服务部门作为民营企业与银行、税务、工商和社保等行政机构的纽带，为民营企业提供资金收付、验资、税务代理、工商注册和社保代办等业务。其次，财税共享中心设置服务民营企业业务的流程。财税共享中心实现了业务流程的在线化和标准化。从客户财税数据的收集，到票、税、账的业务录入，再到数据的审核和复核，各部门分工明确、责任清晰，保证了协同配合流畅，实现了整个流程的在线化和标准化。一般业务流程有以下四步。

第一，根据行业、地区特征确定客户类型，分配客户经理。客户经理要充分与客户沟通，了解客户需求，对整个服务过程进行监督和协调。

第二，工作人员扫描客户原始凭证并上传到互联网，实现数据共享，为后续业务做准备。

第三，财务岗位人员根据业务经理分配的工作任务，通过电子业务平台对记账、制表等任务进行业务处理，处理后提交会计经理进行审核。

第四，审核无误后，提交复核部门进行复核，复核无误后提交客户备案。

（3）财税共享中心的金融支持。互联网、大数据、云计算、文字识别等新技术的出现和快速发展，为民营企业财税共享中心的构建提供了信息和技术支持，金融机构要顺应科技发展趋势，不断创新金融产品，助力民营企业平稳健康发展，支持财税共享中心的建设。在财税共享中心建设中，金融机构要按照高新技术企业标准，提供资金便利，给予贷款利率优惠；政府相关部门要对财税共享中心建设和运营资金贷款提供财政补贴；市金融办要帮助中心引入风险投资，多渠道筹措资金。

此外，金融机构还要与中心建立信息互通机制。第一，帮助金融机构多角度了解民营企业经营情况，降低金融机构的信贷风险。第二，提高了民营企业信息的真实性和可靠性，为民营企业能顺利通过金融机构贷款审批“增信”。第三，中心降低了优秀民营企业融资难度，会吸引更多的民营企业购买中心的服务，增加中心营业收入，保证中心能及时、足额偿还贷款。可见，中心通过与金融机构互通信息，打破了企业与金融机构间的信息壁垒，实现企业、中心和金融机构“三赢”。

3. 设立“企服淘”平台，为民营企业解困赋能

由于民营企业对各类惠企政策不清楚、不了解，难以享受政策福利。为有效解决中介市场上的这类信息不对称问题，建议政府牵头打造“企服淘”平台。平台坚持以市场为中心，以满足企业需求为原则，在政府监督下，以网络购物为蓝本，采用市场化运作模式，使注册企业在平台上可以及时准确地“淘”到需要的服务和政策。

（1）建立惠企网络全域覆盖的“企服淘”平台。第一，要省、市、县三级平台联动，实现惠企网络全域覆盖。省发改委牵头，将政府部门、企业、社会服务机构的相关信息和相关业务全部纳入“企服淘”平台数据库。通过“企服淘”一张网，将全省民营企业全部纳入，实现涉企部门互通、社会服务机构协同参与，企业信息一键调用，加强省、市、县企服平台协同合作，打通下级需求的上达通道和上级优质企业服务的下沉路径。第二，平台要实现“大智移云”化。平台要建设民营企业信息库，为每个入库的民营企业建设数字档案，将企业的生产经营、财务状况、主营业务等信息纳入数据信息库，同时要对创新型、成长型、科技型民营企业建立专项信息数据库，数据库要以“云”模式建立，不同层级的库之间要建立关联机制。此外，要顺应移动办公的发展趋势，开发和运营手机移动端App，通过App可以实现对平台服务信息、政策文件、规则制度、办理流程、通知公告等内容的查阅和平台业务的智能化高效处理。

（2）优化企服资源的匹配，扩展服务内涵。针对企服市场存在的服务质量良莠不齐、收费透明度低、市场混乱等问题，根据企业需求，“企服淘”平台筛选推送最少3家企服资源供企业选择，帮助企业找到最切合自身利益的质优价廉资源。平台还与中国人民银行和商业银行等金融机构共同搭建“普惠金融服务平台”，解决民营企业融资难题，按照“企业申请、平台审单、金融机构审批”的流程，为民营企业提供快捷便利的融资平台；为解决中介市场供需双方信息不对称难题，平台制定法律、财务咨询、知识产权代理等中介服务机构准入标准、评分机制及退出机制，帮助企业甄选出质优价廉的中介服务机构。针对民营企业优秀人才短缺问题，平台与省内外高校、猎头公司、网络招聘平台建立长期的合作关系，为企业搭建人才输送绿色通道。

（3）建立跟踪反馈制度，不断提升惠企服务水平。平台要建立服务跟踪反馈制度，及时根据企业反馈来调整服务内容，不断提高服务水平，同时在年中、年末对现有企服机构进行调查问卷测评，以全面提升企业需求服务的满意度为平台建设的最终目标。

平台要对企业开展服务跟踪评估，全方位了解企业的实际需求。企业一般性问题和政策咨询等问题由平台设立专业客服进行解答，针对企业发展难题可以由平台召集相关政府部门会同解决。平台要定期对企业“档案”信息库和进驻平台的企业机构服务情况进行更新，建立企情分析制度，定期公布活跃型民营企业的财务、经营、销售、专利研发状况等各类数据和信息。

政府部门要落实监督责任，倒逼平台增强惠企服务的能力。平台对服务机构建立“退出机制”，由政府部门牵头，对平台企服机构每年进行年中、年末两轮问卷测评，测评结果反馈给企服机构跟进改进，对连续两次满意度在后20%的企服机构，平台对其发出警告，倒逼企服机构不断提升服务水准，若连续两年没有改进，强制企服机构退出平台，原机构和相关负责人的新注册机构五年内不允许进入平台。

（二）强化对民营企业数字赋能的金融支持

1. 对民营企业的官方金融支持

为促进民营企业平稳健康发展，助力数字化快速转型，银行等金融机构要全面开展金融改革，解决民营企业的资金发展难题。

（1）设立专门机构。为了增强对民营企业的信贷支持力度，大型商业银行要设立专门服务民营企业的机构，特别是大型国有商业银行应该设立省、市、县三级民营企业金融业务部门，专门向民营企业提供贷款。地方性金融机构要设立小微企业贷款管理中心，专营300万元以下的小微企业贷款，提高金融机构对小微企业的支持力度。另外，针对民营企业资金需求期限短和频率高的特点，银行可以针对它们对信贷流程进行改革，简化贷款审批流程，提高审批速度，设立循环贷、限额贷等创新性金融产品。

（2）政策支持。民营企业是国民经济的重要组成部分，民营企业健康运行，对我国实体经济稳定发展意义重大。针对民营企业的融资压力，政府可以加大对民营企业的财税支持力度，对民营企业信贷资金给予一定比例的风险补偿。在当前疫情防控背景下，银行监管部门要提升银行的不良容忍度，支持银行为民营企业提供流动性。为支持民营企业平稳发展，发挥民营企业在辽宁经济发展中的重大作用，辽宁省需要出台多项措施帮助民营企业恢复生产经营。金融机构对信贷资金定价上要有所差别，对民营企业的信贷资金给予利息优惠，对疫情防控重点保障的民营企业贷款由政府给予财政贴息支持。

出台民营企业贷款的激励制度。国有大中型银行要专门制定民营企业放贷计划，将民营企业信贷业务纳入年度绩效考评，与下级分行资源配置挂钩；地方商业银行出台针对民营企业信贷激励制度，将民营企业信贷工作与绩效奖金挂钩，提高客户经理工作的主动性和积极性。

（3）创新金融产品。为提高民营企业数字化、智能化水平，助力民营企业开展线上业务拓展、外贸产品内销、智慧网络兴农等，实现数字赋能民营企业，急需金融机构创新金融产品，解决民营企业融资难题。

针对民营企业业态分散、融资需求多样的特征，金融机构应积极探索金融产品和金融服务方式创新。金融机构要以浦发银行“微小宝”、北京银行“智权贷”、绵阳银行“便捷贷”等为借鉴，开发创新金融产品，满足民营企业不同发展阶段的资金需求。针对科技型企业，与保险公司合作，推出科技保险业务，拓展融资渠道。创新抵押和质押方式，探索船舶、林权、生猪抵押贷款和专利、商标、著作权等质押贷款。推出循环授信、循环贷款等新型期限模式贷款，应对民营企业短期资金问题。

2. 对民营企业的民间金融支持

（1）健全民间金融支持民营企业融资的相关法律法规。在从法律角度界定民间金融范围基础上，甄别其合法性，非法部分坚决取缔，合法部分确定其合法地位。鼓励合法的民间金融从地下化、半地下化走向光明化，使其在全省甚至全国范围内自由流动，提高资金运用效率，优化资金配置。相关政府部门在对分散在《民法》《刑法通则》《商业银行法》里的民间金融相关法律条款梳理的基础上，制定一套完整、系统的法律法规来规范民间金融。规定民间金融业务范围、经营方式，规范民间金融给民营企业融通资金的相关程序，鼓励民间金融在支持民营企业发展中发挥优势作用。

（2）培育发展中小型民间金融机构。按照放管结合的工作原则，在减少政府干预的基础上，鼓励民间资本进入中小型金融机构。同时给予中小型民间金融机构一定的税收优惠，为其快速发展提供良好环境。出台相关制度，引导中小型民间金融机构对民营企业发放信贷，规范民间金融发展，增加民营企业融资渠道。政府部门要加强对中小型民间金融机构的监管和引导，建立严格的监管制度，指导中小型民间金融机构加强内部控制和公司治理，强化风险管理。中小型民间金融机构的经营事务必须做到专人专项负责，在法律法规允许范围内审慎开展各项业务，加强对流动性风险的管控，最大限度地避免风险。通过将民间资本引入中小金融机构，实现民间资本、中小金融机构和民营企业的共同发展。

（3）不断改善民间金融的信用环境。民间金融虽发展速度较快，但发展时间尚短，要想更好地为民营企业数字化发展赋能，还需进一步完善其信用环境。第一，政府要建立信用评级制度，对民间金融机构定期评级并向社会公布，规范民间金融市场秩序；第二，提高民间金融机构的信用意识，引导民营企业向信用好的民间金融机构融资；第三，监管部门严格执行监管法规，对失信严重的机构要及时惩处，保证民间金融市场健康发展，为民营企业提供安全的民间融资渠道。

建立民营企业征信平台，降低民间金融机构经营风险。民营企业征信平台以中国人民银行为中心，联合税务、工商、银行等多个部门，多角度获得民营企业相关信息，最大限度地反映一个企业的信用水平。同时，将民营企业征信信息在互联网共享，方便金融机构和相关法人查阅，及时了解企业信用状况。对于失信严重的企业，政府相关部门应该向全社会公开信用状况，并给予警告、罚款甚至停业等处罚。民营企业征信平台迫使企业提高信用意识，注重自身信用水平，保持良好的信用形象，从根本上降低民营企业违约的可能性。

（4）加强民间金融监管。民间金融市场是自发形成的，因国家监管缺失，导致发展过程中往往存在多种风险，因此，国家需要规范民间金融活动，加强对民间金融的监督和管理，引导其为民营企业数字赋能服务。

第一，细化责任，明确监管主体。目前，中国人民银行对民间金融机构主要是进行禁止性监管。但我国民间金融形式多样，监管中应当实施差别性监管，所以应该调整监管模式，对民间金融的监管区域明确分工，细化责任，让人民银行等监管机构能够充分发挥自身优势，保证监管及时、有效。

第二，因地制宜，制定准入与退出机制。严格的民间金融市场准入和退出机制，虽能降低市场风险发生的概率，保障资本市场的有效运行，但会阻碍民间金融机构的快速发展，不利于形成良好的市场秩序。因此，各地监管部门要因地制宜，灵活合理地设置准入与退出机制，保证民间金融市场健康发展。

第三，加强市场行为监管。政府要出台优惠政策，鼓励民间资本多渠道、多形式地将资金投向民营企业，为民营企业数字化转型赋能提供资金支持。同时，监管部门要约束民间金融机构的市场行为，通过监督管理，规范民间金融机构的管理模式、运营方式、借贷手续、操作流程、合同内容，减少借贷纠纷，营造良好的民间金融投融资环境。

专题六

民营企业传承、创新与数字化转型

面对日新月异的科技发展，我国产业将如何应对科技变革带来的挑战，进行企业传承与创新，提升未来竞争力？又将如何在变化迅猛的科技浪潮下，保持创新基因？本专题通过对辽宁地区一家民营企业深度调研，采用资料收集与访谈的研究方法，讨论家族企业经历接班与数字化创新转型的组织变革，结果发现，家族企业接班与数字化创新转型具有相形共生的特征，都是在既有的生产资源下，加入创新思维；同时，通过“探索创新”与“利用创新”的概念，完成企业代际传承与数字化创新转型，让组织变革走向平稳发展。

当前人工智能、物联网及区块链等数字化创新科技不断改变全球产业现状，辽宁省民营企业如何面对科技变革的挑战，进行企业传承与创新，提升未来获利的可能？如今，科技变迁大幅改变商业流程与工作模式，全球企业正面临数字化创新转型，历史越长的民营企业在决策及营运流程上越有其既有的框架，使数字转型经历一段摸索期。辽宁省超过60%的民营企业尚未做好规划，如此一来，企业家的经验难以传承给接班人。因此，面对日益加剧的企业竞争以及数字化创新科技的变革冲击，辽宁省的企业家们如何在既有获利模式下，顺利做好接班传承，维持领先优势？又如何在变幻莫测的科技浪潮下，保持创新基因？

课题组于2020年12月至2021年2月，对辽宁部分地区的民营企业管理者、人力资源主管和员工做了调查。结果发现，当前有82%的民营企业面临人才断层，有69%的民营企业表面没有接班计划，仅10%的企业已经做好人才培育准备。辽宁省很多民营企业具有家族经营和传统产业的特征，在这样的特征之下，企业经营必然会遇到家族企业接班所产生的组织变革，并且衍生出“两代经营理论的冲突”与“组织变革两难的选择”的组织问题。民营企业的第二代接班人和第三代接班人由于成长背景和学习环境与上一代经营者不同，在企业权利交接过程中，时常加入“创新转型”的行为，例如，融入新技术或经营模式，以及开拓市场商机的独特构想；而这样的“创新转型”也成为组织变革中的一环，有时也会产生“两代经营理念的冲突”。本专题的“创新转型”，以“数字转型”为范例，是为了响应人工智能、大数据、物联网等新科技经营模式。

在研究数字化创新转型时，通过资料收集与访谈的方式，讨论家族企业代际传承过程中，面对“数字化创新转型”的挑战，利用化解组织变革过程冲突的三种方法——“引入外部资源”“利用家族亲情网络”“应用创办人与接班人生命史的交叠关系”，由此印证这三种方法对民营企业代际传承中，是否能够有助于“数字化创新转型”的执行。

报告以辽宁省某家民营企业为研究范例，该企业已经由接班人接管，并且正积极运作数字化转型。期望通过个案研究达到以下目的：一是了解民营企业代际传承后，因新接班人的经营理念不同，促使企业内部发生复杂组织变革与挑战，新接班人或企业领导者如何缓和内部冲突；二是通过数字化创新转型与组织变革，探索创新与利用创新双元操作并存情况下，新接班人或企业领导者如何应对；三是通过对辽宁省民营企业接班历程的研究，发掘我国家族代际传承特点，为管理者做决策参考。

一、民营企业代际传承与数字化创新转型

（一）民营企业接班与创新模式的挑战

民营企业进行二代接班的过程，正面临新旧两种领导模式的冲击，也是一连串组织变革的开始。在本专题讨论的变革模式中，除了家族接班之外，尝试把近期多方讨论的数字化创新转型作为新的创新思维，将其考虑在内。当家族企业进行接班操作，在变革的历程中，将面临发扬传统或者强调创新两种经营理论的冲击，由此将产生出组织变革策略。新任接班人

可能会为公司带来数字创新的转型契机，但与此同时，也会造成组织不能正常运营的冲击，企业代际传承虽然是家族企业必要的组织转型的过程，却给企业带来不同文化管理思维的刺激，这也是组织冲突的来源，有可能使创新的模式走入失败，演变为第二代接班人虽然顺利接班，但是管理思维仍然维持旧有思维，难以突破。有些企业为了防止企业接班人能力不足导致组织内部大幅度变动，确保企业维持组织运作的稳定性，家族接班过程中会引入新资源，防止二代接班人过渡创新变革所产生的风险。另外，若民营企业没有妥善处理接班衍生的组织变革问题，则接班所产生的冲突或家族内部斗争将成为家族企业永续发展的最大障碍。

（二）双元并存的组织变革思考

双元并存代表组织当中新与旧思维共存的状态，数字化创新转型过程中，组织内部存在探索创新与利用创新两种模式。另外，在接班人与原企业主交接转换中，内部员工将面临从原本熟悉的第一代业主管理模式转为二代接班人的领导思维的情况，借此，讨论组织变革的情况，如下所论述：

第一种情况：是组织中新与旧思维共存。当两种不同思维同时存在时，容易造成组织内部非理性的分析和双方愈演愈烈的权利抗衡。

第二种情况：权力交接之后组织中的旧思维仍然是主导思维。该情况忽略了家族接班创新思维的影响力，并且把管理焦点局限于组织变革。原领导层过于信任自己旧有的管理模式，没有重视组织成员的观点与建议。

第三种情况：两种类型的组织变革问题混淆处理。这种情况在于混淆新技术与新产品对于组织的愿景，造成对接班过程中产生问题处理的混乱。

（三）企业数字化创新转型

人工智能、大数据以及物联网等新兴科技正驱动全球各行业进入数字转型的关键期；根据国际数据公司（International Data Corporation，IDC）的调查报告，全球企业对数字化转型的投资于 2022 年将会达到 20 亿美元以上，年复合成长率达到 16.7%；而企业在数字化转型的投资金额约占年营业收入的 0.6%。若对比过去企业在整体 IT 的投资支出情况（约占年营业收入的 3.3%），可推估企业在数字化转型的投资支出约占整体 IT 投资支出的 20%。在此趋势下，根据高德纳咨询公司（Gartner Group）对全球 3102 位企业咨询部门经理人调查报告指出，2019 年全球有 33% 的企业已成功进行数字化转型。全球有 13% 的企业已成功运用数字工具创造营业收入，而相同评判标准，辽宁省的数字化转型远远低于这个数字，仍有提升的空间。

通过调查还发现，超过 40% 的民营企业在规划策略时，仍然以高层指示为主，这些行业包括以食品、家电、纺织为主的生活制造业，是六大产业里最常依靠管理者指示做决策的产业；而参考大数据分析，仍以高层的经营意见为主的民营企业有近 30%。因此，企业家的经营理念仍然是确定企业运营策略的重点。而面对家族传承的企业，若由年轻一代接掌经营权，在年轻企业家较能接受数字化转型的情况下，能够推动促使产业成功开展数字化创新。

国际研究机构高德纳咨询公司将企业数字转型的程度由低到高区分为五级，分别为需求阶段、设计规划阶段、执行阶段、扩大规模阶段和收获与精炼阶段。其中，前三个阶段是推广期，后两个阶段才是成熟期。根据访谈结果，辽宁省已经进入收获与精炼阶段的民营企业不到 10%，这个数据落后于全国平均水平。通过研究国外和国内优秀企业的数字化转型经验，我们发现企业的数字化转型大多数由高层管理主管作为主帅，而数字化转型的目的在于管理企业的原材料、人力管理、扩大生产规模的需要和响应销售管理需要等。

数字化转型带来组织内部的变革，而这种变革必然带来抗拒。目前，企业数字化转型面临以下三大挑战。

第一，难以打破既有的营运架构和模式，导致数字创新不成功。例如，在企业执行数字转型过程中，组织内部守旧人士的反对，造成转型进程受到阻碍，无法顺利开展。

第二，缺乏全面规划，也没有重点聚焦，点状式导入数字科技的做法，不易彰显转型成效。近年有许多企业导入使用数字化工具，然而，某些企业只是因为看到同业使用且有不错的成效，所以就决定使用，却不曾考虑自家企业是否合适，是否会发生风险，也尚未事先整合散落在各个单位的资料，导致技术导入时间拉长，最后以失败收场。

第三，既有的咨询基础架构的包袱问题。通常每家企业都有一套营运相关的咨询系统，如银行的账务系统、制造业的原物料管理系统。这些既有的系统是否能够桥接与数字化转型引入的新科技是一个问题；并且，在旧系统与新系统转换过程中，企业的运作是否能够保持稳定也是一大挑战。

二、家族企业接班与数字化创新转型变革的个案调查

（一）个案企业简介

A 企业是一家经营长达 20 年之久的锅炉工厂，从管理实务中能够提供在经营上的基础性见解。在系统作业流程中每项环节都需分配给不同的专业人员来负责处理，从而确保给顾客提供良好的产品质量。另外，A 企业树立以客户为中心的服务理念，并实地访谈顾客的需要，甚至邀请顾客参与设计，进而满足顾客的需要。通过这种方式为顾客创造良好的服务体验与价值，从而为企业带来更多的客流量和收益，在这个过程中形成企业的口碑。另外，在内部员工管理方面，对待女性要比男性更加细腻，时常关心她们的状况。企业的管理者与员工之间建立良好的沟通渠道，借此营造良好的工作环境与氛围；并和员工一同齐心协力地面对每一项任务，协助员工排除困难，提升员工的忠诚度，进而为企业创造更多的价值。

A 企业的创办人，白手起家，一步一步地打拼，从一家只有 8 个人的小型工厂发展到现在成为拥有上百名员工的民营企业，业务范围基本上涵盖了东三省和华北地区。

A 企业成立于 1989 年，企业占地面积 5000 平方米，建筑面积 1200 平方米。主要生产卧式、立式不同规格、型号并具有高科技含量的新型环保锅炉。企业技术力量雄厚，生产设备精良，检测手段齐全，质量管理体系完整。常压卧式型煤环保热水锅炉、常压立式热水锅炉、新型超导节能热水锅炉、节能立式热风锅炉、立式茶水锅炉等环保锅炉已通过了辽宁省环

境保护产业协会认证。由于环境的变迁以及消费者意识的提高，为了能够使消费者获得高品质产品与合理的价位，于2000年成立了网络销售部门，自创锅炉品牌，为更多有多样化需求偏好的顾客提供低价且高品质的生物质锅炉。

2010年创办人的儿子经美国留学回国，在其建议下，A企业开始进行数字化创新转型，包括工厂生产机械的自动化、仓储管理的数据化等。

（二）调查与访谈过程

A企业的营运管理已经在2010年前交给二代接班人，其任职企业的总经理，原本的经营者则退居到幕后。在数字化条件下，接班人积极推动企业数字化转型，包括提升生产线自动化设备，运用数字化模式管理生产所需的原材料采购、仓储、产品的管理以及销售等方面的数字化应用等。

本书课题组除对A企业总经理访谈之外，还对该企业的副总经理、资深的行政人员和资深的销售人员进行了访谈。本书采用半结构访谈方式，先拟订访谈提纲或要点，同时对访谈对象背景先做初步了解，以利于访谈互动过程观察，具体访谈信息如表6-1所示。

表6-1　调查访谈信息

受访者	业务背景与经历	访谈重点	访谈时间
A企业总经理	企业二代接班人，实际掌控企业运营	创新转型的历程，企业未来发展	1小时
A企业副总经理	任职于该企业已有20年，负责产品销售与开发、规划数字化转型相关事宜	组织发展的规划、学习及合作关系	1小时
A企业行政人员	任职于该企业已有10年，负责会计、采购和仓管工作	对企业二代接班后的运营模式及数字化转型的看法	1.5小时
A企业销售人员	任职于该企业已有15年，负责产品销售工作	对企业二代接班后的运营模式及数字化转型的看法	1.5小时

（三）A企业的传承与组织变革

A企业进行家族企业二代接班的同时，企业也正在进行数字化创新转型。新总经理的管理风格和处事态度与前任截然不同。对于员工而言，需要时间适应新的领导者；而新总经理与员工的相处模式，以及推行管理策略的方式也需要时间。企业组织变革、二代接班、数字化转型关系见图 6－1。

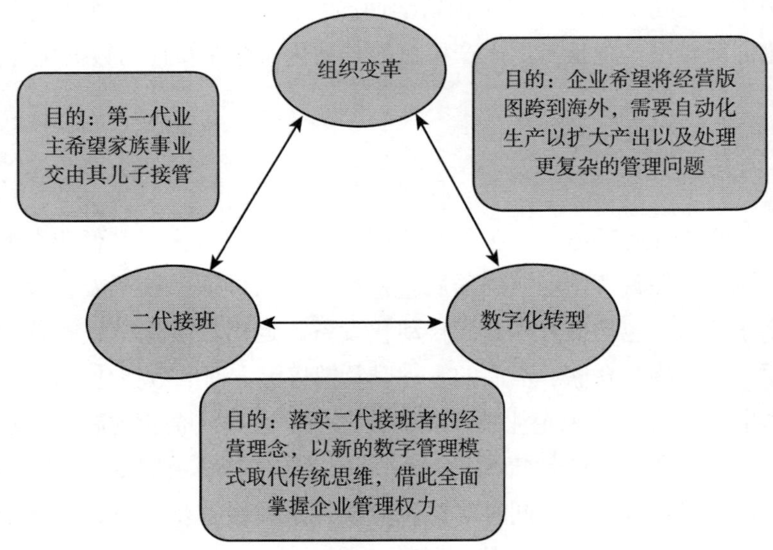

图 6－1　企业组织变革、二代接班、数字化转型关系与目的

新总经理上任后，大刀阔斧，勠力推动企业数字化创新转型。也就是说，员工在适应新管理者的同时，也要面对数字化创新转型所产生的组织变革，加剧了变革抗拒的压力。

上述情况即为本书选择 A 企业作为研究个案的因素。短时间内，A 企业同时经历了二代接班与数字化转型的双元组织变革。首先，A 企业进行二代接班的组织变革，其目的在于第一代业主希望家族事业交棒给儿子，期望为企业经营带来新风貌，并且再创更佳的经营绩效。其次，企业进行数字化创新转型、组织变革的目的在于将经营版图有能力扩展到国外，因此需要自动化设备协助，能够在有限的厂房空间与生产线中，创造更大的产出，并且处理未来更加复杂的人力、原料管理以及仓储管控等问题。最后，二代接班的初期希望彻底落实其经营理念，全面掌握企业的管理权力。由于 A 企业的管理干部大多数是跟随第一代业主从 A 企业初创时期至今，这些员工对于第一代业主存在浓厚的感情，但是这些人看着二代总经理由孩童成长到现在青壮年，就仿佛看见自己孩子，眼里虽然充满疼惜，却不见得愿意听从其领导，因此，二代接班后，除了需要数字化创新带来更高的产能外，还希望借此作为去除组织内部旧有管理模式，贯穿自己的领导理念，同时展现自我变革的决心，就如还在受访时所说的，企业既然要变，就一鼓作气一次到位，而且要成功。

家族接班与数字化创新转型，这两种组织变革同时进行，将为企业带来更严重的变革抗拒，这也是本书所要研究的内容——分析 A 企业克服抗拒，并且走入稳定成长，其关键因素是什么。

2005 年初，创办人陈女士的先生在监工过程中不慎从高处摔落，紧急送医后，虽无生命危险，但是需要长期康复，因此陈女士将企业的经营交给企业的副总经理。在照护先生的过程中，创办人陈女士开始深思企业接班问题。

陈女士与其先生膝下有 4 名子女——三个女儿、一个儿子。儿子自高中开始，便跟随父母学习锅炉组装、施工以及企业经营等。2010 年 A 企业因拓展市场，正好创办人的儿子学成回到企业，任职企业事务主管，在其任职时期，积极工作，虚心向公司的资深员工学习，获得同事好评。2015 年创办人将公司经营转交给儿子，由其担任企业的总经理职位，企业正式进入第二代经营者的时代。

通过和企业内部员工的访谈，了解到第二代经营者的人格特质与管理方式。（1）二代经营者的人格特质。二代经营者为人和善，虚心向企业资深员工讨教，也重视倾听下属的意见。担任企业的总经理后，当时企业正在推动数字化转型，压力较大，情绪容易受外界影响。在副总经理的协助下，二代经营者逐渐找到管理方向，带领公司进行数字化创新转型，并创造良好的经营绩效。（2）二代经营者的管理方式。企业数字化转型的想法来自二代接班人，期望通过数字化管理，提高生产自动化方式，让企业管理模式更加科学化与客观化。然而，这样的组织变动，最初并未得到内部员工的支持，多位资深管理阶层的员工认为在传统的营运模式下，企业经营顺利，不需要劳师动众地更换整体的经营模式，尤其是新的自动化机器设备需要派人出国学习技术，花钱费时。二代接班人通过无数次的会议，耐心与企业内部员工沟通，积极向资深员工解释数字化的优点，其做法深受创办人的支持，专程回国助力二代接班人，协助企业数字化创新转型，努力与企业内部资深员工沟通，寻求企业内部关键人物的支持，最终让企业顺利执行数字化创新转型。

（四）A 企业的数字化创新转型

根据 A 企业的内部访谈与数字化创新转型有关的历史资料，笔者发现，锅炉生产的利润率并不高，产业中很少有企业愿意投入资金提升生产设备、购买昂贵的自动化生产线。A 企业的二代接班人积极向国内外专家讨教锅炉生产自动化模式，将整体的生产工艺做了改进，使工厂的生产自动化程度达到 60% 以上。自动化生产的效果是惊人的，A 企业新设立的锅炉生产工厂占地 15 万平方米，创造年产值达上千万元，新工厂只有 100 名员工，人工成本约占总成本的 25%。“机器换人”还降低了劳动强度，改善了生产环节，使该工厂人员流失率降低至 7%，带来的高效也让该厂具备较大发展潜力，按照规划其年产能最大可达 1 亿元。

依据访谈与企业提供资料推断，对于 A 企业来说家族企业二代接班推动数字化创新与转型的用意在于拓展企业产能，开拓新的管理模式，革新企业文化风貌，使得新的总经理能够借此巩固其领导地位。然而，短时间内，A 企业历经了企业二代接班与数字化创新转型，对于内部员工而言，不只要适应新的领导者，还要学习与适应新的管理系统及生产设备，这样容易造成变革抗拒，对于企业发展不利。因此，笔者接下来通过访谈方式了解新总经理、副总经理及资深员工对于 A 企业历经组织变革的看法，以获得解决变革抗拒的方法。

（1）新总经理访谈结果。

问题一：企业接班的规划，您了解吗？

当时公司主要的企业负责人有两位，一位是创办人，一位是目前的副总经理。我上大学后，父亲方面并没有强烈要求孩子要回来接班，他尊重孩子的兴趣与志向；母亲方面，她期望孩子能多学管理知识，拓宽视野，培养创新的经营思维，早日回家接管企业。在接班的规划安排上，公司安排了一些基础的训练，让我在不同的岗位上去历练。

问题二：当企业进行二代接班时，您觉得有什么挑战？

接班的时候，觉得自己仍有很多地方需要学习，而且，企业内部很多资深员工在创业之初就已经开始在公司里工作，对于业务的大小环节都非常清楚。相对我而言，这些人都是我的前辈，也是很好的学习对象，但是在管理上，接班之初真的不知道该如何与这些资深前辈沟通，而且，在策略的推动上，要召开多次内部会议，反复沟通，使他们都能统一认识，才能让策略顺利进行。虽然在开会上花费许多时间，但是能够得到企业内部资深员工的认同，那也是一件很好的事。

问题三：对于数字化创新转型，您觉得有什么挑战？

面对外面市场的竞争，竞争对手会默默地跟随着你，掌握你的生产方法，择机超过你，获得订单。所以，为了在市场中找到赢的方法，需要看国外大企业怎么做，然后我们来学习。我看很多外国厂商都已经在做数字化和自动化的生产模式，但是，国内目前还没有广泛做起来，那是因为有些人觉得现在的生产模式也可以赚钱，干吗要改？而我却认为，若是这样得过且过，现在不做，未来想做的时候，说不定已经错失了机会。

数字化转型，从国外的学习情况来看，除了更智能，而且可以大批量生产产品，并能兼顾产品的品质，为企业带来丰厚的利润。那时，我就在想，国内的锅炉生产品质不输国外，如果国内也可以开展数字化转型，那一定能够带来更高的获利。在自己家企业推动数字化创新转型之初，内部员工多数不理解，大家认为传统的生产模式没有什么不好，一样能够为企业带来利润，尤其当时企业在国内的工厂发展顺利，赚取了大量利润，带来丰硕的营业收入，因此没有必要花费高额的资金投入数字化创新转型。然而，当时我发现，虽然国内的工厂订单已满，但是在快速生产、迎合需求的同时，公司生产的锅炉良好率呈现显著下降的趋势，这样是违背企业的管理核心价值的。因此，我坚持公司必须投入数字化创新转型，甚至邀请旅居国外的企业创办人回国支持这项决定。

问题四：您在接管企业之后，在短时间内，推动数字化创新转型，请问这样的变革对于组织及企业策略的推动有何挑战？

你说的没错，真的是一项很大的挑战。可是又不得不这样做，数字化与自动化生产对于我们来说是重要的。目前我们公司在业界知名度和市场占有率都比较靠前，产品受到国外市场的青睐。起初那些国外企业来我们工厂考察，觉得我们生产的设备有点老旧，而且厂房也不大，就很担心我们满足不了他们的需求。所以，那时我就跟当时的总经理建议要做数字化转型。可是，后来做得不是很成功，设备都买了，系统也请人来做了，但是很多员工都不喜欢。我认为公司的生产和管理未来真的还是要用这些数字化与自动化设备，进行数字化转型这样就可以把国外一些产能拿回来做，毕竟国外管理不是特别方便，品质上也没有国内做得好。上任以后，我就主推数字化转型。

问题五：承上题，在这样的挑战下，您如何突破，促使组织转型顺利执行？

当我看到数字化转型推动到一定阶段，开始有点成果了，我就去找媒体来报道我们的工厂，让外界来评价我们做得怎样，同时也让公司里的员工看到数字化与自动化的成果。另外就是请老总经理回来，去跟老员工沟通。我想，有些人还是重视长期积累下来的感情，只有老总经理和员工们知道，他们有相同的对话方式。

问题六：企业未来的发展与经营策略布局，您的看法是怎样的？

目前，企业的数字化创新转型已经逐步走上正轨，而且获得企业内部多位高层主管的支持。我们将持续落实数字化创新转型策略。借此全面掌握国内的生产状况，在未来通过数字化生产模式，提升生产能力，下一步就可以布局国外市场，让企业规模进一步扩大。

（2）副总经理访谈结果。

问题一：您觉得企业进行二代接班过程中，接班人需要如何培养与学习管理经验？

其实现在公司已经发展得很好，接班的话也没什么问题，新的总经理只要好好做就可以。早期公司刚刚开始的时候，市场环境很恶劣，很多大客户都早就被其他大厂给对接完了，我们只能向小规模的客户推销，不然就要等那些大工厂卖完了，客户还有需要，才轮到我们去向客户推销。现在虽然市场竞争也很激烈，但是大家都是规矩做生意，各凭本事，比较好做。

在培养与指导的阶段，企业主要会将以下四点传承给接班人，让他顺利接班，分别为技术、资产、人脉、价值观。技术部分包含企业内的各项工序的操作技术，以便于在接班之后不会产生技术断层，能够维持在一定的技术水平上。生产部分包含现金、土地等有价财产，以及专利权、商标权、著作权等无价财产。人脉部分表现为家族企业所认识的利害关系人，包括股东、供应商、员工、债权人等与公司有利害关系的人，通过培养有利于接班人与这些有利害关系的人维持一定的关系。价值观部分是企业主做事情的准则与目标，类似于公司企业文化，需要将其延续下去。

问题二：您认为，当时总经理刚上任不久，同时推动公司数字化转型，此时企业同时面对新的领导人及生产模式的革新，当初面对这样的组织变革，您觉得是否妥当？您对于这样的变革有什么看法？

当初真的不懂为什么要做数字化的东西，那时新总经理刚上任，对公司的情况还不是很熟悉。新总经理找我谈，希望我支持他的想法，我劝他先把公司的大小事情摸清楚，再来推动数字化的转型。况且，那时也采购了一些自动化机械设备，那是老总经理时代买的，也算是一种数字化转型。我跟新经理说，就弄那套就好，慢慢来做，不要连原料、管理、人事都要搞数字化那套。

问题三：对于企业进行数字化创新转型，您支持吗？您觉得这样做是对的吗？

一开始我是反对的。那时，我负责内地工厂的生产，事务很忙，公司的同事和我说，新总经理要做生产机械自动化，要花很多资金。我就在想，现在的生产方式有错吗？不是已经能够为公司带来利润了吗，干吗要去做不熟悉的自动化生产？后来老创办人从国外回来找我，跟我说数字化的好处，我才勉强答应企业这样做。现在觉得，好在当时开始做才没输给别人，现在很多同行产业的公司都已经在做全面自动化生产，创造巨额绩效，并且节省了很多人力成本。

问题四：您对于所任职的企业，未来有什么希望？

现在新总经理已经能够胜任总经理一职了，我在公司服务已经超过20年，是该退休的时候了，我觉得目前公司的经营状况很好，期望这家公司能够继续进步，创造更多的价值。

（3）资深行政人员访谈结果。

问题一：企业进行二代接班的过程中，你觉得接班人是否具备充足的能力？是否能够胜任企业总经理一职？

我看新总经理接班的这段时间，很多事情是并行的。例如，一边学习，一边去跑业务，公司很多事情变化快、时间紧，我们那个时候也是这样，一边做，一边学，一边就要上阵，这样才快。我认为新任总经理能很好地胜任总经理一职。

问题二：新总经理上任不久，提出推动公司的数字化转型，此时企业同时面对新的负责人及生产模式的革新，面对这样的改革，您觉得妥当吗？您对于这样的变革有什么看法？

一开始觉得不好，一方面要面对新总经理，另一方面又要面对新的作业系统，那时为了学习那套新的作业系统，需要花时间去上课，真的很麻烦。我那时请副总经理去和新总经理谈一下，说这样变化太大很不好，一开始副总经理还会听我说，后来却劝我多担待一点，说为了公司好，这样的辛苦未来是值得的，我当时很不认同。

问题三：对于企业进行数字化创新转型，您支持吗？您觉得这样做是对的吗？

这个转型一开始真的很累人。我不熟悉电脑操作，那时新总经理跟我说，让我要学会看电脑报表，掌握原料库、产品的仓储以及供应链状况，一开始我都不会，很多以前熟悉的业务反而要花时间重新摸索，使我觉得他在加重我的工作，非常不开心。后来，渐渐熟悉后，我只要打开电脑就可以掌握生产状况，不用逐一打电话去问人，省去很多时间。所以，我觉得数字化创新转型对于企业来说是对的。

问题四：您对于所任职的企业，未来有什么期望？

这家公司是我第一份工作，一开始是担任创办人的秘书，现在企业交接给新总经理来做，我觉得年轻人很有想法，也很有创意，这样对于公司是好的，毕竟外面市场竞争那么激烈，企业若不求变很容易被淘汰。

（4）资深销售人员访谈结果。

问题一：总经理上任不久，同时推动公司的数字化转型，此时企业同时面对新的领导人，以及生产模式的革新，当初面对这样的组织改革，您觉得妥当吗？您对于这样的变革有什么看法？

这样改变真的有点大，要适应新总经理，同时要学一些新的系统。我那时跑业务，其他同业有的觉得我们变化太大，会搞不下去，还问我要不要去他们的公司做，但是也有同业觉得我们老板很有想法，很羡慕我们在做的改变。所以，你问我对这种变革的看法，我当时真的觉得太急了，可是又想，长痛不如短痛，既然要变化，那就一次到位，免得今天变一套明天又有新的要求，这样反而会让员工搞不懂你在做什么。

问题二：对于企业历经数字化创新转型，您支持吗？您觉得这样做是对的吗？

我觉得是对的，因为现在我们只要通过平板电脑，就可以掌握公司产品的库存状况，立刻回复客户的需求。而且在原料的准备方面，也能够精准掌握，不会像以前发生的情况，要做大量生产时原料无法应付，导致我们需要到处去跟其他企业借调原料。

问题三：您对于所任职的企业，未来有何期望？

企业越来越好，这样对于我的工作与绩效也有帮助。我觉得，现在的总经理是一位很有想法并且愿意听员工需求的人，在他的带领下，我们公司走过家族接班和数字化创新转型的组织变革，并且能够创造更好的企业经营绩效，因此我对公司未来的发展非常看好。

三、家族接班与数字化创新转型所产生的变革思考

（一）组织变革中冲突

家族接班与数字化创新转型并进，对于 A 企业来说经历了剧烈的“变”效应。主要体现在以下几个方面。

1. 人际冲突与组织冲突并存的冲突形态加剧了组织内部的矛盾

家族接班的冲突来自“接班人”与“创办人”经营风格的差异，而数字化创新转型属于组织创新转型，与传统营运方式之间也出现冲突。在本专题的个案中，两种不同形态的冲突同时出现，加剧了组织内部的矛盾，也使组织转型成功时间有所耽误。A 企业在二代接班人回国时，尝试在家族企业引进数字化创新转型，而当时的企业创办人，已经在企业内部进行二代接班人计划，此时，企业的资深高层主管面临两种不一样的组织变革情境，这些情境造成内部管理的冲突，于是两种形态的冲突相互增强，同时存在对人和对事的不同冲突，进而大大地影响组织营运。而这一切到了 2018 年以后，当时二代接班人已经执掌公司，并且创办人回国与资深员工斡旋，才让两种类型的组织变革冲击回归平稳。其中，“接班人”与“创办人”因为面对不同的市场环境经营风格必须有所变化，创办人稳中求发

展，而接班人具有创新思维。这两者的差异性被组织员工了解后，变革冲突逐渐趋于平和。另外，数字化创新转型，需要员工逐渐适应新的系统，并且努力成果受到外界肯定后，才逐渐趋向稳定。

2. 人际性冲突趋向缓解，开始正视组织结构上创新转型的重要性

在第二阶段，由于接班人及创办人原有目标不一致、程序不一致所导致的冲突，因为家族内部的沟通机制，特别是血浓于水的亲情关系逐渐化解，此时组织内部才开始把整体管理焦点放在组织变革，开始正视组织创新转型的重要性。A 企业在二代接班人执掌公司之初，立即推动企业数字化转型计划，更换公司生产工具，以自动化设备代替，并且注重原材料产品的数字化管理。当时，公司内部发出诸多反对的声音，有的资深员工甚至要求旅居海外的创办人阻止数字化转型计划；有的员工甚至愤而离职。这些冲突在初期未能得到缓解的原因，正是组织内同时存在“接班人/创办人”的冲突以及组织创新“转型/维持”传统营运方式的争论，交互影响下两个阵营间不易理性讨论，而沦为意气之争。之后在创办人与接班人、专业经理人多次讨论，并且二代接班人非常有耐心的多方协调下，才逐渐将焦点聚焦于组织的创新转型，原有的双重冲突才逐渐落幕。

（二）变革成功的关键因素

1. 引进外部资源

一方面，让第一代业主与副总经理和资深员工沟通，希望支持新总经理推动的变革；另一方面，二代接班人引进政府的数字化创新转型配套措施，如租税补贴、产学合作机会以及专业人才训练的辅助等，借此提升企业产能，不只是应用新兴科学技术，也为未来接班之路打下了良好的基础。而第一代创办人，协助接班人与企业内部沟通，争取资深员工的支持，这些活动效益在探索与利用创新方面都有显著贡献。更重要的是，引进外部资源的过程，接班人邀请资深员工参与政府部门的调研，在重要的记者会与媒体探讨说明公司未来愿景，阐述经营理念与变革历程，让创办人、二代接班人和企业资深员工有机会理解对方的想法，这些都是化解组织冲突的途径。

2. 利用家族亲情网络

家族亲情网络关系通常在关键时刻具有关键性的暂时缓解组织变革历程冲突的作用，在本专题的个案中，新任总经理为了推动数字化转型，需要先说服第一代业主，使业主接受变革理念。然后，借助业主的号召力，向其他员工说明变革理由。如果数字化转型在企业内部冲突达到某种临界点时，需要创办人回国涉入协调，凭借创办人与资深员工深厚的感情，让接班人与企业内部资深员工双方暂时找到缓和紧张关系的出口。等待冲突事件过后，接班人继续投入执掌公司经营及数字化转型工作。

3. 应用创办人与二代接班人生命史的交叠关系

在聆听创办人与接班人的创业、业务拓展及推动组织变革的心路历程之后，会发现彼此交叠的生命史，而这也可能是冲突的缘由，同时也是冲突化解的根源。资深员工与二代接班人对于公司发展有意见差异，虽然都是为了企业未来能顺利发展。资深员工希望保持传统的生产方式，稳定地创造营业收入；二代接班人则希望通过数字化创新转型，为企业带来新气象，并且进军国际市场。起初，在多次沟通的情况下，仍然无法说服资深员工赞成变革。当旅居海外的创办人回国号召资深员工时，这些员工大多是创办人创业之初就已经跟随在其左右，历经企业的起步、兴盛及诸多的挑战，而这些生命历程是二代接班人无法体会的。因此，创办人了解新总经理的数字化创新变革的想法、策略及未来发展后，再通过两代生命交叠的关系，对资深员工进行劝说，希望大家力挺新总经理的想法；最后，副总经理的意见由反对转为支持，而其他员工也逐渐能够体会到新总经理的创新思维和数字化生产革新的必要性，于是让组织变革走向平稳发展。

四、结论与建议

（一）研究结论

本专题通过研究发现 A 锅炉制造家族企业通过接班与数字化创新转型的组织变革，促使公司走向崭新的发展历程，不只是经营国内市场，也能够进军国际，扩展事业版图。研究发现：

（1）家族企业接班与数字化创新转型具有相形共生的特质，都是在既有的生产资源下，加入创新思维；同时，通过“探索创新”与“利用创新”的概念，完成企业二代接班与数字化创新转型，此为该个案公司具有高竞争力的主因。

（2）企业主代际之间的理念存在冲突。在A企业的组织变革中，第一代业主希望其子接管家族事业；第二代企业主希望通过数字创新转型来适应未来市场的竞争，希望企业转型后拥有更大的生产能力与复杂的管理模式。所以新任总经理一上任，勠力推动数字化创新转型，其目的在于希望借此去除企业旧有的经营模式，塑造属于自己的领导结构，以至于未来能够顺利推行经营策略。

（3）利用家族亲情网络化解内部变革抗拒是一种有效的方式。当企业进行组织变革时，内部员工产生变革抗拒，尤其是数字化创新转型时，引起组织内部不少反弹的声音。对于家族二代接班的变革抗拒，第一代业主召集副总经理及资深员工支持新总经理的管理风格与变革运动；而在组织经历数字化创新转型的部分，由于外在环境的冲击与挑战，为了企业未来发展，因此要执行数字化转型，新任总经理为了让数字化创新转型顺利推动，邀请外部媒体，介绍组织内部数字转型成功的报道，提升员工的认可度。由于新任总经理上任不久即大力推动数字化创新转型，这种变革需要组织员工花费时间与精力适应与学习新的技术、系统和操作设备，故引起员工不满，新任总经理反复与员工沟通都无法化解反对的声音，因此只好求助于退休的母亲，也就是企业的第一代总经理，这也是利用家族亲情网络的关键策略。当第一代业主理解二代接班人的理念与想法后，新的组织变革获得认同，再由第一代业主出面向企业的资深员工说明，并且劝说这些资深员工支持新任总经理的改革，如此化解内部变革抗拒。

（4）发挥第一代业主的影响力，有利于推动组织变革。在转型的过程中，第一代业主曾带领企业资深员工从一间小工厂拓展成具有规模的企业，彼此有着浓厚的创业情感，这种创业情感使第一代业主与资深员工有共同的回忆，也有共同的话题和语言，这些是新接班人所无法理解的。于是，同样是说服企业内部员工，使其接受数字化创新转型，接班人与第一代业主的话语影响力对于组织内部员工而言，创办人的谈话更能够打动员工的内心。因此，当退休的第一代业主回国，说服副总经理与资深员工支持总经理的变革计划，凭借第一代业主和这些组织成员的情感，让这些看着新任总经理从儿时到长大的叔伯阿姨们，愿意放下成见，转而支持新任总经理所推动的组织变革。在此情况下，其他员工也逐渐能够体会二代接班人的思维，明白数字化生产革新的必要性，让组织变革走向平稳发展。

除了上述化解变革抗拒的因素外，在调研的过程中笔者发现，组织内部除了家族领导阶层外，资深的高级管理者虽然不是家族一员，但是凭借自己在企业多年的声望，其对于企业的领导方向具有相当的影响力，换句话说，这些资深的高级管理者有可能对于第二代接班人的工作，产生质疑，心生不满，而这些想法会影响其他员工对于新任领导者的信任。

（二）研究思考

数字创新转型作为企业创新发展的重要模式，是接班人的革新策略，通过数字化创新转型的组织变革，讨论探索创新与利用创新双元并存情况下，新接班人或企业领导者如何顺利进行权力交接。“数字化创新转型”对于组织运作来说，是一种“探索创新”与“利用创新”的过程，前者在于数字化创新变革过程中，组织采用不熟悉的运作模式、机器设备或是内部系统，并且对于组织成员来说，正在适应这一切新的设备与系统。另外，利用创新过程，是组织采用数字化与自动化生产系统，为企业带来经营绩效的模式。

为了化解这种组织变革，新企业主需要引入外部资源，通过外来的挑战与转型来强化组织内部对于变革的认同；另外，数字化创新转型是革新组织内部传统模式的良好时机，借此活化企业营运状态，为企业文化发展带来新气象。

在接班人与创办人之间创新思维与领导风格差异方面，对于调研采用的个案观察，新时代接班人具有大胆创新的想法，传统领导者则是稳中求发展。这种差异的原因是早年国内市场发展与海外市场开拓尚未成熟，因此企业领导必须谨慎地经营，点滴积累企业资本，拓展经营规模。现在，国内的经济环境逐渐成熟，企业拥有相当的经营规模，内部也具备完善的经营体制；在这样的情况下，二代接班人也逐渐能有更大的空间，能够大展雄才，在组织内部施行创新经营策略。

专题七

辽宁民营企业科技创新问题研究

产学研深度融合，是深化科技体制改革的必然要求，是顺应新时代科技创新潮流发展的有效措施。从20世纪90年代以来，我国的产学研经历了从合作到融合的发展历程，企业与高等院校、科研院所的合作日益密切，政府发挥的作用日益突出，这种融合对于促进我国科技产业发展，推动高校教育改革深化起到了重要作用，但是随着经济社会的不断发展，传统的产学研合作模式的不足不断显现，“产”“学”“研”脱节现象严重，尤其是在我国经济体系中日益发挥重要作用的民营企业，在参与产学研合作中存在一些制度和资源劣势。与此同时，党的十九大报告和十九届四中全会公报同时提出“建立以企业为主体、市场为导向、产学研深度融合的技术创新体系”。这给产学研发展的方向提供了清晰的指针。未来，推动产学研向全面融合、深度融合方向发展，既是高等院校、科研院所、民营企业、科技服务机构等相关单位，以及高校学者、科技工作者及社会各界相关人士共同的使命和责任，同时也是我国经济走高质量发展道路的必然选择。

一、产学研深度融合应成为激发辽宁民营企业科技创新活力的有效手段

目前，辽宁省高等教育资源丰富，学科专业门类较为齐全，与全省经济产业布局匹配度不断提升，根据辽宁省学科专业优化调整方案，未来辽

宁省学科布局优化的工作思路是“实现辽宁高等教育与产业同构化发展，促进人才链、创新链与产业链深度融合，为建设教育强省、实现教育现代化和服务全面振兴全方位振兴奠定坚实基础”。同时，辽宁省科研院所实力较为雄厚，研发能力较强，根据《中国科技统计年鉴（2020）》，2019年辽宁省拥有研发机构33个，全职研发人员16005人，占东三省总量的近50%，辽宁省拥有建立以企业为主体、以产业前沿技术和关键共性技术为引领，集聚产业上下游相关企业、高校、科研院所的基础，具备通过共商、共建、共享的办法来进行联合的产学研深度融合模式的条件。通过产学研深度合作模式整合企业、高校、科研机构资源，以合作研发、利益共享、风险共担为原则，采取创新资源共享、优势互补等方式，共同开展科技创新活动、推进科技成果转化。

与此同时，辽宁省民营经济发展改革迎来了前所未有的战略机遇。民营经济、中小企业发展动力显著增强，民营企业正在成为辽宁经济转型升级的重要力量，已经成为辽宁省全面振兴、全方位振兴的重要支撑。但是辽宁省民营企业的科技研发投入却相对较低，以2018年为例，辽宁省民营制造业上市企业的研发支出总额占营业收入的3.82%，低于全国6.21%的平均水平，较低的研发投入、短缺的创新人才，严重阻碍了辽宁省民营企业的科技创新能力，影响了企业的内涵式发展。因此，结合辽宁省现状，通过产学研深度融合，推进全省协同创新体系建设，促进科技成果转化，激发全省民营科技企业的科技创新活力，具有重要的现实意义。

二、辽宁省产学研合作开展现状及存在的问题

目前，在国家、省市推动下，辽宁省产学研合作不断深化，科技成果转化规模不断扩大，科技成果高价值转化不断涌现，创新驱动发展能力不断增强。2019年，辽宁省登记技术合同成交额571.2亿元，同比增长14.3%，位列全国第11位，高校、科研院所科技成果本地转化率为53.6%。但是，与科技创新发达省份相比，辽宁省产学研合作模式还存在着一些体制机制性问题，合作的深度与广度还有待加强。主要体现在以下几方面。

（一）重“研发”轻“转化”，高科技科研成果的转化率较低

2018 年，辽宁省高校院所以转让、许可、作价投资方式转化科技成果的合同金额为 42945. 99 万元，其转化总额仅为北京市的 8. 6%、上海市的 10. 07%，占全国总额的 2. 4%，并低于吉林省、黑龙江省，这与辽宁省拥有的科研资源相比并不匹配。究其原因，根据笔者调研发现，辽宁省部分高校科技人员参与产学研合作的积极性、热情不高。其中一个主要原因就是由于科技成果的转化周期长、风险大、投入高，其经济价值回报滞后，这对于以科研成果的产出质量和数量为考核标准的高校教师而言，吸引力不强。根据《中国科技成果转化 2019 年度报告》发布的一项调研数据显示，全国共有 687 家单位（占全国高校院所的 21. 5%）设立了技术转移机构，但是仅有 306 家受访单位认为技术转移机构在成果转化中发挥重要作用。虽然，目前辽宁省很多高校都出台了有关科研成果转化的奖励以及成果认定办法，但由于执行起来操作难度大，不确定性较强，直接影响了高校科研人员参与的积极性。

（二）重“建立”轻“建设”，部分产学研合作效果不明显

在国家的大力倡导下，近年来，由各部门牵头，辽宁省成立了一系列的产学研联盟，签订了一批产学研合作项目，搭建了一些产学研合作平台，在建立过程中，政府、高校科研院所、企业参与的热情较为高涨。但是根据作者调研发现，这些产学研联盟、项目、平台的建设效果却差异较大，一些合作项目的建设滞后，科研成果转化不顺畅。根据杨柏等（2020）的研究发现，辽宁省产学研协同程度在全国仅排名中游，既落后于北上广等经济发达省市，也落后于湖北、山东、陕西等教育大省。究其原因，一方面在建设过程中，由于参与各方在资源、利益分配上存在目标不一致，导致各方深入参与、融合的意愿不足；另一方面，由于现有科研成果评价、考核体系的原因，导致实际参与的科研人员也更多地关心平台项目的批准、高质量论文的发表以及成果获奖，而对于科研成果的实际转化则重视不够。

（三）重“国企”轻“民营”，民营中小企业参与不足

目前，辽宁省建立的各类产学研合作模式中，国有企业参与的比重相对较大，而民营企业参与的比重不大且热情不高。究其原因，一方面，民营企业由于科技人才匮乏，技术累积不够，自身研发能力不强，无法识别技术的潜在价值，抵御风险能力差，在产学研合作中处于弱势和劣势，依靠自身力量难以引进和消化科研机构的科技成果，更多的是把目光放在一些能较快产生效益的短而快的项目中；另一方面，部分高校科研院所担心民营企业的声誉，更加倾向于和国有企业建立产学研合作模式。

三、促进产学研深度融合，激发民营企业科技创新活力的对策建议

（一）充分发挥政府在产学研合作中的引导作用

首先，政府要充分了解校企之间的合作需求，推动企业与高校、科研院所建立包括产学研联盟、校企研究院等形式在内的多种合作模式，促进双方建立资源互补、利益共享、风险共担的协同创新模式。其次，政府要通过担保等形式为民营企业“背书”，推动民营企业积极参与产学研融合，大力支持民营企业深度参与科技计划项目、建立高水平科技创新平台，积极鼓励民营企业的科技创新活动。再次，政府要持续健全技术转移、落地的服务体系，拓宽技术对接渠道，畅通科技成果转化渠道。最后，政府要健全监督评价体系，由政府主导引入第三方评估机构，对产学研合作的实施情况、经费使用情况进行监管、验收。

（二）激发民营企业参与产学研融合的积极性

科技创新是民营企业可持续健康发展的内在要求。首先，要提升民营企业对科技研发的认识，同时对产业发展具有前瞻性认识，准确识别技术

的潜在市场价值，引导民营企业加大研发投入，使企业产生创新发展的驱动力；其次，要针对民营企业不同的科技需求，实行梯度培育，引导建立不同形式的产学研合作模式，搭建展示产学研成果平台，积极宣传产学研合作成果，充分调动民营企业投身科技成果转化的积极性，切实提高科技成果本地转化率；再次，打造升级版的营商环境，通过市场环境、法制环境、信用环境建设，让民营企业真正有获得感，打消其科技创新投入的后顾之忧；最后，民营企业要创新企业科技管理机制，加强产业转型升级，尊重科研人员的研发成果，重视人才培养。

（三）树立产学研合作评价导向，激发高校科研人员参与积极性

进一步落实教育部教师考核评价“破五唯”的要求，强化对科研人员服务地方经济发展、科技成果转化的认定与激励，树立正确的科技评价导向。对于积极参与产学研合作，科技成果转化效果好的科研人员在职称评聘、职级晋升方面进行倾斜，对于从事研发的专门人才，尝试在评定和晋升专业技术职务时设立专项指标，鼓励高校科研人员在高校、科研院所和企业的双向流动，鼓励教师脱产创业，并在编制、待遇等方面给予灵活的保障措施，从根本上激发高校科研人员参与产学研合作的积极性。同时，对于产学研合作开展效果较好的高校以及科研院所要给予一定的奖励，并在财政投入上给予一定倾斜。

（四）大力培养科技成果转化专门人才

现阶段，辽宁省产学研深度融合中制约科技成果转化的一个突出问题就是缺乏兼具成果转移转化知识、法律、财务、市场等专业能力的复合型人才，因此本专题提出要着力培养引进专业化技术转移人才队伍，为产学研深度融合提供人才保障。一方面，省科技厅可联合教育厅在省内高校遴选建立辽宁省技术转移研究院，以培养高级技术经理人为主要目标，切实解决辽宁省技术转移经纪人队伍急缺的问题，并不断畅通技术转移人才的职业发展通道，增强其职业归属感。另一方面，要积极争取获批国家级技

术转移人才培养基地，进一步规范技术转移人才队伍培养。解决现有培训中存在的培训时间短、课程不成体系、缺少理论结合实践等问题。

（五）保护知识产权，强化知识产权服务体系建设

产学研融合过程中，不可避免要涉及知识产权的归属与利益分配问题，保护知识产权、强化知识产权服务体系建设对于促进产学研深度融合，激发创新活力具有重要作用。首先，要明确产学研融合中产权归属细则，要具体明确知识产权在高校与企业之间及高校与研发人员之间的归属问题，减少产权冲突实现共赢；其次，要完善产权评估与分配制度，改变单一的企业评估方式，积极寻求外部的评估机构参与成果评估，提高产权评估的科学性；最后，要鼓励建立内部技术市场和知识产权有偿使用机制，提高知识产权实施率。

专题八

辽宁省民营企业协作治理机制研究

任何企业的竞争优势都来源于资本、技术、人才、销售模式、竞争和管理等单一因素或多重因素作用的结果。其中良好的管理模式能对其他竞争优势进行有机组成，进而形成企业的核心竞争力。但“蓝田股份事件”“亚洲金融危机”等的出现，意味着每个企业在利益最大化的企业财务目标促使下，很难从自身的角度自觉去建立规范的治理机制。本专题对辽宁省民营企业协作治理机制的研究，不仅从理论层面探明辽宁省民营企业协同治理机制的组成要素及相互关系的作用机理，建立了辽宁省民营企业协同治理的组织框架运行机制、动力机制和约束机制；而且从应用价值上，为辽宁省民营企业协同治理机制的构建提供了理论依据；为提高辽宁省民营企业协同治理机制实施效果提供了高效运行的对策建议。从辽宁省民营企业协同治理的动力和约束机制视角，提出有针对性的监管和保障对策；为建立多主体参与，实行“线上＋线下”双重运营的辽宁省中小企业共享服务中心提出创新与发展的建议。本专题研究成果具有一定的现实意义，能带来良好的社会效益和经济效益。

一、辽宁省民营企业治理现状

在新冠肺炎疫情下世界环境复杂多变，充满了不确定性。习近平总书记关于以推动高质量发展为主题的“十四五”时期经济社会发展的重要论述，成为我国未来发展的指路方向。民营企业对于世界上任何一个国家或地区来说都是重要和基本的经济体，而民营企业的活力和核心竞争力的生成也离不开一套完善的企业治理体系。民营企业协作治理从微观上关系到投资者的切身利益，从宏观上则影响着整个国家的经济竞争力，是国家利益和企业利益的有效统一。

在市场竞争日益激烈的客观形势下，民营企业之间在硬性的技术竞争上的差距并没有特别明显，来自软件建设的企业管理体系的建立就关乎着企业自身未来发展的成败。

上市的民营企业股权结构单一（以内部逐渐积累增加留存收益的资金来源模式为主流）、股权高度集中（实收资本所占比例较大），并因此带来企业的所有权、经营权和监督权的三权统一（股权结构的单一性和高度集中性所造成）。

大多数民营企业董事会现状体现为家族性特征。最常见的是董事会一股独大，大股东又兼任总经理；还有很多企业因规模小不设董事会或董事会摆设化（两套班子一套人马，股东都是董事，都参与公司的经营和管理）。董事会中成员结构单一（合作伙伴大多具有相同的或相近的知识和业务背景）。监事会成员的独立性不高，内部监督不到位，监事会或监事并没有充分发挥其应有的监督作用。许多民营企业的股东与董事高度重合，导致经理层在做出管理决策时，会受到他们直接插手经营管理带来的诸多干扰，影响了决策的独立性。

民营企业的协作治理能提高民营企业的运作效率，在清晰的财务结构、合理的资本布置、适合的投融资比例中，有利于发挥团队的才干和潜能，最终会提升企业的经济效益，增强民营企业的核心竞争力，也会促进民营企业高质量发展，增加对社会的贡献值。民营企业通过良性发展，创造就业岗位，有利于巩固现行社会制度和社会稳定；同时还会推动全球及我国经济一体化进程的协调发展和增强国家综合国力，提高国家在国际上的地位。

二、建立辽宁省民营企业协同治理机制框架

协同治理包括运行机制、动力机制和约束机制。

（一）运行机制

运行机制的主体是中小企业共享服务中心，它是一个信息化的载体。其对上连接的是政策咨询、失信责任追溯、清亲政商关系、全流程评估制度、好差评制度追踪、政务标准流程等。它对下连接的是各个企业，其中对于企业来说，它包括的是供产销的流程，同时企业要坚守自己的诚信原则，还要做政策培训。在它的运行机制里，要包含着对党建的理解和对资金的要求，同时给企业的资金来源包含国家、地方政府、金融机构，国有企业、民营企业创投基金等多种渠道。民营企业利用这些资金，能够为专精特新科技创新型企业提供帮助。

（二）动力机制

动力机制包括利润最大化和企业发展动力机制，其中利润最大化的机制包含技术优势、服务优势和产品优势；企业发展动力包括技术创新、增加产品种类和数量、提高服务质量、高管薪酬激励和降低成本。其中降低成本的方法包括税收优惠、财政拨款和行政减费。创新包括技术优势、创新链和技术创新。

（三）约束机制

约束机制包括企业实力、管理团队、社会责任和国家管理。

企业实力（产品和服务，其中产品要求包括新、特、物美价廉）、管理团队（领导创新意识和魄力，包括高管薪酬管理在内的管理水平）、社会责任（社会公益、环境污染与治理）、国家管理（监管和保障，其中监管包括法律政策，制度保障包括财政投入、税费减免）；国家管理指的是放管服，其中管理包括行业主管、工商、财政、质检、安监、税务和其他等。所有的监管是由省政府来做的，其中，在省政府需要采取的措施是消除隐性壁垒，去掉刚性约束，保持公平公正、权利平等、机会平等、规则平等等。

三、建立辽宁省民营企业协同治理机制存在的问题

（一）运行机制中缺少民营企业和国家政策实施同步的信息传递机制，束缚了企业发展

信息传递需要传送方、接收方、信息传递载体和具体的传递方式。在民营企业信息传递机制中，民营企业为接收方、国家为传送方、中小企业共享服务中心为信息传递载体。

1. 民营企业内部管理失效

民营企业的管理是对企业自身的生产经营活动进行组织、计划、指挥、监督和调节，需要与消费市场的需求不断结合和融通，才能根据现实中的管理弊端去转变自己的管理模式，根据国家政策创新和不断完善企业的管理制度，使管理者对内结合企业的实际采取积极有效的企业管理策略，对外则汲取国外优秀企业的管理经验，用优质的管理体系为企业发展和创利服务，建立适合民营企业的治理协作机制。

由于民营企业常见的家族性管理特色，用人机制上也体现为熟人优先的特点，这种情况的出现阻碍了民营企业科学管理的发展，也不利于民营企业自身管理人员队伍素质提高，更难以形成良好的组织结构。尤其在遇到企业发展技术上的“瓶颈”时，民营企业自身也难以做到以振兴民族企业发展为目标，自觉自愿自费去攻克技术，让产品向“你无我有、你有我特、你特我精”方向发展。

2. 民营企业专业机构设置不到位

由于民营企业的人事机构虽然具有专门机构的设置，但没有独立行使职能的功能（多是由企业管理者一人进行决策），所以实际上难以从市场自主聘请到企业所需的各种人才，这种与现代化管理体系的不协调，使民营企业中的管理制度的弊端已经成为企业发展难以逾越的屏障。同时在规模大的母子公司中由于企业节省人力资源的编制限制，有些总公司依旧承担许多子公司的责任，没有划分设立分支机构与子公司的职责，责权利不对应，甚至会引起决策的混乱，损伤员工的积极性。

（二）动力机制中缺少长期稳定的盈利模式和发展后劲，企业、国家、地方政府协作动力不足

1. 对员工缺少激励机制

由于民营企业只强调管理，缺少激励机制。对于员工都是按照刚性的规定进行管理，即使出现影响管理效率的中间环节也难以变通和改变，更不用说如果中间环节涉及技术性的工作，还需要民营企业完善的激励机制才能攻克技术上的难关，所以难以调动员工的主观能动性。另外，民营企业对员工往往只注重工资等物质方面的需求，对企业员工的精神需求重视不够。

2. 对管理层鼓励都是短期行为，缺少长效机制

由于民营企业普遍存在期较短，管理层在激励方式的选择上都采取短期化行为，主要体现为很现实的固定工资激励、个人保障激励、在职消费激励等物质利益，而对于随民营企业一同成长的股权、股票期权则往往缺乏。目前，我国上市公司对高管人员的薪酬激励常规做法是以年度报酬激励为主，但这种报酬激励存在着与业绩脱钩的现象，使通过高薪养廉提高公司治理效率的意图不仅没有得到实现，反而倒是高管的高报酬助长了经营者腐败现象，如以权谋私、产品私下交易、进货索要回扣、生活作风腐化、收受厂家贿赂、借机贪污受贿、变相挪用公款等问题层出不穷，在一定程度上影响了公司治理效率和水平。

3. 监事管理没有积极性

由于民营企业多采取股东会、监事会、董事会三会合一的模式。监事会人选是由股东会决定的，由于民营企业股东的结构具有单一（一人决策）和集中（股东几乎天然是董事会成员）的双重特点，那么大股东完全可以控制监事人选，进而控制监事会的监督与管理，从而使企业管理缺乏公开透明化。由于民营企业监事没有太多因监督得来的额外报酬，所以监事行使权力的积极性并不高。而且我国相关法律中关于监事不履行或履行错误造成对公司的损害没有明确的赔偿责任，这就使监事在协调与大股东的和谐关系中会出现无法尽职尽责的现象。

目前，在企业的实践中职工代表监事与股东代表监事都不具备应有的独立性。造成缺少独立性的原因是按照《中华人民共和国公司法》（以下简称《公司法》）组建的上市民营企业的监事会是由股东代表和职工代表组成，由股东大会选举产生的股东代表实际上是大股东利益的代言人，股东代表缺少独立性自不待言。即使是监事会成员中的职工代表，也因为切身利益的工资、晋升与企业利益紧密挂钩，与企业的总经理和董事会形成密不可分的关系，所以也不能保持真正的独立性。

（三）约束机制中缺少国家颁布和地方政府配套执行的高效反馈机制，造成治理企业管理效率低下

民营企业呈现家族性特色，导致民营企业主既是民营企业决议的最终决定者也是民营企业的监督者和管理者，企业决策权与监督权从根本上没有分开。造成企业内部的自我监督基本失效的根本原因是民营企业的决策者从自身来讲不会让企业员工侵犯自己的权力，而是要形成自己“一支笔”似的权威做法，让企业自身的管理陷入“瓶颈”，难以让管理者自觉让步，所以加强企业外部监督就显得更为必要。由于约束机制中缺少国家颁布和地方政府配套执行的高效反馈机制，造成地方政府执行国家政策出现滞后或服务不到位的情况，也难以及时解决民营企业存在的共性问题，治理民营企业管理效率低下。

四、解决建立辽宁省民营企业协同治理机制存在问题的对策

建立主要为民营企业服务的中小企业共享服务中心，实行辽宁省省政府负责，与民营企业、高校共同线上运营，辽宁省政府各职能部门在线上设置联络人员，对民营企业治理中出现的各种问题实行归口通报，线下快速研究处理反馈机制，建立辽宁省民营企业协同治理机制及对应的运行机制、动力机制和约束机制。

（一）建立中小企业共享服务中心，健全地方政府和企业协同治理信息一体化同步的运行机制

在民营企业中，家族式的管理模式是企业管理中的最大障碍。要想建立民营企业治理模式，就得让家族式管理向专业化管理模式转变。但民营企业缺少自觉按照治理现代化模式严格的选拔标准来挑选人才的内生动力，如果国家各种优惠政策的资金投向治理现代化模式的企业，并在中小企业共享服务中心做引导性培训和模式示范，让企业从有利于自身发展的角度结合更多的人才为民营企业出谋划策，进而增强企业的活力，促进民营企业的迅速发展。

为了解决民营企业专业机构设置不到位的问题，可借鉴美国的管理经验，对中小企业建立独立的管理机构，对于不同部门按照层级制逐层划分责权利对应的管理结构，来约束投资人并提升民营企业内部的管理质量。利用现代信息技术，建立电子投票系统保障中小股东的表决权，打破小股东“用脚投票”（持股少，行使权力的成本过于高昂，行使权力不经济）和大股东“用手投票”的现状。通过个人股东投票人数的增多，个人股东也可以通过人数优势极大地影响公司决策。

民营企业董事会结构应增加代表技术和资金的董事（财务专家、资本运营专家、行业专家和管理专家），通过累积投票制的独立董事选举机制改善独立董事的独立性欠缺的问题。国家从《公司法》角度修订相关规定，全面细化监事会成员的责、权、利相关条款，从而强制民营企业对监事会实行有过必罚、有功必奖的激励约束机制，打破监事会成为股东会和董事会的附属的现状，强化民营企业监事会职能，全面激发监事会成员工作的积极性。通过多种渠道加强对民营企业管理者的培训，举办的单位可以是管理者自己参加 MBA、EMBA 的学习，或者当地的政府、行业协会邀请相关专家进行专题培训，并通过政府或行业协会自建或帮忙牵线引入管理顾问团，提高管理效率。

民营企业未来可利用会计系统中的智能嵌入模块，使对会计数据的单纯利用演变成对数据所代表的业务数据的分析能力得到提高，使企业的业务数据变成企业资源的洞察力得到根本性的提升。

（二）国家和地方政府加大企业创新中的资金投放与激励力度，企业建立长效创利模式的动力机制

1. 对员工

民营企业的管理制度是否成功与企业盈利密不可分，在激烈的市场竞争中，建立相应的管理考核指标评定员工的表现状况好坏，并将考核数据进行登记，成为员工的奖惩依据。民营企业根据自己的实际，将员工进行分组，对员工每个月的生产业绩进行考核，超额进行鼓励，调动人才的积极性和主观能动性。如果在一定时期内某个部门难以将业绩提升，可以组织企业的最高管理层来对这一组的员工相关管理部门的管理水平进行调查，从而不断完善管理考核指标的有效性和实用性。企业还可以鼓励员工购买企业的股份，对有突出贡献的员工，可以通过股份奖励等方式来实现员工的精神激励，这样才能够建立起相互信任的和谐关系。

2. 对管理层

对管理层的激励可借鉴德国和美国的经验。德国采取的是把公司的活动视为职工与管理层之间的合伙行为，能短期内调动大家的积极性。但同时股权集中度高、股票流动性小的高度集中股权，使中小企业的中小股东的长期利益受到威胁，所以股东为保护自己的利益会千方百计提高监事会地位。美国企业通常不设专门的监事会，公司的权力集中于出资方。尽管企业中的小股东较少关心公司的经营管理，但政府机构和企业当局都会设置能够让公众参与企业管理的专门职能部门，董事会作为公司的最高决策机构，其董事会中心成为常设状态。我国企业可借鉴两国优势，将职工和管理层之间视同合伙式的协作关系，利益共享短期内调动大家的积极性，在长期中各中小股东可通过政府、董事会专门常设职能机构反馈对企业经营管理的关注和建议，以避免自身利益被损害。

在实务中控股股东损害中小股东权益的一个常见主要手法就是关联交易。可以通过建立关联交易表决回避制度，消除关联交易的不利影响。

在公司治理中有一个重要的议题就是对高管的薪酬激励。高管薪酬激励分为短期激励和长期激励，短期激励更有效的是合伙人的模式激励（与股权无关），长期激励就是现在经常谈到的股权激励（与股份有关）。合伙

人模式更关心的是共同经营中的利益分层，而股权股份涉及的是长期投资的回报、风险与责任。无论从管理者年龄大小、管理层次的高低，还是为企业创造价值的大小和从事岗位类型来看，对长短期激励的反应效果有所不同。从年龄上看，年轻人更看重的是短期激励下的合伙人模式，在企业整个的增量利润中，自己能享受到多大的即期收益；中年人则更看重的是目前手中所持有的股份能带给自己多大的稳定的现实收益。从管理层次来看，核心高管更适合给他们以股权激励，这样能从根本上留住他们，带动他们的积极性，让企业的发展和个人事业更好地结合在一起。对于中层管理人员来说，他们既希望手中持有的股份能够保持住长期稳定的收益，同时又希望能够在当期增量利润当中带给自己一定的短期收益；对于底层管理人员来说，只有在合伙人模式的短期利益中才有可能找到动力之源。从给企业创造价值的大小来看，创造价值多的人希望在合伙人模式当中获取更大的收益；对于企业创造价值少的人，无论是股权股份模式，还是合伙人模式，实际上带给他们的收益都是极其有限的，激励几乎是无效的。对于不同的管理型、技术型和业务型的岗位人员来说，给管理型岗位人员股权激励（如期权激励）能够更大地去调动他们的积极性；而对于技术型人才给予的股份分成（投资比例），才是让他们的技术一直为企业服务的永久动力；对于业务型人才，更看重合伙人对总体业绩的激励，因为只有干的活越多，市场开拓的越大，业绩才会越高，所获得的奖励也才会越多。

所以，高管薪酬制度中引入公司治理显得格外重要。建立高管薪酬激励制度没有一个放之四海而皆准的固定模式，但是高管薪酬激励都要与企业实现经营管理目标（盈利能力、成长能力、市场份额提升程度、产品质量、客户满意度及管理能力等）达到均衡，有效激励高管更好地运用专业知识和管理经验为企业创造经济价值。好的高管薪酬激励，要考虑国家宏观因素（政府规定、监管环境、国家宏观经济运行态势）、行业因素（行业特点、行业发展阶段、市场环境、同行业的薪酬水平）和企业自身（发展战略、发展规模、企业文化、经营管理特色、高管个人和团队特征等）。高管薪酬激励还要实现短期激励（提高企业的经济效益）与长期激励（企业的长远发展）之间的平衡。国际上通用的年薪制中将风险收入部分融入期权是高管薪酬长短期平衡的有效做法。但年薪制的制定是个很复杂的问题，具有特定的规范要求和分享标准以及原则，设计良好的年薪制可以起到有效激励和规范高管人员行为。可借鉴国际上年薪制好的企业经验，结合我国目前已使用年薪制企业情况的追踪和总结，建立本土化的建议范本，以促进公司治理中长短期高管薪酬的有效平衡。

（三）实行省政府职能部门和共享服务中心双轨同步并行，建立高层快速反馈的约束机制

1. 总体思路

民营企业常见的个体户式治理、“老板一支笔式”治理、一对一或一对多式的简单授权式治理、粗犷的人文治理都很难建立现代化的治理体系。但没有规矩不成方圆，要想避免企业组织内部秩序混乱、内耗增大、效率低下、资源浪费、成本增加、竞争力下降，建立包括合理的规则、严格执行规则、培养全员规则意识、严格追究违规在内的系统规则体系更为必要。建立合法化、合理化的企业治理体系中的关键节点是避免权力滥用或者不恰当使用。企业治理体系需要根据企业自身的情况制定和实施，没有统一的模板，只有可借鉴的丰富思想和逻辑，才能把造成这种情况的治理权责不清、程序不明或权力行使自由裁量权过大的问题从根本上得到解决。建立全面的强制性信息披露才能获得保障董事会、监事会等整体治理结构运转所需要的真实、完整信息；有效到位的监督才有优秀的执行力。民营企业是否需要设置董事会、需要设置何种董事会、董事会该如何运转，都需要因时、因人、因事而定，没有定式，当然法律、行政法规强制性规定除外。为了能实现“精准分权”“精准授权”“精准行权”，民营企业要建立重大事项的决策机制。特别值得注意的是按照《公司法》的一般性规定，董事会成员一人一票，按照少数服从多数的原则进行表决，但按人头多数表决的处理规则无法回避的一个问题就是只有决策组织成员的决策能力、决策时间、道德水准处于同一水平上，该决策才是有效的，不然该决策会出现不恰当，甚至是错误的情况。

2. 省政府对民营企业的监管

国家对民营企业的监管可以借鉴美国的管理经验。在美国中小企业治理模式中是通过让企业的管理机构与董事会下的多个职能部门权力并列来防止领导者独权，同时用设置独立管理机构的方式，直接限制企业投资者

的管理权限范围，这样也就从根本上保证了企业内部监督职能的相对独立性，从而使企业内部的管理既公开又透明。同时美国发达的外部证券市场、活跃的股票交易市场，都会从不同层面对执行董事和经理层形成完善的监督体系。如果执行董事工作失职，一方面会使公司利益遭受损失，股东们看到企业局势不好会卖出自己的股票；另一方面企业的竞争对手伺机而动收购该企业，高管层的人事随之变动，造成自己社会地位和丰厚收入的丧失。唇亡齿寒的现实就形成了二者共生共存的牵制关系。

关于高管套现，可以借鉴欧美国家的做法，要求高管们在职期间必须持有一定的股票，这样可以保障对企业经营的信心和稳定。但没有数据说明持有年限和比例的哪种搭配是最有效的。在我国高管套现的类型是应急套现、恶意套现、满足套现三种，目前我国政府规定，董监高减持在任期内每年转让的股份不得超过其所持有本公司股份总数的25%（流通股）；针对股份限售的规定散见于《公司法》、《证券法》、证监会的部门规章、交易所的《上市规则》及规范性文件、证监会 IPO 审核的窗口指导意见等。

3. 依据系统化思维和规则意识进行管理

现有的民营企业存在没有规则或在模糊规则中发展企业的情况，使用的是点性思维。为了避免民营企业“头痛医头，脚痛医脚”或“任意而为”的情境，治理思维需要系统性思维。运用系统性思维系统考虑、整体布局，具体运用到企业股东利益平衡、经营决策及执行、高管工作运转等企业的顶层治理工作体系中，形成企业运营与治理的系统性方案。

建立协作治理机制，并不排斥面临各种复杂因素时，为了工作的灵活性和及时性，需要设定模糊区域、适度的自由裁量权和适度灵活的临时决定权。尽管现实中大家的规则意识不强，但这并不是不守规则、忽视规则的理由。建立规则意识是严格执行规则的内生动力，只有内生动力强，执行才会越顺畅，执行成本和监督成本才会越低，经营效率才越高。员工的规则意识也在常抓不懈中成为自然遵守的习惯。需要坚定道路自信、制度自信，不能因为存在规则瑕疵或者执行困难就否定整个规则制度体系，不然会陷入“行百里者半九十”的境地。

4. 依法监管

规章制度要想行得通、管得住，就要在有效的连续运行上体现，必然需要执行程序按规章制度的标准来配合。执行程序既需要程序设置的科学性保证执行效率，也需要程序的规范有序保证运行结果的严谨性。如果程序环节不讲证据、任意变通程序，就会破坏执行程序的科学性和严谨性，使制定完善的规则制度本身失去了严肃性和权威性，最终导致规则被搁置或弃用。治理规则要有一定的持久性，当遇到不能适应新形势、新需要等情况，考虑到规则修订程序比较复杂和企业决策、工作推进快速的需要，共性问题要启动变通机制，履行必要的批准程序。规则得以有效执行，规则所蕴含的价值观和方法论得以贯彻，是经营目标得以实现的基础。规则的贯彻实施有时有利于执行者，有时不利于执行者。在不利于执行者的时候，治理规则容易不被执行或者被扭曲执行。所以执行规则后的罚则也要配套，依据事实、规则、法律追责，以理服人，而不是靠拍脑瓜或任意追责。罚则需要对追责主体、违规线索、事实、调查、界定、是否违规、违规程度判断等建立标准的工作流程，设置纠错程序和不容易被销毁的留痕机制，让人知敬畏、存戒惧，有所忌惮，从而对权力产生有效的制约作用。

从根本意义上说，民营企业作为中国最有活力的组成部分之一，其生存与否既是一个经济问题，更是一个民生问题。建立辽宁民营企业治理协作机制，不断寻找工作中的瘀点和堵点，克服弊端、发扬优势，做好关键节点的连接、协调和应对，相互贯通、相互作用，不断总结经验，稳健经营，明确战略目标和格局，才能让企业做大做强，在新形势下健康发展，在市场竞争中立于不败之地，寻求高质量发展之路。

专题九

辽宁省涉农民营企业发展问题研究

《中共中央 国务院关于实施乡村振兴战略的意见》明确提出，要加快制定鼓励引导工商资本参与乡村振兴的指导意见，充分发挥财政资金的引导作用，撬动社会资本更多投向乡村振兴战略。民营经济自萌生以来，就一直参与农业农村发展，无论是农业民间投资增速，还是农业民间投资占全部民间投资比重都在不断上升。乡村振兴战略的实施，为民间资本进入农业农村提供了更有力的政策环境和更广阔的发展空间。同时，民间资本的进入也将为乡村振兴战略提供更充裕的资金保障，为实现产业兴旺、生态宜居、乡风文明、治理有效、生活富裕的美丽乡村奠定更坚实的基础。

一、辽宁省民营企业支持乡村振兴战略的现状分析

民营企业参与乡村振兴的方式多种多样。一是民营企业以合资经营、入股、分红等多种方式与乡村展开合作，参与当地项目建设，企业提供产销和技术等方面的支持，利用当地自然资源、人力资源帮助乡村更快、更好地完成项目建设，推动特色产业的发展。二是民营企业在当地政府引导和统筹下有序进入，按照政府的要求有目的性地配置资源，优化资源配置，能较好地利用民企资金、经营渠道和管理经验的优势。例如，民营企业积极参与以“千企联千村”精准扶贫活动为主的各类帮扶行动。三是民营企业开展市场化运作，探寻市场需求，利用乡村自然资源特点去开拓商机，通过创新创业在实现自身发展的同时，促进乡村产业的发展与振兴。

（一）龙头企业推动农业产业现代化

推进农业产业化经营，是现代农业发展的有效途径，不仅能促进企业发展、农民增收，还能提升农村经济水平。在龙头企业和农户之间建立合理的利益联结机制，需要坚持“政府引导、企业运行、农民受益”的理念，以农业产业增效为目标，以农民增收为目的，以企业带动农户为途径，对土地资源、生产要素、基础设施等产业要素进行合理配置，让产业链条中的各个主体成为风险共担、利益共享的利益共同体，从而带动现代农业发展。目前，辽宁省已形成多种联农带农利益联结模式，带动大量农户实现增收，尤其在近几年，农业产业化经营利益联结机制的建立与发展在助力全面打赢脱贫攻坚战中发挥了关键作用，产业扶贫成为带动农民致富的主要途径。

2020 年 11 月，农业农村部发布第九次监测合格农业产业化国家重点龙头企业名单，辽宁禾丰牧业股份有限公司、沈阳华美畜禽有限公司等 46 家企业上榜。农业产业化是以市场为导向，以经济效益为中心，以主导产业、产品为重点，优化组合各种生产要素，形成种养加工、产供销、贸工农等一体化经营体系，使农业走上现代化经营方式和产业组织形式，其实质是对传统农业进行技术改造，推动农业科技进步，加速农业现代化发展。辽宁省高度重视农业产业化发展，创建了一批原料基地优、加工能力强、产品质量高、品牌效应大的农业产业化龙头企业，并从督促其上游行业保障原料供给、下游行业消化库存、稳定企业资金链等方面着手，为企业做好“管家式服务”。

（二）实施村企对接，建立双向共赢平台

辽宁省积极扶持农业龙头企业、农民合作社、家庭农场及社会化服务组织发展壮大，使其全面参加到脱贫攻坚中来，一企帮一村、一企帮多村、多企帮一村，村企“联姻”共发展。一是做实“企业 + 村集体”模式。企业、合作社等扶贫主体挖掘帮扶村自有资源，发挥企业自身优势，积极帮助帮扶发展村级产业，壮大村集体经济。二是做实“企业 + 贫困

户”模式。参与“千企联千村”企业通过直接吸纳贫困劳动力务工、帮助贫困户发展小型产业、购买或帮助贫困户销售农产品等方式，直接带动贫困户增收。三是做实“企业+村+贫困户”模式。

为做好推动实施减贫战略和乡村振兴战略工作，推动辽宁省“千企联千村”行动站上新的历史起点，踏上新的征程，2020年11月30日，深化“千企联千村”助力乡村振兴工作推进会在阜新召开。会上宣布了《关于表彰辽宁省“千企联千村”精准扶贫行动先进民营企业的决定》，授予韩伟集团有限公司等30家民营企业辽宁省“千企联千村”精准扶贫行动先进民营企业称号。数据显示，截至2020年11月20日，辽宁全省有1346家民营企业参与、实施各类帮扶项目2376个，累计投入资金18.84亿元，其中产业帮扶10.43亿元，就业帮扶1.28亿元，公益帮扶6.96亿元，技能帮扶0.17亿元；精准帮扶贫困村1302个，带动和惠及建档立卡贫困人口121493人。

（三）农业类民营企业助推城乡融合

近年来，辽宁省农业类民营企业从“跑单帮、唱独角戏”到与农户“抱团”闯市场，在乡村建原料基地、发展公司化村庄、挖掘乡土文化和农业多功能性，促进农村一二三产业融合发展，带动返乡农民工、大中专学生、退役军人和科技人员到乡村创新创业，促进了城乡要素双向流动、平等交换。乡村民营企业具备其他企业不具备的乡土性、内生性，在服务“三农”中的功能和作用更直接、更突出，在实施乡村振兴战略和实现农业农村现代化中的地位更重要、更明显。

二、辽宁省民营企业支持乡村振兴战略存在的问题

（一）农业类民营企业发展规模呈现两极分化

民间资本支持农业农村发展最为直接的方式就是设立农业类企业，农业企业参与到农业产前、产中和产后各阶段，在规模种植、农业机械化服

务、农产品加工及流通等方面推进农业现代化进程，同时在延伸农业产业链、促进农民增收、提升乡村基础设施水平等方面也有积极作用，特别是农业龙头企业对农业农村农民的拉动作用更为明显。从2019年中国民营企业500强中的农业类企业来看（见表9－1），进入民营企业500强的农业企业有14家，涵盖饲料、养殖、食品加工等领域，同2018年相比榜单有了较大的变化，上榜企业由22家减少至14家，新希望集团超越东方希望集团荣登榜首，大部分农牧企业排名有所下滑。14家企业集中在9个省份，其中山东省农业类民营企业为3家，四川、江西、广东分别为2家，占全部进入500强农业企业数的一半以上，其余省份各有一家进入。辽宁省上榜企业为禾丰牧业股份有限公司，年营业收入为346.27亿元。

表9－1　2019年中国民营企业500强中的农业类企业情况

排名（位）	企业名称	属地	营业收入（亿元）
31	新希望集团	四川省	1311.77
42	东方希望集团	上海市	1137.61
84	正邦集团	江西省	780.25
92	通威集团	四川省	705.62
114	双胞胎集团	江西省	605.33
121	温氏食品集团	广东省	572.44
147	双汇投资发展股份有限公司	河南省	489.32
153	新凤祥控股集团	山东省	474.69
184	海大集团	广东省	421.57
229	山东新希望六和集团	山东省	363.37
238	金锣肉制品集团	山东省	351.35
243	禾丰牧业股份有限公司	辽宁省	346.27
477	大北农科技集团	北京市	193.02
480	圣农控股集团	福建省	191.52

资料来源：全国工商联。

分析农业民营企业500强地域分布特点可以发现，农业大省及沿海地区农业类民营企业500强更多。农业大省拥有丰富的农业资源和广阔的农业市场，为农业龙头企业的成长壮大提供了得天独厚的发展环境，而沿海地区民间投资活跃、交通便利，有助于民营企业的成长和农产品贸易。四川和江西均是我国农业大省，广东省为沿海省份，是民营经济发达的省份，山东省则二者兼备，因此农业类民营企业500强最多。相比之下辽宁省农业类民营企业具有较好的地域、资源优势，有进一步发展空间。

从辽宁省内农业类民营企业来看，2019年和2020年分别有7家和8家农业类民企进入辽宁民企100强榜单。除了辽宁禾丰牧业股份有限公司外，其余农业类民企名次变动较大（见表9－2）。由此可知，辽宁省农业类民营企业竞争力呈现两极分化态势，规模较小的农业类民企营业收入波动性较大，抵御风险的能力较低。

表9－2　　辽宁民营企业100强中的农业类企业情况

2019年			2020年		
排名（位）	企业名称	属地	排名（位）	企业名称	属地
11	辽宁禾丰牧业股份有限公司	沈阳	10	辽宁禾丰牧业股份有限公司	沈阳
24	沈阳耘垦牧业有限公司	沈阳	25	沈阳双汇食品有限公司	沈阳
27	鞍山市九股河食品有限责任公司	鞍山	31	沈阳耘垦牧业有限公司	沈阳
30	沈阳昊明禽业有限公司	沈阳	51	沈阳昊明禽业有限公司	沈阳
65	北票宏发食品有限公司	朝阳	53	鞍山市九股河食品有限责任公司	鞍山
97	葫芦岛盈瑞粮油有限公司	葫芦岛	55	开原胜利牧业有限公司	铁岭
100	绥中县古城粮油贸易有限公司	葫芦岛	57	辽宁星源食品有限公司	鞍山
			66	北票宏发食品有限公司	朝阳

资料来源：辽宁省工商联。

（二）民营企业与农民利益联结机制不完善

目前，农企与发展现代农业结合不够紧密，主要表现在连接第二、第三产业方面，在全产业链谋划、全要素链投入、全价值链追求方面缺少统一规划，影响农业的产供销一体化、贸工农一条龙的升级。农民与龙头企业平等受益的格局尚未形成。一些社会资本凭借资金优势和对政府的影响力强势介入，农民往往被动接受，缺乏利益联结的规划参与权和对收益的分享谈判权。现阶段农民大多是以松散的订单模式与企业合作，农民得到的实惠与企业的发展所获收益并不对等。龙头企业整体规模小、产业链短、附加值低，真正能够根据市场多样化需求、运用现代工艺深层次加工制造和塑造品牌、利用现代网络信息技术更广范围销售的复合型企业不多，影响建立农企利益联结机制基础的牢固性。

（三）农业类民营企业取得建设用地难

由于现有的土地政策中缺乏对农产品加工用地的制度性安排，导致在城市化、工业化不断加速的进程中，农产品加工企业尤其是龙头企业用地一直处于紧缺状态，直接申请建设用地难。在快速城市化进程中，各地区、县政府缺乏对各类新型经营主体进入农村后的新产业、新业态变化趋势的判断，一味强调区域重大基础设施建设、建成区拓展、工业园区用地、各类创新创业平台用地，一贯要求城市建设区域内才能使用国有建设用地指标，这样就使民营企业在申请建设用地指标时非常困难。

此外，难以获得稳定租期，给生产型农业企业发展带来困难。民营企业经营一般需要较长的投资回收期和土地租用期限，如果在稳定性上得不到保证，会引发投资企业对预期不确定性的担忧。出于对民营企业逐利性较强的不信任感，农民更希望进行短期流转，以期获得土地租金的上涨收益或是更高的征用补偿，政府出于对农民利益的保护，也缩短了流转期限。这与民营企业期望的稳定租期有较大差距，因为资本的回收需要一定的时间，租期过短影响了民营企业投资信心、经营的稳定性及长期投资的积极性，不利于乡村振兴战略的实施。

（四）金融服务支持不够、融资难

金融服务支持不够，融资难、融资贵一直是中小企业反映的老大难问题，民营企业进入农业领域这一现象也不例外。集中反映在三个方面：一是难以获得贷款审批，除了信用资质还缺少抵押物；二是涉农项目投入高、回报周期长，经营的不确定因素多，且相比较而言民营企业规模小，抗风险能力弱，影响金融机构放贷的积极性；三是农业领域投资风险较大，容易受气候等自然条件的影响，稳定程度远不及工业和服务业，尽管目前银行等金融机构均设立了专门的农村工作部门，但农业领域经营主体的特点是规模小、分布散，这也给金融机构服务农村加大了工作量和工作成本。

三、辽宁省民营企业支持乡村振兴战略的对策建议

（一）加快完善政策措施配套体系，培育壮大农业民营企业规模

当前，辽宁农业类民营企业主要以中小企业为主，急需加快完善政策措施配套体系，采取政策支持推动农业类民营企业加快建立现代企业制度，以促进中小型农业民营企业加快发展壮大并成为支持乡村振兴战略的重要力量。实施农业民营企业培育壮大工程，通过培育壮大民营企业促进民间投资支持乡村振兴战略。一是扶持中大型农业民营企业发展壮大，制定支持中大型农业民营企业发展壮大和转型升级的实施意见，通过结构转型和质量提升促进农业民间投资质量和效益的变革。二是提高农业民营企业家队伍建设，制定农业民营企业家培养计划，积极组织民营企业家到发达地区学习先进经验，通过学习培训、互动交流提升企业家能力和眼界，不断提高民间资本支持乡村振兴的规模和质量。

（二）完善农企利益联结机制

加快农民脱贫致富步伐，建立共建共享的利益联结机制，切实保护农民和民间资本的共同权益。下乡资本租赁农地应通过公开市场规范进行，下乡资本与农户签订规范的流转合同，并明确土地流转用途、风险保障、土地复垦、能否抵押担保和再流转，充分尊重农业农村发展规律，充分尊重农民发展意愿，充分结合农村发展实际。增加企业效益与促进农民增收相结合。建立农企利益联结机制，让与龙头企业合作的农民分享更多产业利润。探索龙头企业与农民合作模式，既保证参与合作的农民将农畜产品销售出去，又保证增加收益。加快建立与农企利益联结机制紧密联系的诚信体系建设。深化农村集体产权制度改革，拓展农户集体资产收益权、土地承包经营权，增加分享收益要素类别，有效增加农民参与产业化经营的资产、资本数量，让农民获得更多的利益。

（三）高度重视农业企业的用地问题，实施分类供地、指标单列政策

一是把解决农业企业用地难问题摆上重要议事日程，切实解决农业企业用地及其相关的历史遗留问题。安排一定数量的建设用地和标准厂房用于农业龙头企业。在确保安全生产前提下，允许企业改造旧厂房，适当提高容积率，有效利用土地资源。对现有厂房未取得合法手续的加工型农业龙头企业，建议政府和有关部门作为历史遗留问题，逐步给予补办土地审批手续，使其走向合法化。二是要实施分类供地、指标单列政策。农产品生产和初加工龙头企业用地可视为农业用地，主要包括农业种植生产基地及附属设施用地、畜牧业和水产养殖基地及附属设施用地、农产品初加工企业用地、观光农业及相应设施用地等。其中，种（植）养（殖）型企业生产用地，可采取集体土地承包经营权有序流转集体土地租赁、入股、联营等方式予以解决；农产品初加工企业用地和观光农业、种养型企业相应设施用地应视为农业用地，经农业主管部门审批后，报土地管理部门备案即可使用；农产品深加工和渔产品加工及销售企业用地，可采取挂牌出让或国有土地租赁方式供给。由于现有的土地政策中缺乏对农产品加工用地的制度性安排，导致在城市化、工业化不断加速的进程中，农产品加工企业尤其是龙头企业用地一直处于紧缺状态。各级政府要从用地总指标中划出一定比例单列作为农业企业用地，在实行招拍挂程序中将参与投标的对象限定于农业龙头企业，其设定的底价应低于工业企业用地价格，土地出让金政策应优惠于工业用地。但对擅自改变功能用途的，要有严格的处置措施予以约束，以确保其用于农业龙头企业。

（四）加快乡村振兴金融体制机制创新

一是设立乡村振兴一二三产业融合专项基金。各地需要出台专项涉农民营企业等的新型农业经营主体贷款贴息政策，在健全风险阻断机制的前提下，完善财政对农业保险提供的再保险支持。建立覆盖全市规模农业经营主体的征信系统，由企业自主申请进入系统，实现银企互联互通，健全

农业企业授信体系，实现小额贷款“掌上”完成；引导农商行、信用合作社、农开行等涉农金融机构提高涉农民营企业等新型农村产业经营主体的授信额度，开展长期贷款业务；引导中小涉农民营企业拓展“集合债”“私募债”等债券融资；引导风险投资、天使投资结盟创新型涉农民营企业；引导农业龙头企业进行产业链融资。二是做实土地金融的文章。探索土地规模经营企业采用经营权直接注册公司，让农民通过“保底收益+按股分红+务工收入”的方式参与利益分配。三是完善乡村振兴农险体系。持续探索商业保险与一般农业保险公司职能的分离，要健全政策性农业保险制度；增加保险的品种和覆盖面；对开展区域特色农业的民营企业要采取更灵活的方式予以补贴，可增加特色保险；为参与乡村振兴的民营企业，尤其是规模大、产业新、融合度高的民营企业推出定向保险产品。

专题十

辽宁省民营石化企业高质量发展研究

石油石化行业是我国各行各业经济建设与自身发展的重要物资保障，也是一个国家的经济命脉，在经济建设、民众生活方面都具有重要的影响。因此，石化企业在整个国家经济建设与发展过程中发挥着十分重要的推动作用。近年来，辽宁省民营石化产业发展迅猛，涌现出大批优秀的民营石化企业，成为支撑经济增长、增加财政收入、发展高新技术、解决就业、维持社会稳定的力量。但在取得市场拓展、利润提升等成绩的同时，也应当看到辽宁省民营石化企业面临着由国有石化企业造成的垄断局面、同行竞争与自身成本等问题，加速转型升级迫在眉睫。

一、辽宁省民营石化企业的现状

石油石化是国家重要的经济命脉，随着石油化工产业的蓬勃发展，激励了更多民营石化企业进入市场、壮大自身，同时，由于国有石化企业的客观性垄断让辽宁省民营石化企业面临着更加激烈的竞争与冲击。从辽宁省石油行业的现状及特点来看，国有大型石化企业的垄断地位具有许多客观性与历史因素。而作为资金不足、规模较小、口碑不如国有企业的民营石化企业，在夹缝中行走并寻找着生存与发展的机会。为了更好地对辽宁省民营石化企业进行扶持，辽宁省政府相继出台了很多有利于民营石化企业进一步发展的政策规范，有利于辽宁省民营石化企业的长远发展。但在政府大力支持与维护石化市场均衡发展的同时，辽宁省民营石化企业本身存在的一些问题也对企业发展造成了一定程度的影响，使企业陷入发展困境，进而失去了与大型石化石油企业竞争的有利条件。

2020 年 12 月 11 日，2020 年中国石油和化工民营企业发展大会在京召开。会上公布了石化民营企业百强名单，按省份分山东、浙江、江苏三省上榜企业数量占据 60%。其中，化工第一大省山东展现绝对实力，有 40 家企业上榜；浙江有 12 家企业进入榜单，位居第二；江苏有 8 家企业进入榜单；辽宁省有 5 家企业进入榜单，分别是盘锦北方沥青燃料有限公司（第 7 位）、盘锦浩业化工有限公司（第 15 位）、大连福佳大化石油化工有限公司（第 44 位）、奥克控股集团股份公司（第 61 位）及佳化化学股份有限公司（第 66 位）。

二、辽宁省民营石化企业存在的问题

（一）资金筹措困难及资金成本控制问题

企业不断成长但资金无法满足发展需要时，就会把目光投向融资渠道。筹融资问题几乎是所有企业面临的共同问题，对辽宁省民营石化企业而言显得更加严峻与突出。具体来说，辽宁省民营石化企业面临的资金筹措问题主要分为以下几个方面。首先，辽宁省民营石化企业筹融资渠道相对单一，在目前的社会背景下仍然主要依靠银行贷款这一简单途径，银行抵押贷款对大部分企业来说门槛较高，这是因为大部分企业规模较小、信用等级不高，缺乏高价值的固定资产做抵押，出于对资金安全性的考虑，大多数银行对民营石化企业的偿债能力有较高要求，也十分重视其担保资质；同时在国家宏观调控影响下，银行银根紧缩提高了企业的贷款门槛，这虽然是一个客观的现实问题，但也着实让辽宁省民营石化企业陷入资金筹措的尴尬境地。其次，在使用银行贷款及与银行交涉过程中也同样存在诸多问题，例如，面对暂时性贷款偿还问题，银行往往会简单粗暴地进行断贷抽贷处理，而让一些仍有发展潜力与前景的企业无法渡过难关。再次，站在辽宁省民营石化企业自身管理的角度上，也存在资金成本控制问题。例如，在资金使用及管理过程中缺乏科学意识与质量意识，从而无法实现成本有效管理，造成资金浪费、管理效能低下。最后，资金结构不合理会在无形中影响整个企业的综合资金成本，进而影响企业的日常经营运作乃至企业的社会声誉。

（二）风险管理制度不完善

实施风险管理是辽宁省民营石化企业（尤其是中小企业）管理层的责任，而风险管理制度则是风险管理的基石，管理层应建立健全有效的风险管理制度。目前，辽宁省民营中小石化企业关于风险管理制度的内容主要是以财务风险管理为主，缺乏对产品开发、生产制造、市场营销、售后服务等制度的完善；在操作过程中，某些制度过于原则化，在实际工作中难以执行。另外，员工的素质及其风险意识也是一个制约因素。中小石化企业本身的风险管理制度与相关的法律、法规、行为准则及相关惯例等外部规则的结合出现问题，使内部的管理制度在实际应用中无法达到预期的目的，不能确保各项业务操作与管理制度符合规则；缺乏对现行管理制度的清理、修改、补充和废止，不能及时发现并弥补制度和执行上的缺陷。中小石化企业在经历了风险冲击之后，由于缺少内部责任追究制度，不能通过各种形式的责任约束，限制和规范内部人员的行为，弱化和模糊责任，恶化中小石化企业管理；考核的目的是为了完善全员风险意识，考核制度缺乏，会使中小石化企业员工应对风险的能力滞后于中小石化企业风险管理的标准；没有相应的奖罚标准，会使员工缺乏责任感和事业心。

在对风险管理的认知过程中，既存在过去计划体制下的完全漠视风险问题，又有目前强化风险管理和问责制度下过度规避风险的情况，由于这两种倾向并存，使管理层不能正确地对待风险，疏忽了对风险管理部门的设置、风险预警机制的建设和人员的培训等问题。中小石化企业预警管理的重点应在风险发生前预防，而非发生后处理。由此可见，缺少风险预警机制的中小石化企业在经营中只会举步维艰。一些中小石化企业主只顾眼前利益，忽视决策对企业未来发展产生的影响，往往对项目风险不能进行系统全面地分析，从而导致企业蒙受巨大损失，甚至倒闭。实际上，风险是客观存在的，风险对中小石化企业是灾难还是机会，不在于风险本身，而在于中小石化企业对其了解的程度和掌控能力，在成本与报酬之间进行合理的平衡。就中小石化企业内部原因来说，由于管理者素质低下，中小石化企业基础管理薄弱；内部管理效率不高，加大了风险管理的预算成本，最终影响了中小石化企业的可持续发展。

（三）自主创新能力亟待进一步提升

石化行业工艺系统复杂，是典型的规模经济，其科技创新需要投入大量资金，而且研发周期长。与国际先进企业和大型国有企业相比，辽宁省民营石化企业存在着内部创新体系不完善、激励机制不到位、创新机制不灵活、人员配备不合理、创新人才尤其是领军人才缺乏、科研投入强度不足等问题。辽宁省民营石化企业自主创新能力不足、技术创新上急功近利，不愿承担基础研究、原始创新的风险和成本。大多数企业科技创新投入少，自主创新能力相对薄弱，往往依靠购买国外工艺或成套引进设备，但引进国外先进技术后，消化再吸收能力不强。在节能减排提升方面，许多国外先进技术还未得到全面推广，如节能节水技术、智能化模拟技术等。同时受工资福利等方面因素影响，企业科技人才开始出现外流。并且政府、企业、院校之间研发机构和人员相对分散，尚未形成有效的协同创新体系。

（四）资源环境约束加大

在国家公布的“高污染、高环境风险”产品目录中，化工行业占约80%，危险废物种类在国家危险废物中占50%以上。石油和化工行业面临着资源能源环境约束加大、安全环境风险隐患增多、技术支撑力度不够、环境群体事件时有发生等突出问题。辽宁省民营石化企业中有一些单位安全环保意识不强，在追求经济效益的同时，忽视了安全生产、环境保护、员工合法权益等问题。特别是近年来雾霾天气增多，对身体健康影响日益加重，群众更加关注环保，更加关注安全，普遍要求对现有化工企业加强监管，反对新上化工项目，如不妥善解决容易造成恶劣的社会影响。随着环保方面新的法律法规的实施，大气污染等环境刚性约束不断加大，企业的节能减排工作任务将更加艰巨。

（五）“走出去”能力较弱

目前，辽宁省民营石化企业“走出去”的能力较弱。从本质上看，石化行业企业依然处于“走出去”的初级阶段，海外运营企业国际运营的能力还比较差。从公司属性来看，国有企业是“走出去”的主力，民营企业参与“走出去”数量较少。衡量一个企业是否强大的指标除了国内资产规模和销售收入外，还有重要的一点是是否具有全球配置资源的能力。从跨国公司的先进经验看，公司在海外的盈利能力如果能达到总盈利的 40%，一般就能说是一个跨国公司，或者说是国际化的企业。目前，中国的世界 500 强企业在海外盈利占到 30%、40% 的只有十几家，辽宁省民营石化企业较难与跨国公司竞争，绝大部分国际化战略处于扩大产品出口规模阶段，距离实现利润中心国际化、研发中心国际化、战略布局国际化尚有一段距离。

（六）科学决策机制缺失，经营管理水平低

实际控制人作为企业领袖，其个人决定对企业有着决定性作用，辽宁省民营石化企业管理最大的特点是家族专权化过于严重，表现为决策机制过于单一、公司治理结构不科学，其好恶对企业经营方向具有重要影响。主要是因为家族企业管理中家庭人员几乎包揽了所有重要职位，导致领导集权化，决策具有专制性。家族目标与企业发展目标的矛盾、家族成员与外部成员的矛盾在家族式管理中尤为突出。

（七）产业集中度仍然偏低

辽宁省民营石化企业多而散、平均规模小的问题仍然比较突出。产品单系列规模小、市场竞争力不强等共性问题突出。辽宁省民营石化企业多属于中小型企业，规模普遍较小，技术装备实力较弱，相当一部分处于产业链终端，市场竞争力较大，抗风险能力较弱。

三、辽宁省民营石化企业发展的对策与建议

（一）优化资金筹措及资金成本管理

面对辽宁省民营石化企业面临的诸多资金筹措及成本控制问题，企业应从资金筹措与资金成本控制两方面开展工作。

1. 努力营造宽松的银行贷款环境

目前，辽宁省民营石化企业面临的资金筹措问题主要包括银行贷款问题与资金筹资融资渠道问题。对于银行贷款问题，第一，应当建立与商业银行有序而良好的沟通关系，通过加强沟通与信息互通，帮助银行更好地理解企业存在的现实问题与贷款问题，积极表现自身的发展潜力与前景规划，在获得银行理解与信任的基础上，减少断贷、抽贷现象，争取获得银行的持续帮助，从而帮助企业渡过暂时性困难。第二，保证银行对国有石化企业及民营石化企业利率水平的一致性。目前，我国已经进入利率市场化发展阶段，想要争取银行在利率上的支持与帮助，仍然离不开企业对自身诚信经营、管理优化的持续努力与坚持，从而获得银行在贷款利率上的下调支持。第三，辽宁省民营石化企业应积极面对由于贷款偿还问题可能出现的不良信用记录，最大限度地避免产生不良信用记录，如果实在无法避免出现不良信用记录，也要加强与银行的沟通和信息交换，争取获得银行理解，避免因为不良信用记录给企业造成后续贷款方面的影响。第四，在贷款期限谈判问题上，应当设身处地地为银行考虑潜在风险，制定一个更有利于保护银行免受贷款风险威胁的贷款期限，同时也要进一步完善企业自身贷款申请计划，争取以规范有效的申请计划打消银行的顾虑，争取在彼此理解与信任的基础上确保贷款周期与建设生产周期的一致性，避免企业承担不必要的负担与风险，确保资金筹措的规范性与科学性。

2. 积极拓展融资渠道

辽宁省民营石化企业面临的资金筹措问题在很大程度上是因为资金筹措渠道过于单一。银行贷款受国家宏观调控影响，难免陷入与大型国有石

化企业贷款竞争的泥沼中。因此，辽宁省民营石化企业必须积极拓展融资渠道，以更灵活和多元化的融资方式满足企业现实的资金需求。在融资渠道的拓展与选择上，存在以下一些渠道可供选择。第一，信贷加非信贷。所谓信贷与非信贷相结合，是指在维持信贷基本面的同时，积极选择更多非信贷金融工具为企业实现融资。第二，间接增加直接融资。间接融资指融资双方通过金融机构或平台实现筹资。考虑辽宁省民营石化企业当前及未来发展需求，企业应通过提升自身的生产力与竞争力，不断提高直接融资比例，实现直接融资为主、间接融资为辅的筹融资科学结构。第三，加强与民间金融机构合作。随着我国的经济实力不断提升，民间资金愈加充沛，民间金融活动也十分活跃。面对此问题，辽宁省民营石化企业应当积极拓展民间融资渠道，引导社会资金注入企业，避免与国有大型石化企业正面竞争，并不断开辟新的筹融资渠道。此外，要不断完善民营化工企业的信用担保体系，辽宁省各级政府要加大财政资金支持力度，不断扩大担保公司的规模，综合运用资本注入、风险补偿和奖励补助等多种方法，提高担保公司对民营石化企业的融资担保能力。同时要鼓励和支持民间资本成立担保公司，规范民营担保公司的行为，加强对民营担保公司的监管，引导其规范发展。

（二）完善风险管理体系

首先，要加强企业职能建设，增加机构设置，组建管理小组。管理小组应熟知辽宁省民营石化企业和本行业内外部环境，组内成员应具有较高的文化素质和道德修养，具有风险识别的能力，反应灵敏，严谨细致；应增加企业高层管理人员参加企业风险管理师的培训和认证的机会，通过专业而系统的学习提高管理层的素质，树立正确的企业风险管理意识。只有企业高层管理者有了系统的风险管理理念，才能对企业的风险管理做出详细的策略和规划，为企业有序地开展具体的风险管理工作提供条件。其次，要加强财务风险防范。辽宁省民营石化企业应从财务风险的防范和应对方面入手，组成专家研究团队，建立相应的财务预警系统，提高企业风险意识，建立有效的风险防范处理机制。再次，确定合理的负债规模。一般情况下，合理的资产负债率应保持在50%左右，过度负债会使企业产生过高的财务费用，同时也会影响投资者的投资信心，使企业陷入财务危机。因此，确定合理的负债规模对于企业提高融资能力和抗风险能力是比较有效的途径。最后，增加中小石化企业风险管理的监督机制。按照企业的不同风险和不同规模，辽宁省民营石化企业可以相应创设审计部门，对企业内部的审计工作进行直接管理，保障内部审计可以拥有一定的独立性和权威性，在企业生产经营的每一环节及每一方面积极地参加，尤其是在风险应对、风险评估及风险识别等重要的环节中，要合理地应用自身的优点，有效提升辽宁省民营石化企业的风险管理能力和风险管理水平，力求将较客观的建议和管理措施提供给企业管理者，第一时间消除企业生产经营中的风险点，将风险损失控制在最低限度内。

（三）坚持科技创新

创新是引领企业发展的第一动力，辽宁省民营石化企业要把科技创新摆在结构调整、转变经济发展方式的核心位置，着力打造民营企业发展的新动能。实施创新驱动战略，紧跟国际能源技术变革的新趋势，以绿色低碳为方向推进创新。打造产、学、研相结合的协同创新平台，突破一批关键共性技术，促进产业结构调整与升级，向产业链上高附加值环节攀升，增强在产业链上占据高端价值环节的能力和竞争力。辽宁省民营石化企业要把技术创新作为企业调整结构、转变经济发展方式的关键，加强创新成果保护，加快技术创新成果的转化应用，推动企业发展从要素驱动向创新驱动转变。科学谋划企业战略布局，积极推进管理创新，探索一条高端化、差异化、有特色、有智慧的新路径。辽宁省民营石化企业实施企业科技创新战略，首先应高度重视技术创新战略。企业技术创新战略为企业的市场定位提供了基础。技术变革速度的加快使企业经营活动需要经常地转换战略，技术战略通过对技术环境的跟踪预测，为企业总体战略调整和转移提供信息、依据和支持。其次应当重视人才战略。现代企业核心竞争力往往由企业所拥有的人才决定。人才是企业最重要也是最稀缺的战略资源和核心能力。最后应重视知识产权战略。知识产权日益成为增强国际竞争力的核心要素，成为建设创新型企业的重要支撑。企业应加强知识产权保护意识，促进自主创新成果的知识产权化、商品化和产业化。进行知识产权运营可实现专利价值的最大化，具体模式包括知识产权的许可、转让、融资、产业化、作价入股、专利池集成运作等。企业应当高度重视高价值专利的培育，强化专利资产的经营管理。知识产权运营是手段，做大产业发展才是真正目的所在。

辽宁省各级政府要把提升企业创新能力作为推进全省石化产业转型升级的关键，支持企业加强与高校、科研院所的产学研合作，引导建立以企业为主体、以市场为导向的石化产业技术创新体系。一是整合资源形成创新合力。将分散在企业、院校、政府机关的化工产业科研力量进行整合，搭建资源共享、信息互通的平台及技术转化利益共享平台。同时，将政府机关分散在科技、人力资源、组织部等众多机构出台的政策进行梳理汇总，将针对化工产业集群的扶持资金、优惠政策等进行捆绑使用。二是增强民营石化企业内生创新能力。针对全省石化企业技术合作存在的壁垒问题，支持企业建立石化产业创新联盟，搭建行业技术服务平台，促进企业间技术交流，联合攻克产业共性技术、关键技术，提升行业产品开发能力和技术整合能力。在重点企业中筛选部分领军者实施技术创新示范行动，围绕技术突破、产品升级、链条配套、淘汰落后产能等重点环节，应用新技术改造提升现有石化产品。三是增强民营石化企业外沿创新能力。引导企业深入挖掘省内国有石油企业的科技资源，促进企业与油田研发机构深度合作，力争将油田技术创新成果就地转化为生产能力。鼓励和引导企业与国内外高校和科研院所建立“产、学、研、用”技术联盟，加快技术成果的扩散应用和产业化步伐。四是加大金融、科技等支撑产业创新服务体系建设。通过建立化工产业扶持基金，以科技企业融资担保平台、科技企业孵化器等多种方式，为企业创新提供支持和保障。

（四）坚持节能减排绿色发展

节能减排是企业长远发展的重要举措。把节能减排与提高企业经济效益有机地结合起来且达到了双赢的目的，同时也为企业的长远发展奠定了良好的基础。辽宁省民营石化企业要建设处理污水、处置危险废物等环保深化处理设施，要满足国家和辽宁省的污水、废气、废物排放标准，这样既可以让企业与国内同行在同一平台上竞争，也能更好地保护地方生态。

同时，加大节能减排力度，支持和鼓励有条件的产业集群兴建污水处理、中水回用等环保设施。

（五）提升企业“走出去”水平

“走出去”对辽宁省民营石化企业的发展至关重要。未来要积极助推辽宁省民营石化企业的国际化进程，紧紧抓住国家“一带一路”倡议实施带来的机遇，跟踪国际市场发展动态，加强国际贸易发展特点趋势的研究，将“走出去”和“引进来”相结合。辽宁省民营石化企业要主动与大型国有企业、跨国公司积极进行合作，通过全球资源利用、业务流程再造、产业链整合、资本市场运作等方式，提升民企参与国际经营、进行国际贸易和国际并购重组的能力。辽宁省民营石化企业应积极适应经济调结构、促转型的新常态，充分借鉴跨国公司先进经验，高起点、高标准地引进先进技术和管理模式，组织消化吸收和再创新，应对因城市化进程对高端化工更高层次的需求。支持优势民营石化企业积极参与境外资产并购和项目开发建设，加强与境外制造企业和研发机构的合作，带动技术服务、重大装备、人才劳务向国际输出。充分利用好国内国外两个市场、两种资源，提高辽宁省民营石化企业的石油和化学工业关键技术、装备和产品的竞争力水平，丰富合作层次，提升合作水平。“走出去”有利于辽宁省民营石化企业推动产业升级、重构国际竞争力，开展优势产能和优势装备合作，寻求外贸新增长点。同时，“走出去”也是目前国际社会的需要。

（六）建立科学决策机制

辽宁省民营石化企业要改变自身落后的决策管理模式。这就要求企业建立健全选人用人制度，组建一支科学的决策领导队伍，防止出现家族专权化现象。按照现代公司治理制度，完善公司各项规章制度，规范内部治理结构，有助于提高企业风险防控能力。另外，辽宁省民营石化企业要积极应对市场环境的变化，优化企业竞争策略，做出正确的投资行为，根据环境的变化及时调整投资方向，从而提高企业的盈利能力和现金的流动性。这就要求管理者具有良好的管理技能，能够根据外界的环境做出正确、科学的管理决策。

（七）推进民营大型炼化一体化

一体化项目符合国家产业政策，是我国石化行业体制改革、引入民营资本的具体体现。辽宁省民营石化企业发展上游炼化一体化项目，是其业务发展的必然选择，规划项目均符合我国炼化行业大型化、一体化、园区化的发展趋势，符合国家产业规划。同时，项目总体起点高、产品结构合理，代表炼化行业先进产能。目前规划的民营大型炼化一体化项目，均采用世界上先进、成熟的技术，基本不存在技术风险；产品结构富产烯烃、芳烃，少产成品油，贴近市场需求，同时有助于辽宁省民营石化企业获取对二甲苯、乙二醇等化工原料，增强其上下游整体经营业绩。此外，地方政府支持力度大。由于大型炼化一体化项目投资拉动效应明显，对目前地方“稳投资”起到至关重要的作用，备受地方政府青睐。各地纷纷推出优惠政策为项目打开“绿色通道”，争取项目尽快落地。

专题十一

辽宁沿海经济带民营经济发展研究

2020年是辽宁沿海经济带发展的一个重要年份，是国家批准辽宁沿海经济带发展规划（2010－2020年）实施的最后一年，也是辽宁省《辽宁沿海经济带三年攻坚计划（2018－2020年）》的收官之年。自2009年7月1日《辽宁沿海经济带发展规划（2010－2020年）》获得国务院批准，辽宁沿海经济带整体开发、开放上升为国家战略以来，在省、市各级政府和民营企业的共同努力下，以辽宁省内的大连、丹东、营口、锦州、盘锦、葫芦岛六个沿海城市为依托，由6市所辖21个市区及东港市、庄河市、普兰店市、瓦房店市、长海县、盖州市、大石桥市、大洼区、盘山县、凌海市、兴城市、绥中县等12个沿海县（市）组成的辽宁沿海经济带的民营经济，得到了快速的发展。

一、辽宁沿海经济带民营经济发展概况

实施《辽宁沿海经济带三年攻坚计划（2018－2020年）》以来，辽宁沿海经济带发展取得了很大的成就，一轴两翼的发展格局正在形成。港、产、城融合发展全面推进，大连龙头作用正在凸显，大连都市区正在构建，大连作为东北亚国际航运中心地位逐步实现。海洋经济和临港产业得到大力发展，辽宁沿海经济带成为辽宁经济增长的引擎，成为引领东北振兴的重要增长极。在这些发展成就中，沿海经济带民营经济的发展和崛起起到了至关重要的作用。

近年来，辽宁全力发展民营经济，并将其作为带动辽宁振兴的突破口。随着省政府出台了加快民营经济发展的23条措施，辽宁沿海经济带的大连、盘锦、营口、葫芦岛、锦州、丹东六市相继发布并实施了多项壮大民营经济的有力举措，民营经济对沿海经济带经济增长的贡献度不断增强，民营经济已经成为市场的主体力量。截至2019年底，沿海经济带民营经济市场主体总量达168.79万户，其中科技型中小企业4306户，高新技术企业803户①。

（一）辽宁沿海经济带民营经济的总体情况

1. 民营经济对辽宁沿海经济带经济增长的贡献情况

辽宁沿海经济带民营经济每年贡献70%以上的经济增加值、60%以上的税收、85%以上的劳动就业、95%以上的企业数量，民营经济在经济发展中发挥着巨大的作用。2019年，辽宁沿海经济带新增民营经济市场主体28.86万户，同比增长6.77%，占全部新登记市场主体总量的79.2%。截至2019年底，民营经济市场主体总量达168.79万户，比2018年增长12.5%，其中私营企业户数达42.2万户，个体工商户达126.6万户，同比分别增长11.3%和12.9%②。

从民营经济对经济增长的贡献来看，2019年辽宁沿海经济带的民营经济增加值为6927.37亿元，占GDP比重为55.8%，增速高于同期GDP增长水平，民营经济增加值对辽宁沿海经济带经济增长的贡献率达70.9%③。

民营企业在拉动地区经济增长的同时，在税收贡献和国际贸易方面也发挥着重要作用。从税收方面来看，2019年辽宁沿海经济带民营企业实现税收收入938.1亿元，占全部税收总额的43.9%。从进出口贸易来看，2019年民营经济进出口总额达到1880.3亿元，同比增长9.2%，占全省民营经济进出口总额的73.9%。以上数据表明在辽宁沿海经济带的

① 根据科技部火炬中心发布的《科技型中小企业数据快报》、辽宁省中小企业公共服务平台相关信息整理而得。

② 根据《辽宁省统计年鉴（2020）》整理而得。

③ 根据《辽宁统计年鉴（2019）》和政府统计公报数据整理而得。

经济构成中，民营经济已经占据半壁江山，是整个区域经济的活力与亮点①。

2. 民营经济对辽宁沿海经济带就业的影响情况

辽宁沿海经济带的民营企业大部分集中于批发零售业、建筑业、交通运输业、住宿餐饮业、商业服务业等领域，对拉动就业起到了积极作用。截至2019年底，个体从业人员数达261.4万人，私营企业从业人员达263.9万人，沿海经济带的民营经济从业人员占全省民营经济从业人员的50.62%。表11-1显示，自2014年以来民营经济的从业人员逐年保持增长，从2015年开始从业人数较前期明显减少，增长幅度有所下降，原因在于我国制造业出现了一定程度的萎缩，钢铁、建材、纺织等就业机会减少。2017年随着国家鼓励民营经济发展政策的颁布，就业人数再次出现大幅度上升，可见民营经济为沿海经济带稳定并扩大社会就业作出了突出的贡献。

表11-1　2014~2019年辽宁沿海经济带各地区个体和私营企业从业人员

城市	2014年		2015年		2016年		2017年		2018年		2019年	
	户数（户）	从业人数（万人）	户数（户）	从业人数（万人）	户数（户）	从业人数（万人）	户数（户）	从业人数（万人）	户数（户）	从业人数（万人）	户数（户）	从业人数（万人）
大连	463057	52.6	524032	113.9	579597	135.3	625319	214.5	674257	231.3	705484	241.1
丹东	117973	33.5	129015	36.9	141737	37.4	156289	38.7	169337	41.6	191859	46.3
营口	176188	87.3	185311	167.4	202734	90.1	228172	82.3	205568	78.7	243588	83.7
锦州	159038	65.3	178235	70.4	190471	53.4	173270	47.5	166492	46.8	172739	47.7
盘锦	87145	22.5	98494	25.7	105229	26.8	95229	26.3	100723	27.5	168969	39.8
葫芦岛	128683	62.9	139676	54.7	153650	55.6	165642	58.4	184709	62.9	205334	66.7
合计	1132084	324.1	1254763	469	1373418	398.6	1443921	467.7	1501086	488.8	1687973	525.3

资料来源：《辽宁统计年鉴（2020）》。

3. 民营经济对辽宁沿海经济带产业结构转型的影响情况

在辽宁省政府产业结构转型升级的政策支持与引导下，辽宁沿海经

① 根据2019年辽宁沿海经济带六市政府工作报告整理而得。

济带各市区民营经济的产业结构也随之出现调整，不断向高新技术主体的方向转变。目前，辽宁已初步搭建起“科技型中小企业—高新技术企业—瞪羚独角兽企业”3级梯度培育体系。“独角兽”企业是指那些爆发式增长、稀少、被投资者“热捧”的创业企业，其衡量标准是创业10年左右、企业估值超过10亿美元，超过100亿美元的则被称为超级“独角兽”。而“瞪羚”企业是指那些成长性好、具有跳跃式发展态势的高新技术企业。他们具有成长速度快、创新能力强、专业领域新、发展潜力大的特征。

2018年，随着《辽宁省实施科技成果转移转化三年行动计划（2018－2020年）》的开展，大连、营口、盘锦和葫芦岛的科技型中小企业数量出现了跨越式的翻倍增长，民营经济成为技术创新的重要主体。截至2019年底，辽宁沿海经济带共有科技型中小企业4306户，占全省科技型中小企业的55.49%；高新技术企业有803户，占全省高新技术企业的16.06%；潜在和种子“独角兽”企业2户，“瞪羚”企业60户，共占全省的46.27%，62家瞪羚独角兽企业中高新技术企业占比达84%，这些民营科技企业是辽宁沿海经济带实现经济转型的主体力量，具体情况如表11－2、图11－1所示。

表11－2　　辽宁沿海经济带的科技企业的城市分布

城市	科技型中小企业			高新技术企业		独角兽与瞪羚企业	
	2017年（户）	2018年（户）	2019年（户）	2019年（户）	比例（%）	2019年（户）	比例（%）
大连	538	1322	1619	342	6.84	41	30.60
丹东	86	88	135	180	3.60	3	2.24
营口	12	57	48	71	1.42	5	3.73
锦州	40	64	75	136	2.72	6	4.48
盘锦	17	60	48	49	0.98	3	2.24
葫芦岛	5	41	51	25	0.50	4	2.99
辽宁沿海经济带	698	1632	1976	803	16.06	62	46.27
辽宁省	1141	2982	3637	5000		134	

资料来源：辽宁省中小企业公共服务平台。

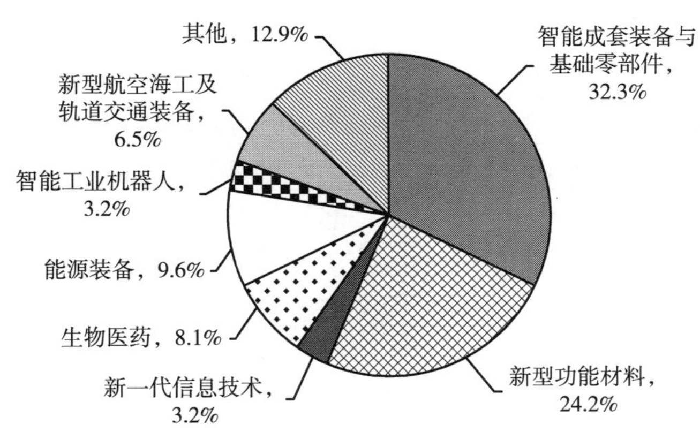

图 11－1　辽宁沿海经济带“瞪羚”“独角兽”企业的产业分布

资料来源：辽宁省中小企业公共服务平台。

（二）辽宁沿海经济带民营企业的经营情况

1. 辽宁沿海经济带民营上市公司的经营情况

截至 2019 年底，辽宁省共有民营上市公司 32 家，资产总额达 2700.81 亿元，该数值较大是因为恒力石化一家企业资产总额就达 1743.78 亿元，占据了上市民营公司资产总额的半壁江山。其中辽宁沿海经济带共有民营上市公司 12 家（具体见表 11－3），资产总额达 2049.28 亿元，如果不考虑占比过大的恒力石化公司，其余上市民营公司的资产总额达 305.5 亿元。上市公司主要涉及制造业、信息传输业、批发零售业、教育等行业，其中装备制造业为民营上市公司的主体，共有 9 家，占比 75%。企业注册地主要是大连市（8 家），占比 66.7%。

表 11－3　　辽宁沿海经济带民营上市公司一览表

证券代码	证券简称	所属行业名称	城市
000679. SZ	ST 友谊	批发和零售业	大连
600346. SH	恒力石化	化学纤维制造业	大连
002447. SZ	ST 晨鑫	信息传输、软件和信息技术服务业	大连
002606. SZ	大连电瓷	电器机械及器材制造业	大连
002621. SZ	美吉姆	教育及其他	大连

续表

证券代码	证券简称	所属行业名称	城市
300097. SZ	智云股份	仪器仪表机械制造业	大连
300125. SZ	聆达股份	光伏发电制造业	大连
603360. SH	百傲化学	化工原料制造业	大连
600303. SH	曙光股份	汽车制造业	丹东
000818. SZ	航锦科技	化学原料和化学制品制造业	葫芦岛
603396. SH	金辰股份	专用设备制造业	营口
603399. SH	吉翔股份	有色金属冶炼和压延加工业	锦州

资料来源：Wind 资讯。

（1）民营上市公司的资产、收入、利润增长缓慢，增长速度下降

2019 年，辽宁沿海经济带 12 家民营上市公司资产总规模为 2049. 28 亿元（其中恒力石化资产总额 1743. 78 亿元，其余公司资产总额 305. 5 亿元），比 2018 年增长 28. 69%，增长率同比下降 8. 46%，只有两家公司（恒力石化和百傲化学，受惠于业务拓展及自身的并购行为）的资产出现大规模增长，其余公司总体增长缓慢，但一半以上的企业出现了资产下降。总资产规模上涨的上市公司有 6 家（比 2018 年多了 1 家），有 6 家企业的资产规模呈现负增长，4 家企业的资产缩水规模较大，整体情况令人担忧（见表 11 –4）。

表 11 –4　　2019 年辽宁沿海经济带民营上市公司总资产增长情况

证券代码	证券简称	同比增长率（%）	证券代码	证券简称	同比增长率（%）
603396. SH	金辰股份	1. 9930	300125. SZ	聆达股份	–1. 6746
002606. SZ	大连电瓷	2. 0408	600303. SH	曙光股份	–7. 8438
002621. SZ	美吉姆	2. 1474	000679. SZ	ST 友谊	–14. 8176
000818. SZ	航锦科技	5. 4003	603399. SH	吉翔股份	–19. 1355
603360. SH	百傲化学	32. 5530	300097. SZ	智云股份	–29. 3445
600346. SH	恒力石化	39. 2320	002447. SZ	ST 晨鑫	–60. 8258

资料来源：Wind 资讯。

从经营状况看，2019 年营业收入同比增加的公司有 5 家，占民营上市公司的 41. 67%；大多数上市公司的经营收入同比降低，甚至有一些企业

营业收入下降幅度较大，吉翔股份、聆达股份、ST 友谊、智云股份、ST 晨鑫等公司的收入下降都在 20% 以上（见表 11 –5）。

表 11 –5　　2019 年辽宁沿海经济带民营上市公司营业收入变化情况

证券代码	证券简称	同比增长率（%）	证券代码	证券简称	同比增长率（%）
603396. SH	金辰股份	14. 02124	600303. SH	曙光股份	–16. 0549
002606. SZ	大连电瓷	22. 0199	603399. SH	吉翔股份	–23. 4584
603360. SH	百傲化学	65. 1515	300125. SH	聆达股份	–27. 1411
600346. SH	恒力石化	67. 7808	000679. SZ	ST 友谊	–28. 6765
002621. SZ	美吉姆	137. 7358	300097. SZ	智云股份	–68. 9549
000818. SZ	航锦科技	–1. 3333	002447. SZ	ST 晨鑫	–72. 8601

资料来源：Wind 资讯。

2019 年，沿海经济带民营上市公司利润总额 121. 02 亿元，比 2018 年增长 176. 38%，利润总额增长的主要原因来自恒力石化、美吉姆、百傲化学三家公司的盈利大幅增长，但其余公司整体盈利能力下降。净利润增长的上市公司有 6 家，另外有 6 家上市公司净利润大幅下滑，特别是吉翔股份和智云股份，净利润下滑幅度超过 200%。大连友谊因受所处区域商业地产持续低迷的影响，项目进展缓慢，销售收入下降，并且计提存货跌价准备导致年度亏损 3. 45 亿元；晨曦科技转型重组未能如期增加业绩，年度亏损 9. 99 亿元，两家公司都触发退市风险（见表 11 –6）。

表 11 –6　　2019 年辽宁沿海经济带民营上市公司净利润变化情况

证券代码	证券简称	同比增长率（%）	证券代码	证券简称	同比增长率（%）
000679. SZ	ST 友谊	21. 3834	000818. SZ	航锦科技	–39. 0708
603360. SH	百傲化学	111. 3176	300125. SH	聆达股份	–56. 0134
600303. SH	曙光股份	136. 4009	002447. SZ	ST 晨鑫	–57. 2093
600346. SH	恒力石化	201. 7334	603396. SH	金辰股份	–29. 0855
002621. SZ	美吉姆	201. 7359	603399. SH	吉翔股份	–218. 3391
002606. SZ	大连电瓷	345. 3045	300097. SZ	智云股份	–667. 7705

资料来源：Wind 资讯。

（2）制造业民营上市公司经营业绩有所好转，但不容乐观

在辽宁沿海经济带民营上市公司中，制造业企业占绝大多数，12 家上市企业中，有 9 家为制造业，占比 75%，因此分析制造业的上市公司业绩会很有代表性。

从净资产收益率来看，2019 年 9 家民营制造业上市公司中有 77.8% 在盈利，净资产收益率超过 10% 的仅有 3 家，平均的净资产收益率为 4.35%，总体盈利能力不强，但高于辽宁省民营制造业上市公司平均值（2.97%）。

从总资产收益率来看，2019 年辽宁沿海经济带的民营制造业平均总资产收益率为 1.28%，低于辽宁省平均水平，说明沿海经济带的民营制造业企业在从资本角度创造财富方面要低于全省平均水平，与 2018 年相比民营制造业企业的盈利出现了显著下滑（2018 年沿海经济带制造业上市公司平均值为 1.39%）。

从总资产周转率来看，辽宁沿海经济带民营制造业上市企业的资产运营效率好于上年，仍处于较低水平，资产周转率平均值仅为 0.45 次/年，但总资产周转率、应收账款周转率都高于全省平均水平，企业资产的管理质量和利用效率较往年有了一定程度的提高，这说明制造业企业资产运营效率有好转的迹象。

从资产负债率来看，辽宁沿海经济带民营制造业上市企业的债务风险较大，企业偿债能力问题不容忽视。有 22.2% 的制造业上市公司资产负债率超过辽宁省平均水平。沿海经济带民营制造业企业的已获利息倍数显著低于全省平均水平，说明民营制造业企业的偿债能力问题不容忽视，普遍面临亏损、偿债的安全性与稳定性下降的风险。

从营业收入增长来看，沿海经济带民营制造业企业的营业收入增长平均仅为 5.69%，远低于全省 6.37% 的平均水平，部分企业面临较大困难，经营增长缓慢。

从研发投入资金占比来看，辽宁沿海经济带民营制造业企业的研发投入低，研发支出总额占营业收入的 3.14%，低于全省 3.82% 的平均水平，这说明沿海经济带的民营制造业企业无法更多地从技术方面确立核心竞争力，从而影响企业的长期可持续发展，企业增长在技术方面的支撑还有待强化（见表 11－7）。

表 11－7　2019 年辽宁沿海经济带民营制造业上市公司净资产收益率情况

证券代码	证券简称	净资产收益率 ROE （%）	总资产收益率 ROA （%）	总资产周转率（次）	应收账款周转率（次）	资产负债率（%）	营业收入增长率（%）	研发支出总额占营业收入比（%）
000818. SZ	航锦科技	12. 1810	8. 1127	0. 8535	9. 4612	38. 0907	－1. 3333	0. 64
603360. SH	百傲化学	33. 5008	30. 8726	0. 7331	6. 8522	13. 1209	65. 1515	3. 63
603396. SH	金辰股份	6. 6230	4. 8222	0. 4802	2. 4546	45. 4004	14. 02124	7. 77
603399. SH	吉翔股份	－10. 0140	－6. 7342	0. 5000	3. 2000	34. 8924	－23. 4584	0. 02
300097. SZ	智云股份	－43. 7832	－39. 4242	0. 1633	0. 5803	25. 1203	－68. 9549	4. 19
600346. SH	恒力石化	31. 7723	7. 5814	0. 2142	173. 9121	33. 9341	67. 7808	4. 21
002606. SZ	大连电瓷	5. 1739	3. 8227	0. 5818	2. 0303	31. 5611	22. 0199	5. 15
600303. SH	曙光股份	1. 6118	1. 0607	0. 4118	2. 8817	47. 8114	－16. 0549	2. 35
300125. SZ	聆达股份	2. 1017	1. 4106	0. 0918	0. 6909	33. 9808	－27. 1411	0. 27
沿海经济带民营制造业上市公司平均值		4. 3519	1. 2805	0. 4477	22. 4515	33. 7680	5. 6858	3. 1367
辽宁民营制造业上市公司平均值		2. 9683	3. 8475	0. 6394	6. 1126	38. 8645	6. 3679	3. 8254

资料来源：Wind 资讯。

2. 沿海经济带民营企业入围中国民营经济 500 强的情况

“中国民营企业 500 强” 由全国工商联组织各省市区工商联在各自区域、行业范围内实施，以民营企业自愿加入为原则，调研对象为上年营业收入总额在 5 亿元以上的私营企业、非公有制经济成分控股的有限责任公司和股份有限公司，并定期公布榜单报告。

2014～2018 年，辽宁沿海经济带入围的民营企业每年都是 4～6 家，2019 年则大幅跃升到 10 家，创近五年新高，2020 年又下降为 7 家。从图 11－2 中可以看出辽宁每年入围中国民营经济 500 强中的企业 70% 以上处于辽宁沿海经济带地区，尤其是 2019 年占比达到 91%。2019 年辽宁新增 500 强榜单企业的 6 家公司（铭源控股集团有限公司、五矿营口中板有限责任公司、辽宁嘉晨控股集团有限公司、福佳集团有限公司、辽宁宝来生物能源有限公司、盘锦浩业化工有限公司）都集中在大连、营口、盘锦等沿海城市，可见辽宁沿海经济带民营企业是全省民营企业的标杆，也是全省民营经济的发展龙头。但是 2020 年铭源控股集团有限公司、五矿营口中板有限责任公司、环嘉集团有限公司随即从榜单跌落，表明沿海经济带民营企业可持续盈利能力不稳定，当营商环境不确定因素增加时，企业经营风险很容易通过产业链传导蔓延而随之增加。

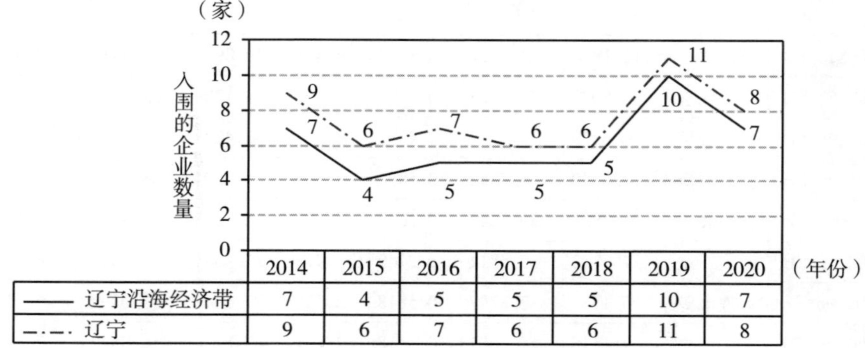

	2014	2015	2016	2017	2018	2019	2020
—— 辽宁沿海经济带	7	4	5	5	5	10	7
—·—· 辽宁	9	6	7	6	6	11	8

图 11－2　2014～2020 年辽宁沿海经济带入围中国民营企业 500 强的数量

资料来源：中华全国工商业联合会官网。

从入围企业的营业收入增长状况来看，辽宁沿海经济带民营企业保持持续的良好态势，原入选 2019 年 500 强榜单中的 6 家企业依旧入选了 2020 年榜单，近几年连续入围企业中，辽宁宝来生物能源有限公司、盘锦北方沥青燃料有限公司、辽宁嘉辰控股集团有限公司、福佳集团有限公司、盘锦浩业化工有限公司的营业收入均超过了 300 亿元以上，实现了营业收入可持续性增长，排名大幅上升，其中宝来生物能源公司营业收入增长 213.56%，增长态势强劲。万达集团虽然营业收入下降 10.45%，但仍稳居辽宁民营企业的榜首。

从历年入围榜单来看，零售、地产企业规模巨大，大商集团有限公司与大连万达集团股份有限公司排名显著高于其他入围企业，2018～2019 年大商集团的营业收入超过除万达以外其他入围企业营业收入之和，但之后受电商发展和疫情冲击的影响营业收入下降，2020 年未能再次进入榜单。

从入围企业的行业分布来看，以能源加工为代表的生产服务业占比猛增，2019 年新入围的 6 家企业中，有 5 家为生产服务业，其他入围企业则主要包括零售、农产品加工、批发以及综合服务类企业。2020 年的入榜企业中，重化工业企业有 5 家，占比为 71.4%，特别是石化产业占比突出，体现了辽宁沿海经济带在石油、煤炭及其他燃料加工业的产业优势特点。

从地域分布特点来看，大连、盘锦成为辽宁沿海经济带民营经济发展的主阵地。2019 年 10 家入围企业有 5 家来自大连，3 家来自盘锦，2 家来自营口；2020 年 3 家来自大连，3 家来自盘锦，1 家来自营口，其他 3 个地级市无一家入围企业，可见地域集中度高，地域失衡特征明显（见表 11－8）。

表 11－8　2014～2020 年辽宁沿海经济带入围中国民营企业 500 强情况

2014 年榜单				2015 年榜单			
排名（位）	企业名称	所属行业	营业收入总额（万元）	排名（位）	企业名称	所属行业	营业收入总额（万元）
8	大连万达集团股份有限公司	房地产业	18664000	153	大连万达集团股份有限公司	房地产业	24248000
104	嘉晨集团有限公司	黑色金属冶炼和压延加工业	3116567	288	亿达集团有限公司	综合	2786031
124	福佳集团有限公司	化学原料和化学制品制造业	2827561	368	盘锦北方沥青燃料有限公司	石油加工、炼焦和核燃料加工业	1552519
134	亿达集团有限公司	房地产业	2704884	462	锦联控股集团有限公司	水上运输业	1058848
395	盘锦北方沥青燃料有限公司	石油加工、炼焦和核燃料加工业	1125517	463			
440	辽宁曙光汽车集团股份有限公司	汽车制造业	1030000				
495	锦联控股集团有限公司	水上运输业	920182				
总计	7 家		30388711	总计	4 家		29645398

2016 年榜单				2017 年榜单			
排名（位）	企业名称	所属行业	营业收入总额（万元）	排名（位）	企业名称	所属行业	营业收入总额（万元）
7	大连万达集团股份有限公司	房地产业	29016000	9	大连万达集团股份有限公司	综合	25498000
170	亿达集团有限公司	房地产业	2646729	147	环嘉集团有限公司	批发业	3536431
224	盘锦北方沥青燃料有限公司	石油加工、炼焦和核燃料加工业	2037682	158	盘锦北方沥青燃料有限公司	石油加工、炼焦和核燃料加工业	3309665
356	环嘉集团有限公司	批发业	1402582	351	大连金玛商城企业集团有限公司	租赁业	1684521
416	锦联控股集团有限公司	水上运输业	1208869	457	锦联控股集团有限公司	水上运输业	1307303
总计	5 家		36311862	总计	5 家		35335920

续表

2018年榜单			
排名（位）	企业名称	所属行业	营业收入总额（万元）
10	大商集团有限公司	零售业	28080516
17	大连万达集团股份有限公司	综合	20185519
162	盘锦北方沥青燃料有限公司	石油加工、炼焦和核燃料加工业	4107120
187	环嘉集团有限公司	批发业	3838626
438	大连金玛商城企业集团有限公司	商务服务业	1775527
总计	5家		57987308

2019年榜单			
排名（位）	企业名称	所属行业	营业收入总额（万元）
12	大商集团有限公司	零售业	30029186
23	大连万达集团股份有限公司	综合	18076999
114	盘锦北方沥青燃料有限公司	石油加工、炼焦和核燃料加工业	6003399
143	辽宁嘉晨控股集团有限公司	黑色金属冶炼和压延加工业	4963961
182	福佳集团有限公司	化学原料和化学制品制造业	4273426
204	环嘉集团有限公司	废弃资源综合利用业	3914517
289	铭源控股集团有限公司	批发业	2964371
341	五矿营口中板有限责任公司	黑色金属冶炼和压延加工业	2516410
383	辽宁宝来生物能源有限公司	石油加工、炼焦和核燃料加工业	2256639
385	盘锦浩业化工有限公司	石油加工、炼焦和核燃料加工业	2254118
总计	10家		77253026

2020年榜单			
排名（位）	企业名称	所属行业	营业收入总额（万元）
28	大连万达集团股份有限公司	综合	16188267
57	中升（大连）集团有限公司	零售业	10091383
106	辽宁宝来生物能源有限公司	石油、煤炭及其他燃料加工业	7075916
107	盘锦北方沥青燃料有限公司	石油、煤炭及其他燃料加工业	6985247
141	辽宁嘉晨控股集团有限公司	黑色金属冶炼和压延加工业	5862135
173	福佳集团有限公司	化学原料和化学制品制造业	4669130
237	盘锦浩业化工有限公司	石油、煤炭及其他燃料加工业	3768388
总计	7家		54640466

资料来源：中华全国工商业联合会官网。

3. 辽宁沿海经济带百强民营企业情况分析

2020年10月，辽宁省工商联发布了《2020辽宁民营企业百强榜单》，省工商联根据各民营企业上年度营业收入总额、纳税额、就业、资产负债率、研发投入等指标，进行加权排名，评选出辽宁民企百强排行榜。百强企业中52家位于辽宁沿海经济带区域，占据全省半壁江山，表明沿海地区的民营企业发展优势较大（见表11－9）。

表11－9　　2020年辽宁沿海经济带百强民营企业名单

排名（位）	企业名称	所属地区	排名（位）	企业名称	所属地区
1	大商集团有限公司	大连	7	辽宁嘉晨控股集团有限公司	营口
2	大连万达集团股份有限公司	大连	23	辽宁红运投资（集团）有限公司	营口
3	中升（大连）集团有限公司	大连	26	营口东盛实业有限公司	营口
5	逸盛大化石化有限公司	大连	48	营口金龙集团	营口
6	福佳集团有限公司	大连	50	辽宁三华耐火集团有限公司	营口
9	恒力石化（大连）炼化有限公司	大连	56	营口万隆广场商业管理有限公司	营口
11	恒力石化（大连）有限公司	大连	73	营口康辉石化有限公司	营口
19	大连万蓝利石油销售有限公司	大连	74	营口盛海化工有限公司	营口
24	大连奥托股份有限公司	大连	79	营口东林（集团）有限公司	营口
39	大连三丰能源集团有限公司	大连	82	辽宁方大集团国贸有限公司	营口
40	恒百锐供应链管理股份有限公司	大连	86	辽宁宏宇耐火材料集团有限公司	营口
60	大连三川建设集团股份有限公司	大连	95	营口新北方制糖有限公司	营口
61	大连瑞光非织造布集团有限公司	大连	4	辽宁宝来生物能源有限公司	盘锦
62	西姆集团有限公司	大连	8	盘锦北方沥青燃料有限公司	盘锦
63	亚洲渔港股份有限公司	大连	45	盘锦益久石化有限公司	盘锦
64	大杨集团有限责任公司	大连	47	辽宁华路特种沥青有限公司	盘锦
65	大连实达建工集团有限公司	大连	83	辽宁汇福荣兴蛋白科技有限公司	盘锦
67	大连苏宁易购销售有限公司	大连	98	辽宁亿方石油化工有限公司	盘锦
71	大连万运高新科技发展集团有限公司	大连	99	盘锦隆旺达石化科技有限公司	盘锦
72	亿达发展有限公司	大连	27	丹东鑫兴炭素有限公司	丹东
77	海昌（中国）有限公司	大连	30	辽宁曙光汽车集团股份有限公司	丹东
88	大连瑞佳建设集团有限公司	大连	33	辽宁五一八内燃机配件有限公司	丹东
89	良运集团有限公司	大连	59	辽宁东港电磁线有限公司	丹东
16	锦州万得汽车集团有限公司	锦州	96	丹东隆宇建设工程有限公司	丹东
37	辽宁新华龙大有钼业有限公司	锦州	38	辽宁九江实业有限公司	葫芦岛
52	锦州奥鸿药业有限责任公司	锦州			
87	锦州创惠新能源有限公司	锦州			

资料来源：辽宁省工商业联合会官网。

从百强企业地区分布来看，地区差异明显，大连（23 家）占比仅次于沈阳（24 家），且前六名大商集团、万达集团、中升集团、逸盛大化、福佳集团都是来自大连的企业，2020 年来自营口的入榜企业数量显著增加，而葫芦岛、锦州入榜企业数量出现急剧下降。

从上榜企业所处的行业看，大部分上榜企业属于能源及金属加工企业，重化产业优势明显。但是，农产品加工业、批零业等贸易企业近年来发展很快，出现了一大批在国内有一定影响力的农产品加工及综合服务业（见图 11 –3）。

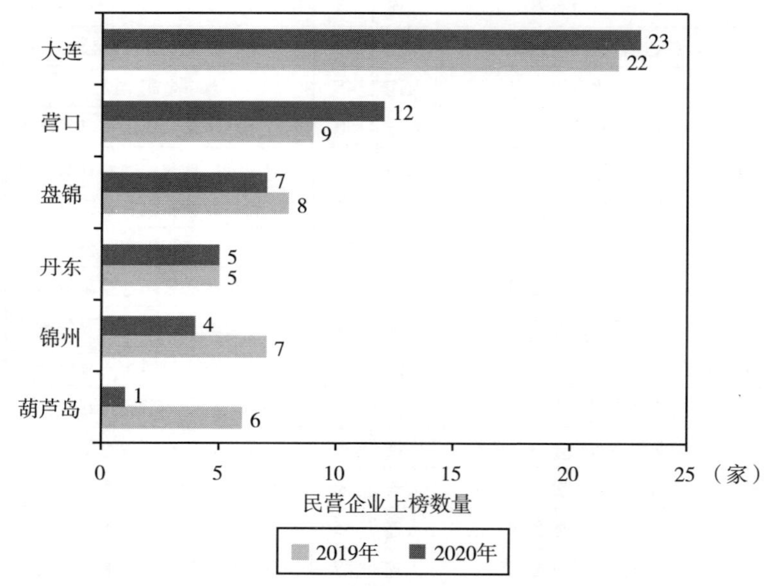

图 11 –3　2019 年辽宁沿海经济带民营企业 100 强地区分布情况

资料来源：辽宁省工商业联合会官网。

4. 辽宁沿海经济带中小民营企业的运营状况分析

为客观反映辽宁沿海经济带中小民营企业的运营状况，本专题基于我国中小企业股份转让来进行分析。全国中小企业股份转让系统（简称“全国股转系统”，俗称“新三板”）是经国务院批准，依据《中华人民共和国证券法》设立的继上交所、深交所之后第三家全国性证券交易场所，也是我国第一家公司制运营的证券交易场所。设立全国中小企业股份转让系统是加快我国多层次资本市场建设发展的重要举措。新三板市场的设立与不断改革为服务中小民营企业、支持实体经济发挥了重要作用。

（1）辽宁沿海经济带新三板挂牌企业的基本情况。截至2020年12月底，辽宁沿海经济带共有88家公司在全国中小企业股份转让系统（新三板）挂牌，占全省所有新三板挂牌公司数量的52.7%，主要集中在大连（64家）。从行业分布来看，主要集中在制造业（占51%），信息传输、软件和信息技术服务业（占18%），其区域与行业分布见图11－4、图11－5。

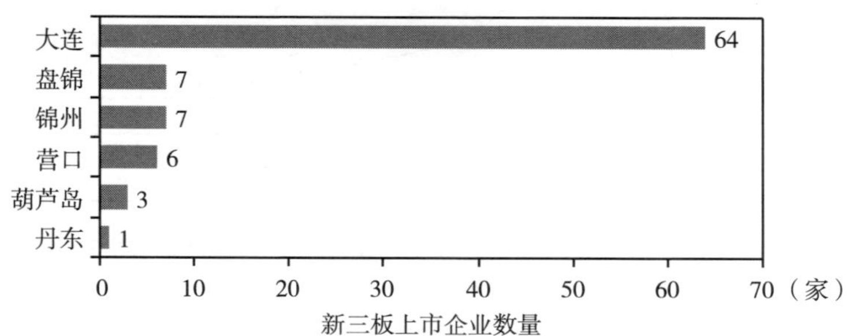

图11－4　辽宁沿海经济带新三板挂牌公司的地区分布情况

资料来源：根据全国中小企业股份转让系统官网数据整理所得。

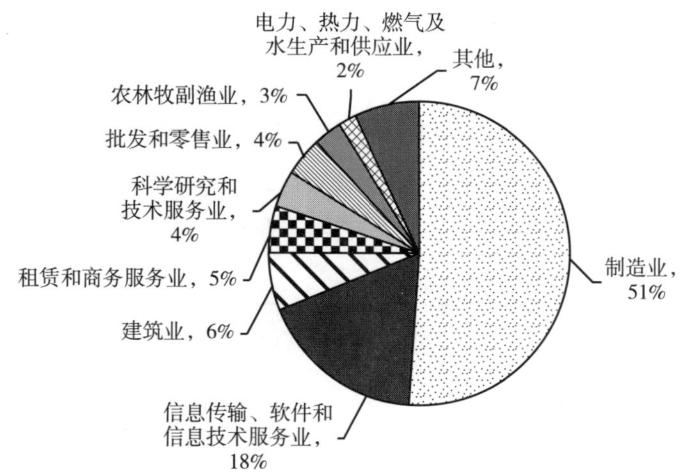

图11－5　辽宁沿海经济带新三板挂牌公司的行业分布情况

资料来源：根据Wind资讯计算所得。

（2）中小民营企业成长速度慢。从2015～2019年来看，辽宁沿海经济带新三板民营挂牌公司的增长呈现不断递减的趋势，总资产规模增长率从2015年的39.42%降低到2019年的3.61%，急剧下滑，而且资产规模增长率一直低于全省平均水平（见图11－6）。

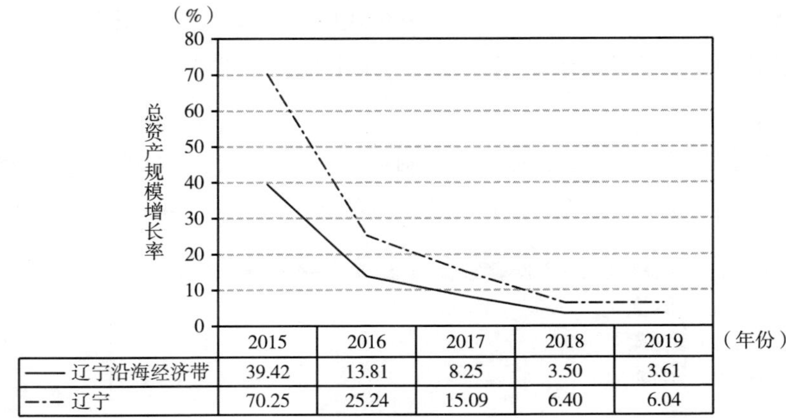

	2015	2016	2017	2018	2019
—— 辽宁沿海经济带	39.42	13.81	8.25	3.50	3.61
-·- 辽宁	70.25	25.24	15.09	6.40	6.04

图 11－6　辽宁沿海经济带新三板上市企业历年总资产增长比较情况

资料来源：根据 Wind 资讯计算所得。

（3）中小民营企业已走出经营困难的困境。近几年，辽宁沿海经济带新三板挂牌企业不仅规模扩张速度下降，经营收入增长也不断放缓，营业收入增长率从 2015 年的 48.95% 降低到 2019 年的 5.29%，增长率下降的幅度明显，且其历年增长率远远低于全省平均水平（见图 11－7），营业收入困境显然是影响企业总资产规模扩张的主要因素。此外，总体盈利水平也不乐观，从 2017 年开始，辽宁沿海经济带中小民营企业的盈利由正转负，2018 年的净利润增长率为－9%（见图 11－8），民营企业经营面临着较大困境，但从 2019 年开始民营企业盈利再次转正，表明企业经营状况改善明显。

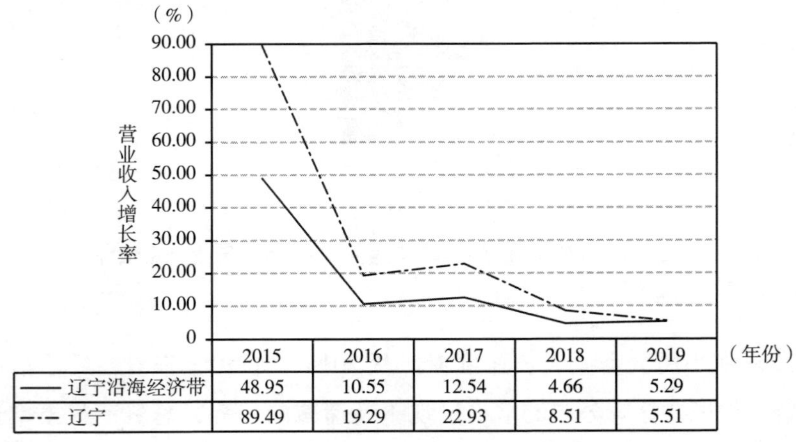

	2015	2016	2017	2018	2019
—— 辽宁沿海经济带	48.95	10.55	12.54	4.66	5.29
-·- 辽宁	89.49	19.29	22.93	8.51	5.51

图 11－7　辽宁沿海经济带新三板上市企业历年营业收入增长比较情况

资料来源：根据 Wind 资讯计算所得。

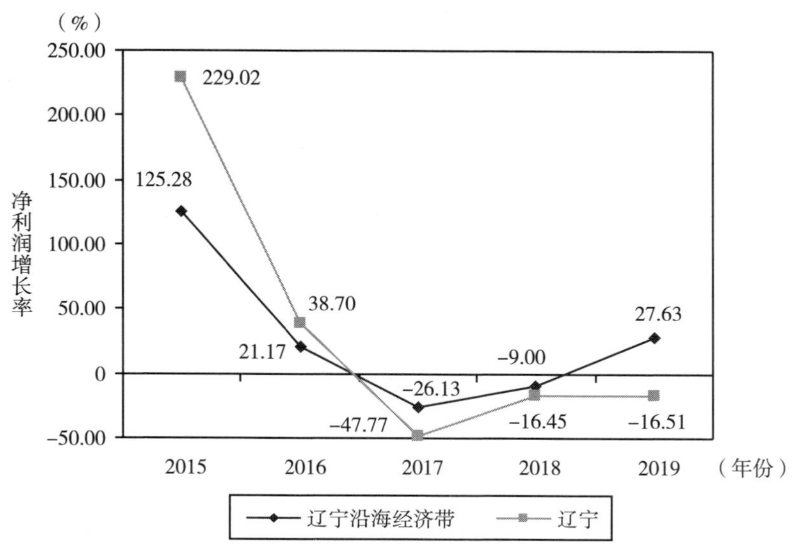

图 11－8　辽宁沿海经济带新三板上市企业历年净利润增长比较情况

资料来源：根据 Wind 资讯计算所得。

（4）企业资产运用能力显著提高，但资产质量在下降。2015～2018 年，辽宁沿海经济带新三板挂牌企业的总资产周转率持续下降，且一直远远低于全省平均水平，表明这些企业营运资产的效率与效益未能提高，究其原因主要是销售能力下降、存货增多及闲置资金等因素导致的。2019 年，沿海经济带新三板挂牌企业的总资产周转率显著提高至 0.8003 次，且高于全省平均水平，说明沿海经济带的中小民营企业销售能力转强，资产投资效益转好，企业资产运营能力显著提高（见表 11－10）。

表 11－10　辽宁沿海经济带与全省新三板挂牌企业总资产周转率比较情况

单位：次

项目	2015 年	2016 年	2017 年	2018 年	2019 年
辽宁沿海经济带平均值	0.4496	0.4278	0.4339	0.4071	0.8003
辽宁平均值	0.8219	0.7821	0.7932	0.7443	0.7483

资料来源：根据 Wind 资讯计算所得。

（5）资本结构较为合理，但偿债能力较弱。2015 年以来，辽宁沿海经济带新三板上市企业的平均资产负债率较为稳定，其中 2019 年为 20.65%，要显著低于全省平均水平的 37.75%。从绝对值看，辽宁沿海经济带新三板挂牌企业的整体资产负债结构较为合理，债务负担相对较小，同时从侧面反映出新三板上市企业的债务利用率相对较低。

2015～2019年，辽宁沿海经济带新三板上市企业的应收账款周转率持续下降，2019年为4.46%，且显著低于全省平均水平9.13%，这说明辽宁沿海经济带新三板企业的平均收账期延长，坏账损失增加，资产流动性降低，短期偿债能力减弱，经营风险凸显（见图11－9）。2019年辽宁沿海经济带新三板上市企业的已获利息倍数为10.65，显著低于全省的平均水平（19.46），过低的已获利息倍数说明沿海经济带民营企业的长期偿债能力较差，未来要重点关注民营中小企业债务的偿还问题。

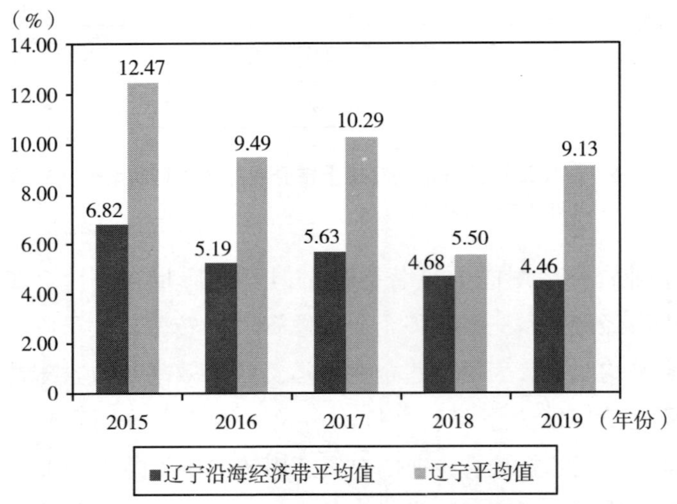

图11－9　辽宁沿海经济带新三板上市企业历年应收账款周转率比较情况

资料来源：根据Wind资讯计算所得。

（三）辽宁沿海经济带的自贸试验区和产业链建设状况

辽宁沿海经济带大力推进对外开放，加快对内整合的步伐，相继建立中国（辽宁）自由贸易试验区大连片区、营口片区，深化“放管服”改革，对外资企业实施准入前国民待遇加负面清单管理模式。同时，积极参与“一带一路”建设，加速构建了“辽满欧”“辽蒙欧”“辽海欧”三条综合交通运输大通道，并积极吸引外商投资与“苏辽”“沪连”对口合作，共建了一批不同类型的合作园区。

借助沿海优势，辽宁沿海经济带六市通过科技创新，大力发展海洋经济和战略性新兴产业，各市大力培育和引进创新型企业，围绕航空装备、汽车、智能机器人等领域，建立了多个战略性新兴产业基地和高新技术园区。2019 年，辽宁省对沿海各市区位相邻和产业趋同的重点园区进行了优化整合，对重点园区实施了体制改革创新，采用了“管委会 + 公司”的运营机制。在港口资源整合方面，辽宁沿海经济带设立了辽宁港口集团，以推进“港口、产业、城市”融合发展为切入点，以大连东北亚国际航运中心建设为核心，以临港产业发展为依托，实现了大连港、营口港、锦州港、葫芦岛港的港口主体一体化，形成了沿海经济带的完整港口产业链构建，形成了可持续发展。

二、辽宁沿海经济带民营经济发展存在的问题

辽宁沿海经济带开发开放战略实施 10 年来，取得了一定的成就，但在全球价值链、产业链重塑，以及我国新型城镇化格局加速形成的背景下，特别是在新冠肺炎疫情之后，在百年不遇的重大变局下，辽宁沿海经济带民营经济存在的问题会被放大，发展面临诸多变数，也可以说危与机并存。怎样才能最大限度地规避风险，化危为机，是辽宁沿海经济带民营经济发展面临的重大课题。因此，科学、系统、全面地梳理目前辽宁沿海经济带民营经济存在的问题及未来发展将面临的问题，是制定辽宁沿海经济带民营经济发展目标、政策、实施路径的根本依据。辽宁沿海经济带民营经济的发展既有后疫情时代民营经济面临的共性问题，又有辽宁沿海经济带民营经济发展的个性问题，本专题主要梳理了沿海经济带民营经济发展的个性问题。

（一）辽宁沿海经济带的发展规划缺乏专项规划的支撑

辽宁沿海经济带规划的制定过于宏观，由于缺乏专项规划的支撑，因而实施起来波动较大。此规划初始雷声大（2010 ~ 2012 年），中间雨点小（2013 ~ 2017 年），之后制定了三年攻坚计划（2018 ~ 2020 年），总算在收

官之年取得了不错的成绩。但纵观辽宁省沿海经济带规划的实施过程可以发现，在辽宁沿海经济带的规划制定之初，没有将各个指标细分，也未制定专项实施规划，例如，在整个沿海经济带10年发展规划中，没有具体提及民营经济发展路径，没有明确民营经济如何发展、如何发挥作用，如何引导民营经济参与到沿海经济带的实施中来，正因为缺乏科学性、系统性、前瞻性、可操作性的专项规划，使很多目标在完成的过程中，统筹、协调、布局都出现了问题，延缓、降低了目标的达成度。由此可见，辽宁沿海经济带专项规划的缺失，阻碍了沿海地区城市的协同发展。

（二）没有形成独具特色的沿海经济带民营经济发展模式

中国民营经济发展的实践证明，民营经济是一个地区发展的晴雨表，一个地区民营经济的发展状况决定了该地区经济发展水平。无论是苏南模式、温州模式还是长三角发展模式，地区经济发展恰恰是自身区域的民营企业找到了适合自己的独特的发展模式。可见，哪个地区的民营经济能够找到适合自己的发展模式，哪个地区的民营经济就会发展得如火如荼。因此，寻求适合辽宁沿海经济带民营经济发展的创新模式，是民营经济发展的必由之路。

在辽宁沿海经济带民营经济的发展过程中，也曾尝试借鉴了多种发展模式，但这些模式并没有形成独具特色的适合沿海经济带各地区经济基础、产业特点、资源禀赋情况的具体模式，没有形成多元的可以被总结、被复制的民营经济发展模式。

1. 国有企业和民营企业共生发展模式收效甚微

这种模式的初衷是建立国企与民企相互依存、休戚与共的关系，破除制约民营经济发展的思维桎梏，形成国企民企、大小企业相得益彰、共同发展的局面。但是从结合的情况看，并不理想。

首先，辽宁沿海经济带各城市的民营企业并没有通过出资入股、增资扩股、股权置换、项目合作、资产证券化、市场化法治化债转股等方式参与和推进竞争领域企业混改，即使是最近辽宁推出的国企混改项目，也没有在民营企业中引起太大的反响。

其次，国有经济和民营经济融合方面，民营企业管理优势与国有企业的市场、人才、技术优势没有得到互相融合，激发企业活力，共同发展的效果。辽宁沿海经济带的多数民营企业并没有实现大树底下好乘凉，相反很多国企的品牌、资源和人才被域外民营企业相融合。辽宁国有企业在参与上市民营公司纾困，发挥国有资本在重大区域开发、重大战略资源整合、重大产业集群建设的平台作用方面的潜力有待提升。

2. 大中小企业配套发展模式未能形成产业生态圈

依据丛林理论，一个地区的产业良性发展，必须打造良好的企业生态。要实现辽宁全面振兴、全方位振兴，既需要一批顶天立地的大企业，更需要铺天盖地的中小企业。这是一个非常符合区域企业发展规律的思路，但要建构这样的区域产业生态，客观上要求打造构建一批优势产业集群和特色产业集群，在这方面，辽宁沿海经济带缺乏这样的产业集群和产业链条，因而辽宁沿海经济带尽管中小微企业数量众多，但基本属于各自为政，自己发展自己的，没有形成产业生态圈。

3. 未能形成产业链招商的金字招牌

产业链招商模式也是一个很成功的发展模式。对于辽宁沿海经济带来说，建设先进装备制造业基地、造船及海洋工程基地、大型石化产业基地、电子信息及软件和服务外包基地，大力发展集成电路、海洋与生物工程等高技术产业集群、石油化工产业等，这些都应该成为产业链招商的金字招牌。可事实上，在这方面沿海经济带还有很大的潜力和发展空间。辽宁沿海经济带产业集群应该成为民营企业良性发展的生态环境，以产业集群促进地区民营经济发展，向集群生态争空间，优化企业、产业、社会三重生态圈。综上所述，辽宁沿海经济带的民营经济发展迫切需要形成一个有辽宁特色，适合辽宁经济增长的模式，这个模式一旦形成，会为辽宁民营经济发展带来重大利好。

（三）辽宁沿海经济带民营经济的创新质量有待提高

在 2017 年和 2018 年的我国《政府工作报告》中，重点提出了要大力促进“数字经济”和发展“互联网 +”等相关领域。党的十九大报告中指出，要加快我国现代化经济体系的建设，助力实体经济，推动互联网、大数据、人工智能与实体经济的融合发展。为了大力发展数字经济，推进辽宁实体经济与互联网、云计算、大数据和人工智能等新一代信息技术深度融合，促进辽宁经济社会实现高质量发展，辽宁省出台了《关于加快数字经济发展的实施意见》和《辽宁省5G产业发展方案（2019－2020年）》等相关文件，加快促进全省区块链、大数据、人工智能、物联网等数字产业发展和工业、农业、服务业等产业数字化建设。但在辽宁沿海经济带的民营企业中，创新技术型企业数量不多，“瞪羚”企业、科技小巨人企业和科技型初创企业的培育蓄养不到位。尽管辽宁沿海经济带民营企业中创新小微企业数量呈递增趋势，特别是大连市，增长得比较快，但毋庸讳言，沿海经济带科技创新型企业的数量和质量与科技创新发展较好的区域比，是有很大差距的，科技创新带给民营经济发展的巨大红利在沿海经济带的民营企业中没有得到充分释放。

目前，民营企业通过制造业数字化、网络化、智能化改造传统产业，已经成为转型升级发展的主要趋势和潮流。但沿海经济带的很多民营企业还徘徊在企业智能升级、智能化应用改造工程之外，大部分企业没有实现高质效、高附加值、低成本制造的模式。即使是排在前列的创新民营企业，提升整个产业链资源整合效率的实施路径仍不清楚，未能实现依靠数字化提高其企业效率。

（四）辽宁沿海经济带民营经济尚未建立协同发展体系

党的十九大提出“两个毫不动摇”，毫不动摇地巩固和发展公有制经济；毫不动摇地鼓励、支持、引导非公有制经济发展。“两个毫不动摇”是我们党对多年来坚持和发展基本经济制度成功经验的高度概括；鼓励、支持、引导是国家对民营经济的总方针。2018年8月辽宁沿海经济带六城市书记市长联席会议强调：“沿海经济带建设是一项系统工程，必须牢固树立新发展理念，咬定三年攻坚计划目标不放松，坚定不移走协同发展之路，在协同中推进一体化、高质量发展，实现资源合理配置和效益最大化。”[①] 会议提出五个协调发展方略：一是要抓好规划协同；二是要抓好产业协同；三是要抓好创新协同；四是要抓好政策

① 2018年8月1日，辽宁沿海经济带六城市书记市长联席会议在沈阳召开。

协同；五是要抓好环境协同。这充分体现了辽宁沿海经济带协同发展的必要性。

大连财经学院关溪媛博士运用复合系统协同度模型对2009~2018年的面板数据进行定量分析，得到辽宁沿海经济带在此期间经济子系统的有序度和经济复合系统的协同度。结果表明：六个子系统的经济有序度都表现出波动上升态势，城市经济发展趋势良好；经济复合系统协同度整体偏低，各城市之间的经济协同水平较差，2014~2016年表现出非协同演进状态。该研究从科学角度论证了辽宁沿海经济带民营经济发展的协同性问题，可见，当前辽宁沿海经济带的民营经济缺乏协调发展，没有形成合力，没有形成产业生态，是沿海经济带六市面临的亟须解决的重要问题，也是促进整体实力提升的必然途径。辽宁沿海经济带六市的协同发展主要包括产业空间布局的协同、产业链建构与完善的协同、国有企业与民营企业发展的协同、独角兽高成长型企业与传统中小微企业的协同等，这都是沿海经济带六市尚未建立的发展体系，未来沿海经济带的协同工作还有巨大的提升潜力和空间。

三、加速辽宁沿海经济带民营经济发展的对策建议

（一）辽宁沿海经济带民营经济的发展对策

1. 编制“十四五”辽宁沿海经济带民营经济专项发展规划

制定中长期发展规划是中国经济得以实现快速增长的成功经验。辽宁沿海经济带的发展也验证了这一点：沿海经济带的发展得益于十年前《辽宁沿海经济带规划》的制定，特别是2018年省政府制定了辽宁沿海经济带三年攻坚计划，为辽宁沿海经济带各项目标的实现取得了实质性的推进。可以这样认为，没有这两个规划就没有辽宁沿海经济带今天的发展。尽管在规划的执行过程中，遇到了许多复杂的情况，规划的推进也遇到了许多问题，很多规划目标并没有如期完成和实现，但总体来说规划的制定促进了沿海经济带的整体发展和繁荣。

回顾十年来辽宁沿海经济带规划的实施和落实，有一个问题比较突

出，那就是专项规划制定的缺失，这是未来沿海经济带发展规划制定亟须完善和改进的地方。总规划一般是粗线条的，比较宏观，具有高屋建瓴的性质；而专项规划，则要求具体翔实，将大的目标细化，形成具有可操作性、有明确实施路径和目标节点的方案。没有专项规划，总规划有时候很难落地，甚至会落空。总结前十年的经验教训，辽宁沿海经济带民营经济的发展必须在总体规划的框架下制定，这个规划应该具有一定的法律效应。制定民营经济发展规划应该做到以下三个结合。

（1）必须与辽宁沿海经济带战略目标实现相结合。辽宁沿海经济带要成为东北亚航运中心、发展临港产业、振兴海洋经济、打造“世界级”石化产业基地。这些目标的实现，都需要辽宁沿海经济带民营经济的快速发展。而辽宁沿海经济带企业的发展必须紧紧围绕这个目标顺势而为。

（2）必须与国家发展民营经济的大局和方向相结合。党的十八大以来，国家一直坚持“两个毫不动摇”，强调给予民营经济公平的发展待遇。特别是习近平总书记在全国民营企业家座谈会上的讲话明确从减轻企业税费负担、解决民营企业融资难融资贵问题、营造公平竞争环境、完善政策执行方式、构建亲清新型政商关系、保护企业家人身和财产安全六个方面支持民营经济的发展，这对民营经济的发展提供了制度保证。

（3）必须与国企进一步深化改革相结合。国企进一步深化改革给民营企业发展带来历史性机遇。辽宁以国有经济见长，国有企业实施的混合所有制改革，必将给民营经济发展带来更多的机遇和更大的发展空间，辽宁沿海经济带的民营企业可以近水楼台，充分准备，积极融入国企改革之中。

2. 辽宁沿海经济带民营经济应形成自己独特的发展模式

费孝通曾指出，区域发展模式是指在一定地区、一定历史条件下，具有特色的经济发展的经济模式，在特定的地域范围内才具有意义，一旦越出区域发展模式就会改变。我国民营经济的发展已经出现了八种成功的模式，概括起来主要有苏南模式、温州模式、珠江模式、晋江模式、重庆模式、中关村模式、青浦模式、“三城”模式。每一种模式的产生都是区域经济发展的产物。每一种模式的产生，都与当地的经济基础、经济制度、政府调控密切相关。苏南模式是在集体所有制乡镇企业基础上发展而来的；温州模式是在个体和私营经济基础上发展而来的；珠江模式是在港澳地区和国外投资为主的外向型经济基础上发展而来的；晋江模式则是以县域经济“三为主”（即民营企业为主、外资企业为主、股份制企业为主）发展而来的；重庆模式则是国有企业与民营企业互为促进的发展模式；中关村模式是发展民营高科技企业的发展模式；青浦模式则是建立民营企业开发区的模式；“三城”模式则是在国有企业、集体企业改制基础上形成的股份制民营企业发展模式。

鉴于辽宁沿海经济带民营经济的发展情况及经济发展的特殊性，上述八种模式与沿海经济带直接有关的是“三城”模式，间接对沿海经济带民营经济发展起到借鉴作用的是苏南模式。温州模式可以借鉴的地方是以民本经济为本质、以市场经济为精髓、以实体经济为基石、以政府治理的有限、有为、有效为内核。珠江模式可以借鉴的是政府主导、外向经济、内外市场联动等。晋江模式可以借鉴的则是民营经济为主导、集群式发展、品牌建设、资本运作。重庆模式可借鉴的是国企改革与所有制改革的新模式——国、民携手共同振兴。中关村模式可借鉴的主要是民营高科技产业发展模式。青浦模式可以借鉴的是“政府搭台企业唱戏”。

因此，纵观以上可借鉴模式的特色和沿海经济带自身的经济基础，辽宁沿海经济带可以从中吸收适宜的元素，同时顺应全球化产业变革和贸易升级的趋势，以“一带一路”倡议为引领，充分发挥大连、营口自贸区的优势，形成一手抓产业发展，一手促贸易繁荣。在产业规划方面引领沿海经济带的民营企业抓住我国迈进全球产业链的中、高端环节的机遇，积极融入全球产业升级与分工之中，实现产业承接和全球连接。在贸易谋划方面，围绕贸易产业升级，从出口贸易（进口商品直销、汽车平行进口、跨境电子商务等）、服务贸易（包括维护和维修服务、文化旅游、金融服务等）、技术贸易等三个方面来整合发展经济带中的贸易企业，从而形成新型的、有辽宁特色的民营经济发展的“链、群模式”。以众多中小微企业作为服务主产业链的群企业，以支柱产业链企业为龙头，形成链群产业发展模式，这种模式将产业链与产业集群的优势结合起来，以多产业、业态的协同发展为依托，包括上下游企业核心企业形成链，服务企业围成群。

3. 提速民营产业发展，打造沿海经济带企业生态

依据丛林理论打造企业生态。产业组织创新发展到现在，概括起来大体经历了五个阶段：孤独的发明者（瓦特、爱迪生）、大企业实验室（贝尔实验室、IBM 实验中心）、独立的小企业（惠普、英特尔、微软）、商业模式创新（支付宝、摩拜单车），以及第五个阶段创新生态系统，这一阶段以淘宝、苹果、谷歌为代表，特点是社会化协作、平台 + 族群 + 个人、技术 + 产品 + 商业、全方位创新。发展辽宁沿海民营经济必须认识产业组织创新的新形势，通过嵌入式的方法尽快地实现辽宁民营经济发展新模式。每个地区的发展都离不开科学的发展定位，例如，硅谷为全球科技创新中心，特拉维夫为全球新经济策源地，中关村为中国经济引领者，深圳为全球经济新样本，贵阳为大数据综合试验区，武汉为世界级半导体基地，辽宁沿海经济带可以借助国企改革的契机，将自身打造成国企民企融合，大、中、小企业合作的企业新生态，迅速升级原有的辽宁沿海经济带产业空间布局规划，要围绕“两新一重”上项目、稳投资，新型基础设施要加快推进 5G 基站、大数据中心、人工智能、工业互联网等建设；要围绕辽宁沿海经济带产业发展过程中产业链不完整、链条短、大部分企业以加工和资源产业为主的特点，加快“补链强链固链延链”的计划统筹和督促实施工程；实施“链长制”，对区域产业链、行业产业链等各类产业链进行深入分析和认真研究，有针对性地引进产业，精准开展配套服务，补齐拉长产业链条，增强产业关联度，推动产业集聚发展、集群发展；应围绕“补短板强弱项”上项目稳投资，以大数据平台为支撑，加强公共卫生体系建设，推进社会治理创新，实现智能服务和精准管理，抓住疫情催生新产业、新业态、新模式，在辽宁沿海经济带布局一批科技含量高、符合未来发展方向的新项目，培育新的经济增长点、增长极。

同时还要具备工业 4.0 思维。工业 4.0 重点是跨界整合、虚实整合的系统，因此，在辽宁沿海经济带产业发展过程中不再以追求效率和低成本运营为企业发展的主要目标，通过以能够生产最适宜消费需求的产品为目标，应更重视与现实世界间的适应性，更重视民营经济的竞争能耗的形成。这项系统包括了复杂的大数据分析，实时掌握客户对需求的功能、时间、数量、质量、价格、服务和使用等反馈，这就要求构建辽宁沿海经济带产业生态圈、创建优异的系统平台。

4. 扩大政府扶持角度，助力民营经济发展

在振兴东北老工业基地的政策指引下，辽宁沿海经济带各城市在省政府的统一安排与指导下，一直在为产业结构转型进行政府规划和政策指引，产业结构的转型离不开民营经济的发展与壮大，而民营经济的发展更需要政府政策的扶持。近几年沿海经济带各地政府相继密集发布了多项做大做强民营经济的惠企政策，从减税、创新、产业扶持、融资多方面减轻民营企业负担，但发布的政策仍具有较强的行政主观性。未来，六市政府可以尝试从多角度扶持民营企业：一是加大资金技术直接扶持，如加大资金补贴、企业技术培训和技术进步奖励等；二是强化服务意识，政府不应作为直接审批和上项目的投资主体，应该更加注重市场信息发布和监管、公共管理和服务，从管理型政府向服务型政府转变，强化服务意识，改进服务方式，创新服务手段；三是加强产业引导，沿海经济带各地政府对民营经济的发展在整体上应有规划，根据国家的产业政策、本地资源优势和自身的特长制定本地区域民营经济发展的主要方向和最优模式，通过制订科学的发展计划，引导企业发展，并通过全民创业、改革转制等形式达到总量的做大，所谓“摊大招人”，也就是形成产业集聚效益，从而助力民营企业发展。

5. 建立沿海经济带云平台

笔者在调研过程中发现，获得沿海经济带民营经济资料很难，只能从不同的部门获得一些零散的资料，特别是新冠肺炎疫情发生后，研究者不能深入到企业、相关部门实地调研，资料的获得就更为艰难。而资料数据是研究者的研究基础，云平台的建立可以解决数据的问题，不仅可以让学者进一步深入分析辽宁沿海经济带的经济数据，提出更有针对性的良性发展建议，而且也可以让企业、官员都能通过数据的共享深入参与到沿海经济带民营经济的建设中来。建立辽宁沿海经济带云数据平台，一是可以让政府、企业、研究者之间实现信息共享、数据资源共享，更方便快捷地实现彼此间的无障碍沟通。二是让智慧远程服务、智慧结算等全覆盖沿海经济带各市县，从而打造互联网企业 + 政府 + 专家的服务新模式。三是对民营企业进行全覆盖系统升级改造，可以提升企业的信息化水平。这种扁平化的数据平台可以真正破除政府与企业、企业与企业、政府与专家、专家与企业之间的信息壁垒，全面统一业务入口，确保各部门、各系统之间互联互通和信息共享，从而实现远程业务协同与管理，提高资源链、产业链、价值链的运营效率，从而建构为民营经济提供更有序、更便捷、更高效的全方位的服务平台。

6. 创建适合未来需求侧的商业模式

适应和满足消费者选择多维性与需求多样性。依据“长尾理论”，消费单品数量减少，多样化需求拉长产业链条的柔性生产时代已经来临。要求企业不仅关注大众化产品的需求，小众化的商品更有市场。以往由供货商主导的态势已然改变，传统大量生产制造的方法已不适用，企业生产改为从需求出发、生产资源智能配置、需要有智能化生产流程并且进行从设计、生产到销售的供应链整合。在兼顾生产时效与成本等要求下，以人为主要生产力的形态也将改变，取而代之是可视化与感知、大数据分析与预测，以及自动化和行动等概念的导入。整合产业价值链，建立适应需求侧的数字经济商业模式。

综观全球生产制造迈向信息化、智能化，量化生产已进化为多元订制式量产服务模式，产业供应链加速垂直与水平数字化是今后竞争关键，企业领导者需要有领先数字化经济的愿景，能快速反应或预测市场需求，才是赢家。

（二）辽宁沿海经济带民营经济的发展路径

1. 精准施策遵循四个维度

辽宁沿海经济带民营企业发展路径可以简单概括为四个维度，主要包括识别、创新、质量、统筹。

第一，先识别，而后有对策。辽宁沿海经济带各市对民营企业可采取相应的扶强、帮困、育小、出清等多项措施。具体来讲，实施“扶强工程”，加大对领军型、高成长型企业的精准扶持。实施“帮困工程”，帮助那些有潜力的企业成为支撑企业（“群狼抱团”），以双创氛围和平台集聚企业，建立社群圈子；实施“育小工程”，发挥辽宁小微企业多的特点，聚沙成塔（“群蚁筑巢”），形成集群效应；实施“出清工程”，将那些没有存在价值的僵尸企业出清、转型，充分发挥资源重新配置的效应。

第二，有质量才有动力。辽宁沿海经济带促进民营产业发展不应再一味地关注“量”，而更应该聚焦“质”，只有产业质量提升了，金融的效率也会随之提升，整个经济发展就更有动力。

第三，有创新才有活力。辽宁沿海经济带各市政府可从精准度、政策、融资、服务、环境等几个方面提升对民营企业的服务水平，加强企业分类帮扶、强化行动保障等多项措施。招商引资应以培育创新创业生态为主，将沿海经济带民营企业通过产业群、链整合起来，形成新的企业生态，利用沿海经济带空间，实现区域内企业的融合发展。

2. 总规划、专项规划先行

凡事预则立，不预则废。新中国成立后，我国已经实施了13个五年规划。2021年是第十四个五年规划开局之年。规划是指导工作的纲领性文件。规划的制定是通过科学审慎的思考，反复的推演论证得来的，它来源于现实的需要，有为解决现实问题提供完整的思路，既是未来的发展方向又是人们共同的愿景。辽宁沿海经济带民营经济发展需要一个中长期发展规划和支撑总规划的专项规划。例如，产业链规划，协同发展规划、打造辽宁民营经济发展模式规划，建构需求侧商业模式规划，构建辽宁沿海经济带民营经济发展云平台规划，等等。专业规划是总规划的细化和分解，是总规划实现的保证。总规划是专业规划的引领。因此发展辽宁沿海经济带民营经济，就必须规划先行。

3. 政策、措施跟进

无论是总规划和专项规划都必须具体实施才能实现目标。在实现规划目标的过程中，没有相关政策、措施的跟进，是没有办法实现的。政策对规划的完成具有保证作用和权威作用。从某种意义上说，规划也是政策的体现。二者互相支撑，共同促进和完善，有了政策措施，在规划实施的过程中，很多复杂的问题、复杂的形式、出现的困难，都有政策依循、政策支持，规划实施起来才能有保障，才能顺利进行。

4. 体制、机制助力

体制，通常指体制制度，是制度形之于外的具体表现和实施形式，是管理经济、政治、文化等社会生活各个方面事务的规范体系。机制，通常指制度机制，机制是从属于制度的。机制通过制度系统内部组成要素按照一定方式的相互作用实现其特定的功能。制度机制运行规则都是人为设定的，具有强烈的社会性，如竞争机制、市场机制、激励机制等。我国政治体制与管理机制的创新，为民营经济的发展提供了前所未有的发展环境，在体制机制创新的过程中，为民营经济增添了无穷的活力，促使我国民营经济发展进入了快车道。体制机制的创新，为辽宁民营经济提速，按下了快捷键。

5. 法律、法规保障

党的十八大提出要“科学立法、严格执法、公正司法、全民守法”。此后，习近平总书记在多次重要讲话中对此做出强调。有学者认为，这是中国新时期依法治国的“新十六字方针”，也是法治中国建设的衡量标准。中国要建立社会主义市场经济，社会主义市场经济就是法治经济。民营经济的发展离不开法律法规的保障。《中华人民共和国民法典》的施行，对于民营经济的发展来说意义至关重大，给广大的民营企业家吃了定心丸。因而辽宁沿海经济带民营经济的发展离不开相关法律法规的保障。

6. 目标、管理细化

目标管理是现代管理的重要方式。每个规划都有目标，而每一个最终目标的实现都是一个个小目标实现的累加。目标实现是一个渐进的过程，因此目标细化管理细化至关重要。辽宁沿海经济带民营经济的发展既有阶段性的小目标，又有中长期的大目标。所以实行项目督查制、产业链长制、平台台长制、专员负责制，都是目标细化、管理细化的具体方法。

7. 模式创新，扁平调控，协同推进，平台服务

随着数字经济、云平台的创建和发展，管理扁平化已经成为一个大趋势，辽宁沿海经济带民营经济发展创新模式—群链模式，就是实现扁平管理的模式，是协同推进的具体化，是充分利用大数据和平台的创新发展模式。这一模式有利于提升小微企业的科技实力，有助于形成、再造产业链和价值链，有助于形成绿色企业生态，是丛林理论在民营经济群链发展中的具体运用。

附录1　中共辽宁省委　辽宁省人民政府关于营造更好发展环境支持民营企业改革发展的实施意见

（辽政办发〔2019〕30号）

为认真贯彻落实《中共中央、国务院关于营造更好发展环境支持民营企业改革发展的意见》（中发〔2019〕49号）精神，进一步激活民营企业活力和创造力，推动民营企业改革创新、转型升级、健康发展，助力新时代辽宁全面振兴、全方位振兴，结合辽宁实际，现提出如下实施意见。

一、优化公平竞争的市场环境

（一）保障民营企业平等地位。把平等保护作为服务民营企业发展的重要着力点，依法保护各类市场主体，坚持各类市场主体诉讼地位平等、法律适用平等、法律责任平等。切实保障民营企业使用资源要素的平等权利。坚定不移支持民营企业发展，在政策执行上一视同仁，以公平法治宽松的政策环境赋能民营企业。在市场竞争中平等对待，尤其要在市场准入、产业发展、招商引资、融资信贷、招标投标、政府采购、军民融合等方面，为民营企业打造公开公平公正的市场竞争环境。在各类评选表彰活动中，平等对待优秀民营企业和企业家。

（二）深化“放管服”改革。深入推进“多证合一”“证照分离”，对全部涉企经营许可事项实行清单管理。深入推进企业注册全程电子化。持续推进“照后减证”，分类推进审批制度改革，优化审批流程，清理精简行政许可等审批事项，规范行政审批行为。优化完善全省一体化在线政务服务平台，加强“辽事通”App建设，到2022年底前，全省范围内政务服务事项基本做到标准统一、整体联动、业务协同，全面实现政务服务“一网通办”。

（三）严格执行负面清单制度。全面落实市场准入负面清单制度，负面清单以外的行业、领域、业务等，各类市场主体皆可依法平等进入。按照“全国一张清单”管理要求，进一步梳理辽宁禁止和限制投资经营的相应管理措施。全面排查和清理各类违规制定的负面清单，着力破除市场准入显性和隐性壁垒，推动“非禁即入”的普遍落实。

（四）放宽民营企业市场准入。规范有序推广政府和社会资本合作模式（PPP），对项目收入无法覆盖成本和收益，但社会效益较好的 PPP 项目，同级财政部门可按规定适当增加支持和保障。支持民营企业依法参与盘活政府性存量资产。全面放开辽宁省经营性电力用户市场准入，除不符合国家产业政策、产品和工艺在《产业结构调整指导目录》中列为淘汰类外，辽宁省经营性电力用户均不受电压等级和年用电量限制，申请并参与电力市场化交易。允许符合条件的民营企业自建电力设施。取消电力容量恢复使用检测费。延伸电网投资界面，降低省级及以上园区、电能替代、电动汽车充电桩项目办电成本 30%。大中型民营企业接电时长压减至 80 天，小微民营企业接电时长压减至 25 天。支持民营企业参与电力、石油等重点行业和领域的关联产业、增值服务、配套工业、设备采购、服务购买等。

（五）拓展民间资本投资领域。鼓励民间资本进入可实行市场化运作的领域，支持民营企业参与综合客运枢纽、港口码头、航空航道、水利设施、公共交通、污水处理、市政公用等基础设施建设。充分发挥经济布局、区域布局、产业布局等优势，按年度分批次推出高质量项目，吸引民间资本进入高端装备、智能制造、生物科技等新兴产业，激发投资活力。对民营企业投资教育、卫生、养老等社会事业在土地使用、用水用电、税费征收等方面与政府投资项目同等待遇。创新“军转民”“民参军”政策机制，完善“民参军”激励政策，依据国家有关规定，支持具备条件的民营企业参与军民融合发展。

（六）加快信用信息共享利用机制建设。利用辽宁省信用信息共享交换平台，依托国家企业信用信息公示系统，完善涉企信息归集共享机制，推动跨部门涉企信息整合公示。贯彻落实国家发展改革委关于进一步完善“信用中国”网站及地方信用门户网站行政处罚信用信息修复机制，协同开展“信用中国”网站行政处罚信息信用修复工作等要求，开通省市级行政处罚协同修复系统，开展全省行政处罚信用信息修复工作。

（七）健全完善市场监管制度。创新监管方式，寓监管于服务之中。建立健全以“双随机、一公开”监管为基本手段、以重点监管为补充、以信用监管为基础的事中事后监管新机制。与国家“互联网＋监管”系统纵向对接，建设全省一体化市场监管平台。细化明确行政执法程序，规范执法自由裁量权，严格规范公正文明执法。加强优化营商环境涉及的政府规章、行政规范性文件备案审查。深入推行行政执法公示制度、执法全过程记录制度、重大执法决定法制审核制度“三项制度”，规范行政执法行为。动态管理行政审批中介服务事项清单和评审事项清单，规范行政审批中介服务行为。重点发挥检察建议作用，促进完善监管制度，健全公平统一的市场监管制度。

（八）强化公平竞争审查制度。严格落实公平竞争审查制度，准确把握公平竞争审查的原则、范围、方式、标准和工作要求。坚持存量清理和增量审查并重，持续清理和废除妨碍统一市场和公平竞争的规定和做法。按照“谁制定、谁清理”原则，逐项清理已出台的地方性法规、政府规章、行政规范性文件和政策措施，全面清理与企业性质挂钩的行业准入、资质标准、产业补贴等规定和做法。推进产业政策由差异化、选择性向普惠化、功能性转变。严格审查新出台的政策措施，并引入第三方机构评估公平竞争审查制度落实情况。依托 12315 投诉举报平台，及时受理有违公平竞争问题的投诉举报，并及时向社会公布处理情况。

（九）破除招标投标隐性壁垒。除法律法规明确禁止和限制准入的行业和领域外，一律向民间资本开放，不得以行政规范性文件、会议纪要等形式设置附加条件、歧视性条款和准入门槛。对具备相应行业资质的民营企业参与政府主导重大建设项目，要根据项目具体特点和实际需要合理设置招标条件，不得设置与业务能力无关的企业规模门槛和明显超过招标项目要求的业绩门槛等。加快推进电子化招标平台体系建设。依托电子招标投标系统，强化事中事后和信用管理，推动构建行政监督、行业自律和社会监督相结合的综合监管体系，提高监管效能。积极完善“互联网＋”招标采购交易系统以及市场交易信息一体化共享服务体系，提高招标投标效率和透明度。严格执行政府采购法及其实施条例，执行好政府采购监管与信息公开制度，依法依规处理以不合理条件对供应商实行差别待遇或歧视待遇的行为。

二、完善精准有效的政策环境

（十）切实减轻企业税费负担。严格落实国家税收优惠政策，加强政策宣传辅导，提升纳税服务水平，确保降低增值税税率、小微企业普惠性税收减免、研发费用加计扣除、降低社保费率等政策惠及每个市场主体，做到实质性降低民营企业税费负担。严格规范税收执法，优化执法方式，既要以最严格的标准防范逃避税，又要避免因为不当征税影响企业正常运行。围绕社会关注的重点领域和重点行业，组织开展行政事业性收费整治工作，治理政府部门向管理服务对象转嫁成本等突出问题。组织开展相关公共服务行业价格收费监督检查工作，切实降低民营企业成本费用。编制涉企行政事业性收费和政府性基金目录清单。加强非税收入项目库建设，从源头防范违规收费行为。支持民营企业采用银行保函方式缴纳投标保证金、履约保证金、工程质量保证金或农民工工资保证金。

（十一）支持金融机构健康发展。引导辖内金融机构积极落实国家产业政策，支持发展以中小微民营企业为主要服务对象的中小金融机构。按照《全省金融机构支持民营企业发展奖励办法》规定，对各领域金融机构支持民营企业发展情况进行评价，对符合条件的金融机构给予奖励。灵活运用奖励资金，发挥资金最大效用，引导金融机构加大对民营中小微企业信贷投放。鼓励有条件的地区对引进或新设金融机构总部、区域性管理总部，新设股权投资机构、金融科技企业、科技融资担保公司，服务民营企业、小微企业等贡献突出的金融机构，以及其他促进金融业发展的领域和项目，按规定分别给予资金奖励或补助。鼓励融资担保机构为民营企业提供担保服务，探索在有条件的地区建立融资担保机构保费补偿机制。

（十二）构建良好政银企关系。继续坚持并完善政银企双月座谈会机制，帮助金融机构与企业面对面沟通、直接提供融资服务，促进信贷资金精准落实。借助互联网、大数据、云计算等现代信息技术手段，延伸服务半径，拓展服务纬度，降低交易成本，构建中长期银企关系。

（十三）全力缓解民营企业融资难题。健全授信尽职免责机制，引导辖内银行机构强化风险管理能力建设，明确尽职免责标准、完善工作办法和流程，厘清内部责任部门和岗位职责。结合授信业务风险溢价状况，配套设定合理的民营企业、小微企业不良容忍度。可根据自身风险偏好、风险管理水平和各地区经济金融环境，对不同地区的分支机构设置差异化的不良容忍度目标。鼓励银行机构加大续贷政策落实力度，提前主动对接企业续贷需求，加强续贷产品开发和推广，简化办理流程，合理提高民营企业、小微企业续贷业务比重，实现无风险企业“无缝对接”。鼓励银行机构行业内多形式合作，分领域、分区域、分行业制定信贷计划，创新金融产品，合理设置贷款期限，降低民营企业、小微企业综合融资成本。

（十四）支持民营企业直接融资。按照《辽宁省人民政府办公厅关于进一步支持企业上市发展的意见》（辽政办发〔2019〕29号）规定，对通过资本市场上市、新三板挂牌和股权融资的企业给予资金扶持。鼓励区域股权市场联合证券交易所合作建立企业挂牌上市培育基地。鼓励并支持省内符合条件的民营企业有效利用发行企业债券和资产证券化产品，通过证券交易所成功发行公司债、双创债、资产证券化产品等实现债券融资的最高给予500万元补助。针对有发债潜质、发债意愿、参与风险缓释工具产品发行的企业，做好政策辅导和发债准备。

（十五）不断增强化解风险的能力。充分发挥省产业（创业）投资引导基金作用，争取国家新兴产业创业投资引导基金等国家级基金支持，引导和聚集各类资金投资省内企业，纾解企业流动性风险，提高企业对接多层次资本市场能力。鼓励通过债务重组等方式合力化解股票质押风险。支持民营企业通过债转股改变债务结构，积极吸引社会力量参与民营企业债转股。

（十六）拓宽抵质押担保范围。鼓励金融机构依托产业链核心企业信用优势，为上下游企业提供订单融资、应收应付账款融资。有效利用中征应收账款融资服务平台，民营企业、中小企业以应收账款申请担保融资的，国家机关、事业单位和大型企业等应付款方要及时确认债权债务关系。推进抵质押登记全程电子化，通过“在线申请、在线审核、在线公示”一次办结。对政府确定的重大项目和应急信贷需求，可提供专项担保，信贷资金实行封闭运行。加快知识产权交易平台以及农村产权综合交易中心、评估中心、登记服务中心建设，为金融机构提供产权抵质押贷款评估、处置变现等服务。

（十七）加快完善融资担保体系。发挥省担保集团作用，加快建设全省再担保体系，为民营企业提供高水平增信服务。以科技融资担保公司为载体，银担分险为基础，推行“科技担”产品。积极争取国家政策支持及风险补偿，为民营企业提供更加精准有效的再担保服务。积极推广政府采购订单融资担保模式，打通民营企业融资通道。加快农业信贷担保公司在县乡布局，构建全省农业信贷担保体系。鼓励保险公司开展信贷保证保险业务，提供“信贷＋保险”等增信服务。各市可结合实际设立贷款或担保风险补偿专项资金，重点为小微企业首贷、信用贷、续贷等提供增信服务，或用于担保机构风险补偿，提高担保机构持续经营能力。

（十八）创新金融产品工具。推动金融机构争取总部新产品、新工具优先在辽宁市场探索、应用和推广，系统内各项试点优先在辽宁实施。鼓励金融机构开发个性化、差异化、定制化金融产品，构建更加专业化、多样化的金融服务模式。鼓励金融机构将法律法规不禁止、产权归属清晰的各类不动产、动产、知识产权和其他财产权利作为贷款抵质押物为企业提供融资，减轻对传统抵押担保的过度依赖。

（十九）建立清理和防止拖欠长效机制。全省各级政府、各国有企业要切实履行主体责任，分类施策精准清欠，制定详细偿还措施和办法，依法履行与民营企业、中小企业签订的协议和合同，未经被拖欠单位同意，不得以商业承兑汇票等非货币形式支付拖欠账款，变相延长付款期限。规范政府诚信行为，严格履行政府投资合同约定，不准新增拖欠政府类投资项目工程款。对已经发生拖欠的政府类投资项目工程款，拖欠主体要针对拖欠的款项，与被拖欠主体签订书面还款协议，制订还款计划，并落实还款资金来源，按照国务院清理拖欠账款有关规定和进度分期分批办理。国有企业要加大应收账款追偿力度，积极处置盘活存量资产，打通多种渠道，积极筹措资金，确保及时完成清欠任务。审计机关要依法加强对以政府投资为主的公共工程建设项目的审计监督。提高政府部门和国有企业拖欠失信成本，对拖欠民营企业、中小企业款项的责任人严肃问责。

三、健全平等保护的法治环境

（二十）完善对民营企业执法司法的平等保护机制。严厉打击侵害民营企业利益的违法犯罪活动，加大涉民营企业矛盾化解力度。审判机关对需要立即返还、保障企业正常生产经营活动的执行案件，要依法优先执行；对涉及企业的重大复杂执行案件，要依法实行指定执行、交叉执行、联合执行和提级执行，提高执行效率，保障企业合法权益及时实现。健全完善公安机关服务民营企业机制，在法律允许范围内，尽可能为企业排忧解难，保障企业正常生产经营。纪检监察机关要规范查办涉民营企业案件，保障经营者合法的人身和财产权益，保障企业合法经营，注重维护民营企业声誉，完善澄清正名机制。积极推动健全知识产权侵权惩罚性赔偿制度，完善诉讼证据规则、证据披露以及证据妨碍排除规则。

（二十一）保护民营企业和企业家合法财产。严格按照法定程序采取查封、扣押、冻结等措施，依法严格区分违法所得、其他涉案财产与合法财产，严格区分企业法人财产与股东个人财产，严格区分涉案人员个人财产与家庭成员财产。加强对涉民营企业案件的法律监督，持续甄别纠正侵犯民营企业和企业家人身财产权的冤错案件。依法严厉打击各类破坏民营企业生产经营和正常管理秩序的犯罪行为，全面加强对侦查机关办理侵犯企业权益犯罪案件的立案监督。建立涉政府产权纠纷治理长效机制。

四、鼓励引导民营企业改革创新

（二十二）引导民营企业深化改革。鼓励有条件的民营企业加快建立治理结构合理、股东行为规范、内部约束有效、运行高效灵活的现代企业制度。开展民营企业经营管理人员培训，推动民营企业建立现代企业制度示范工作。鼓励民营企业制定规范的公司章程，完善公司股东会、董事会、监事会等制度，明确各自职权以及议事规则。结合民营企业质量品牌发展实际，开展相关业务培训，提高民营企业质量管理水平。树立质量标杆，加大质量品牌培育和宣传力度，帮助民营企业提升质量品牌建设意识。

（二十三）支持民营企业科技创新。支持民营企业承担或参与国家及省重大科技专项、重点研发计划等科技计划项目，把民营企业重大技术需求纳入重大专项、重点研发计划指南，在项目评审、预算评估、结题验收等环节更多吸收民营企业管理专家和技术专家参与。实施科技成果转化后补助奖励政策，支持民营企业加快科技成果落地转化。全省各级政府组织实施科技创新、技术转化等项目时，要平等对待不同所有制企业。推动重大科研基础设施、重大科研仪器设备等科技资源向民营企业开放共享。在标准制定、复审过程中保障民营企业平等参与。

（二十四）支持民营企业人才发展。深入实施“兴辽英才计划”，支持民营企业人才创新创业。适时扩大兴辽英才科技发展创业投资基金规模，为符合基金投资的企业或重点人才提供金融服务。探索企业引才引智奖补办法，充分发挥企业用人主体作用。支持有条件的民营企业建立博士后工作站、院士专家工作站、学会服务站，吸引院士专家、优秀博士到企业从事科技成果转化和科技创新活动。大力支持科技创新人才双向流动，允许科技创新人才及其团队在科研院所和民营企业间双向兼职流动。鼓励并支持民营企业引进海外高端人才，为办理工作许可提供便利，建立“海智专家工作站”。

（二十五）整合资金政策支持企业加快转型升级。按照政府导向和市场化运作原则，多渠道筹措资金。按照渠道不乱、用途不变、各司其职原则，统筹整合现有财政政策以及资金，加大资金投入力度，创新资金使用方式，加快中小企业公共服务体系和融资服务体系建设，促进和带动社会资本支持民营企业（中小企业），引导民营企业（中小企业）创新创业，因地制宜聚焦主业加快转型升级。

（二十六）鼓励支持民营企业优化重组。完善重组企业信用修复机制及市场主体退出责任人信用记录机制。坚持市场化方式，鼓励省属企业和民营企业开展战略性新兴产业投资合作，逐步扩大民营企业参与国有企业混合所有制改革的开放度。实施“专精特新”工程，鼓励引导中小企业走“专精特新”发展之路。深入推进企业注销便利化，完善企业注销“一网服务”功能和简易注销制度，更加方便企业退出。

（二十七）推进民营企业参与国家重大战略。积极推进民营企业对外合作项目，择优纳入辽宁“一带一路”综合试验区项目库。为民营企业“走出去”提供融资、融智等专项服务。组织民营企业参与境内外重点经贸投资活动，为民营企业参与共建“一带一路”搭建平台。发挥集聚优势，加快“一带一路”沿线境外经贸合作区建设。有针对性地开展对京津冀、长江经济带、粤港澳大湾区招商引资工作，推动上述地区企业在辽宁投资。积极组织民营企业参与江苏省、北京市、上海市等地对口经贸合作，积极参与乡村振兴战略。在重大规划、重大项目、重大工程、重大活动中积极吸引民营企业参与。

五、促进民营企业规范健康发展

（二十八）营造“实干兴邦、实业报国”社会氛围。开展“实干兴邦、实业报国”宣传教育系列活动，利用媒体平台，全方位、多角度宣传聚焦实业、做精主业、不断提升发展质量的民营企业典型。讲好民营企业“实干兴邦、实业报国”的故事。深化中国梦宣传教育，引导民营企业以产业报国、实业强国为己任。

（二十九）弘扬工匠精神。大力开展“辽宁工匠”选树奖励活动。鼓励民营企业建立优秀工匠奖励制度和设首席工匠制度，支持工匠技师达到一定比例的民营企业申报国家级高技能人才培训基地。支持民营企业家不断追求卓越，积极参与科技创新政策、规划、计划、标准制定和立项评估等工作。支持民营企业家争创一流。

（三十）弘扬企业家精神。提高民营企业家在劳动模范、“五一劳动奖章”和“青年五四奖章”评选中的比例。发挥优秀民营企业家示范带动作用，开展优秀民营企业家精神和优秀民营企业文化专题研究，加强企业文化建设的交流与互动，总结宣传品牌企业文化。开展青年民营企业家服务振兴当先锋活动，有效发挥典型引领和示范带动作用。

（三十一）推动民营企业自觉守法合规经营。引导民营企业家增强依法合规经营自觉性，强化诚信意识，主动抵制违法行为，在遵纪守法方面争做社会表率；增强履行法律义务意识，自觉履行安全生产、环境保护、产品质量、检验检测、社保缴纳等法律义务。着力提升法律服务质量，组织律师对全省民营企业开展全方位服务。制定法制宣传计划，开展支持民营企业发展的方针政策和法律知识普及活动。深入开展“诚信守法企业”创建活动，增强企业管理者和企业职工依法经营、依法管理、依法维权意识。

（三十二）引导民营企业诚信建设履行社会责任。在民营企业中广泛推进诚信建设，引导民营企业重信誉、守信用、讲信义、及时履行年报信息公示义务。印发《辽宁省开展消费扶贫助力打赢脱贫攻坚战行动方案》，鼓励民营企业消费贫困地区产品和服务，推进贫困地区加快发展。将产业援助纳入“十四五”援疆援藏综合规划和《辽宁省贯彻落实第七次全国对口支援新疆工作会议精神推动援疆重点工作的分工方案》，引导民营企业与受援（帮扶）地区开展产业合作，鼓励“以购代捐”“以买代帮”等方式采购受援地区产品和服务。

（三十三）鼓励民营企业投身公益事业。推动新时代学雷锋常态化和志愿服务制度化，鼓励引导民营企业及企业家积极参与社会公益、慈善事业，强化社会责任意识。深入开展民营经济代表人士理想信念教育实践活动，团结引导广大民营经济人士积极投身“光彩事业”活动和“千企联千村，同走致富路”精准扶贫活动。

（三十四）引导民营企业家健康成长。引导民营企业家加强自我学习、自我教育、自我提升，珍视自身社会形象，热爱祖国、热爱人民、热爱中国共产党，把守法诚信作为安身立命之本，积极践行社会主义核心价值观。支持高校、科研院所与行业协会商会、知名企业合作，搭建企业家学习交流平台。把年轻民营企业家队伍建设纳入全省人才队伍总体规划。引导新生代民营企业家继承发扬老一代企业家的创业精神和优良传统，艰苦奋斗、坚守实业，做政治上有方向、经营上有本事、责任上有担当、文化上有内涵、有创新创业活力的高素质企业家。

六、构建亲清新型政商关系

（三十五）畅通政企沟通渠道。制定政商交往负面清单，规范政商交往行为。建立党政领导干部联系民营企业帮扶常态化机制，健全省市县三级党政主要负责同志与民营企业家协商机制。鼓励行业协会商会在参与政府决策、第三方评估、招商引资、承接政府公共服务和参政议政等方面发挥作用。发挥民营企业家向省委、省政府直接提出意见建议的直通车制度作用，推动政企良性互动。支持优秀民营企业家在群团组织中兼职。

（三十六）完善涉企政策制定和执行机制。制定涉及企业重大权益的地方性法规、政府规章和行政规范性文件时，要通过座谈、听证等形式充分听取企业和行业协会、商会等社会组织的意见建议。依法做出的规划、行政决定等不得随意改变，保持政策的连续和稳定。完善涉企政策调整程序，根据实际设置合理过渡期，给企业留出必要的适应调整时间。政策执行要坚持实事求是，不搞“一刀切”。

（三十七）增强政府服务意识和能力。严格按照国家及省市县同一政务服务事项名称相同、编码相同、类型相同、设定依据相同的“四级四同”要求，坚持依法确权、简政放权和实事求是原则，编制省政务服务事项目录。发挥辽宁小微企业名录系统作用，打造服务民营企业发展数据平台。全面实行政务服务和公共服务“马上办、网上办、就近办、一次办”。提高网上办理比例，推动一般事项不见面、复杂事项一次办，方便企业和公众办事创业。增强精准服务意识，提升有效服务水平，建立政务服务“好差评”制度。建立健全项目管家制度，及时协调并帮助解决项目报批、建设和生产经营中的相关问题。

（三十八）建立政府诚信履约机制。履行与市场主体签订的有效合同，不得以政府换届、相关责任人变化或当地政府政策调整等为由不履行、不兑现，或迟延履行、迟延兑现。因政府和有关部门责任导致有效合同不能履行、承诺的合法优惠条件不能兑现，给市场主体造成损失的，要依法予以赔偿；因国家利益、公共利益或其他法定事由需要改变规划、行政决定以及合同约定、承诺的合法优惠条件的，要依照法定权限和程序进行，给市场主体造成损失的，要依法予以相应补偿。逐步归集政府及其部门和公务员失信行为，并纳入失信记录。

七、组织保障

（三十九）建立健全民营企业党建工作机制。坚持党对支持民营企业改革发展工作的领导，增强“四个意识”，坚定“四个自信”，做到“两个维护”，教育引导民营企业和企业家拥护党的领导，支持企业党建工作。指导民营企业设立党组织，积极探索创新党建工作方式，围绕宣传贯彻党的路线方针政策、团结凝聚职工群众、维护各方合法权益、建设先进企业文化、促进企业健康发展等开展工作，充分发挥党组织的战斗堡垒作用和党员的先锋模范作用，努力提升民营企业党的组织和工作覆盖质量。

（四十）发挥促进民营经济发展工作机制作用。充分发挥省促进民营经济（中小企业）发展领导小组的综合协调作用，积极推进民营经济体制与机制创新。加强民营经济统计监测和分析工作，加快建立民营经济（中小企业）发展情况定期信息通报机制。健全完善政府、社会和企业等多元化民营企业和中小企业人才培训投入机制。

（四十一）健全舆论引导和示范引领工作机制。加强舆论引导，主动讲好民营企业和企业家故事，坚决抵制、及时批驳澄清质疑社会主义基本经济制度、否定民营经济的错误言论。定期举办辽宁民营企业100强发布会，发挥示范引领作用，激发民营企业家创新创业热情，促进民营企业家在推进辽宁全面振兴、全方位振兴中担当新使命、展现新作为。

各地区要根据本实施意见研究制定具体措施，认真抓好贯彻落实。省政府将对本实施意见的具体落实情况开展工作督查。

附录2　辽宁省应对新型冠状病毒感染的肺炎疫情 支持中小企业生产经营若干政策措施

（辽政发〔2020〕6号）

为深入贯彻习近平总书记关于坚决打赢疫情防控阻击战的重要指示精神，全面落实党中央、国务院关于疫情防控的决策部署，积极发挥中小企业在疫情防控中的重要作用，支持中小企业保经营、稳发展，特制定如下政策。

一、严格开复工管理

（一）全力支持和组织推动企业复工复产。全省行政区域内涉及保障城市运行和企业生产必需、疫情防控必需、群众生活必需及其他涉及重要国计民生的相关企业，要确保正常开工开业。按照省政府的开复工时间及相关要求，重大项目、重大工程能复工的尽快复工，具备开工条件的抓紧组织开工，确保疫情防控与经济发展两不误。（责任单位：各市政府）

（二）做好企业复工生产疫情防控。把疫情防控工作作为当前最重要的工作来抓，按照回来前有准备、回途中有秩序、回来后有制度“三个有”和“防输入、防扩散、防输出”的原则，坚持有序放开受控，扎实做好企业有序复工工作，确保企业平稳过渡，逐步恢复正常生产经营秩序。（责任单位：各市政府，省卫生健康委）

（三）建立企业应对疫情复工复产帮扶机制。通过8890热线、省中小企业公共服务平台网络等方式，按照属地化原则，及时协调解决中小企业复工复产困难和问题。对重大事项，按照“特事特办”“急事急办”原则，简化流程、快审快批。对企业多生产的重点医疗防控物资，全部由政府兜底采购收储。（责任单位：各市政府，省发展改革委、省工业和信息化厅、

省财政厅、省应急厅、省卫生健康委、省营商局）

二、加大财政金融支持

（四）对疫情防控重点保障企业贷款给予财政贴息支持。对国家确定的疫情防控重点保障企业2020年新增的企业贷款，中央财政按人民银行再贷款利率的50%给予贴息，省财政再给予25%的贴息，贴息期限不超过1年；对省确定的疫情防控重点保障企业，省财政按人民银行再贷款利率75%给予贴息，贴息期限不超过1年，确保企业贷款利率低于1.6%。贴息资金从省普惠金融发展专项资金中安排。（责任单位：省财政厅、省发展改革委、省工业和信息化厅）

（五）充分发挥融资担保和再担保作用。疫情防控期间，对疫情防控重点保障企业和受疫情影响较大的小微企业、“三农”企业，鼓励各级政府性融资担保机构降低担保费率至1%及以下，各级财政部门对担保机构给予一定的保费补贴；省担保集团可提供直接融资担保业务，免收担保费；对已纳入全省再担保体系的再担保合作机构，合作有效期均无条件延长至疫情解除日，可不受再担保合作授信额度限制，根据实际发生申报备案及代偿，将省级风险补偿比例由20%提升至40%。（责任单位：省财政厅、省担保集团、省农业担保公司，各市政府）

（六）有效发挥应急转贷资金作用。用好省担保集团3亿元应急转贷资金，对疫情防控重点保障企业和受疫情影响较大的企业，在紧急资金需求时，积极为其提供应急转贷资金，开通应急转贷服务受理快速审批绿色通道，适当延长单笔业务使用期限，积极协调银行缩短贷款审批时间，实行转贷费用优惠费率。（责任单位：省财政厅、省担保集团）

（七）加大对个人和企业创业担保贷款贴息支持力度。对已发放的个人创业担保贷款，借款人患新型冠状病毒感染肺炎的，可向贷款银行申请展期还款，展期期限原则上不超过1年，财政部门继续给予贴息支持；对受疫情影响暂时失去收入来源的个人和小微企业，各级财政部门要会同有关方面在其申请创业担保贷款时优先给予支持。（责任单位：省财政厅、省人力资源社会保障厅、省农业农村厅、省金融监管局、省林草局、省妇联、人民银行沈阳分行等）

（八）加大重点企业固定资产投资。利用辽宁沿海经济带建设补助资金、支持辽西北产业发展专项资金、支持“飞地经济”发展专项资金优先支持区域内疫情防控物资（医用口罩、医用防护服、医用护目镜、医用手套、医用酒精、消毒液等）生产企业新增固定资产投资项目建设，可适当提高固定资产投资补助比例。坚持特事特办，实行“容缺审批”，项目可先开工建设、后续补充完善相关手续。立项、规划、土地、环评、招投标、施工许可等审批部门要加快推行网上审批，启动“不见面”在线办理。（责任单位：省发展改革委、省自然资源厅、省住房城乡建设厅、省生态环境厅）

（九）妥善解决困难企业融资问题。对有发展前景但受疫情影响暂遇困难的企业，特别是小微企业，金融机构不能盲目抽贷、断贷、压贷，通过展期、无还本续贷、贷款期限和结构重组、增加信用贷款等方式维持企业融资规模稳定，必要时增加资金支持。金融机构要适当下调小微企业贷款利率，减轻企业财务负担。对受疫情影响在股票质押、公司债兑付、信息披露等方面遇到困难的企业，要指导其用好中国证监会及交易所相关政策，通过适当展期、发新还旧和延期披露等方式，化解流动性危机，渡过难关。（责任单位：省金融监管局、人民银行沈阳分行、辽宁银保监局、辽宁证监局）

（十）加强政银企融资对接。各地卫生健康、发展改革、工业和信息化、金融监管、人民银行等部门要建立沟通协调机制，促进政银企对接。对生产、运输和销售应对疫情使用的医用防护服、医用口罩、医用护目镜、新型冠状病毒检测试剂盒、负压救护车、消毒机、84 消毒液、红外测温仪和相关药品等重要医用物资，以及重要生活物资的骨干企业实行名单制管理和信息共享制度，充分利用信用信息平台等线上方式加强政银企融资对接。（责任单位：省发展改革委、省工业和信息化厅、省卫生健康委、省金融监管局、人民银行沈阳分行、辽宁银保监局）

（十一）发挥信贷资金引导作用。发挥国家开发银行、农业发展银行、进出口银行、出口信用保险公司等政策性银行“国家队”作用，全力满足疫情防控融资需求。设立肺炎疫情防控应急贷款资金，加快落实首批 20 亿元贷款额度，专项用于辽宁省范围内的医疗救助、物资采购、应急设备购置等与疾病治疗和疫情防控相关的用途，由国家开发银行辽宁省分行按照

现行监管要求完成资金支付。（责任单位：省国资委、国家开发银行辽宁省分行）

三、减轻企业负担

（十二）缓缴社会保险费。对受疫情影响，面临暂时性生产经营困难，确实无力足额缴纳社会保险费的中小企业，按规定经批准后，将1月、2月应缴社会保险费征收期延长至3月底。对旅游、住宿、餐饮、会展、商贸流通、交通运输、教育培训、文艺演出、影视剧院、冰雪体育等受损严重行业企业，经相关行业主管部门确认，可将疫情影响期间应缴社会保险费征收期延长至6月底。缓缴期间免征滞纳金。缓缴期满后，企业足额补缴缓缴的社会保险费，不影响参保人员个人权益。（责任单位：省人力资源社会保障厅、省财政厅、省税务局）

（十三）实施援企稳岗政策。对符合条件的不裁员或少裁员的参保企业，返还其上年度实际缴纳失业保险费的50%。对符合条件的面临暂时性生产经营困难且恢复有望、坚持不裁员少裁员的参保企业，进行“经营困难且恢复有望企业稳岗返还”，返还标准可按6个月的当地月人均失业保险金和参保职工人数确定，或按6个月的企业及其职工应缴纳社会保险费50%的标准确定。政策执行期限按照国家规定执行。（责任单位：省人力资源社会保障厅）

（十四）减免中小企业税费。因疫情原因导致企业发生重大损失，正常生产经营活动受到重大影响，缴纳房产税、城镇土地使用税确有困难的，可申请房产税、城镇土地使用税减半征收。自1月1日起，暂对防控重点物资生产企业扩大产能购置设备允许税前一次性扣除，全额退还增值税增量留抵税额；对运输防控重点物资和公共交通、生活服务、邮政快递收入免征增值税；对相关防疫药品和医疗器械免收注册费，加大对药品和疫苗研发的支持；免征民航企业缴纳的民航发展基金。（责任单位：省财政厅、省税务局）

（十五）减免省产业（创业）投资引导基金直投企业利息。对受疫情影响，出现临时生产经营困难的中小企业，未及时归还省产业（创业）投资引导基金直投部分产生的利息，视情况予以部分或全部免除。（责任单

位：省财政厅、省社保基金理事会）

（十六）推进政府投资工程建设。对承建政府投资项目的中小企业，受疫情影响存在临时性困难的，各级政府要积极筹措资金，对项目建设手续齐备、具备开工和施工条件的，由企业提出申请，项目建设单位商同级财政部门，可根据项目建设计划提前支付中小企业工程账款，帮助施工企业解决资金困难问题。（责任单位：省直项目单位、各市政府）

（十七）建立帮扶奖励机制。各地区要制定有效政策措施，对受疫情影响较大、有发展前景但面临暂时性困难的小微企业予以支持，其中对生产疫情防控重点物资、群众生活保障物资的小微企业要予以重点支持。省政府设立专项基金，根据各市相关政策实施和财政资金投入等情况给予奖励性补助。（责任单位：省财政厅、省工业和信息化厅，各市政府）

（十八）暂退部分旅游服务质量保证金。支持旅行社应对经营困难，向旅行社暂退部分旅游服务质量保证金，标准为现有缴纳数额的80%。暂退保证金应在2022年2月5日前如数交还。（责任单位：省文化和旅游厅）

四、降低运营成本

（十九）舒缓企业用能成本压力。对受疫情影响，面临暂时性生产经营困难且恢复有望、不能按期缴纳水费、电费、燃气费的中小企业，由企业向主管单位申请，经批准后延期缴纳，最长不超过3个月。缓缴期满后，企业足额补缴缓缴的水费、电费、燃气费，不影响企业享受现行的水费、电费、燃气费优惠政策。（责任单位：各市政府）

（二十）减免中小企业房租。对承租国有资产类经营用房的中小企业，1个月房租免收、2个月房租减半。对在疫情期间为承租的中小企业减免租金的创业园、科技企业孵化器、创业创新示范基地等各类载体，优先予以政策扶持。对租用其他经营用房的，鼓励业主（房东）为租户减免租金，具体由双方协商解决。（责任单位：省科技厅、省工业和信息化厅、省国资委，各市政府）

（二十一）部分医疗器械产品注册实行零收费。对中小企业生产的医用口罩、医用外科口罩、医用防护口罩、医用防护服、医用呼吸机及配件等医疗器械产品注册实行零收费，促进相关医疗器械产品生产。（责任单位：省发展改革委、省财政厅）

五、加强综合保障

（二十二）全力保障“菜篮子”产品等生活必需品供应。积极组织蔬菜和畜禽等生产，推动相关饲料、屠宰、加工企业加快复工生产，投放库存玉米，保证养殖业生产需要，增加肉蛋奶供给。加强交通运输保障，及时制止擅自设卡拦截、阻断交通等违法行为。突出保障重点地区疫情防控物资和生活必需品运输，畅通“菜篮子”产品绿色通道，严格落实不停车、不检查、不收费和优先便捷通行。（责任单位：省发展改革委、省公安厅、省农业农村厅、省交通运输厅）

（二十三）规范企业用工。支持企业与职工集体协商，采取协商薪酬、调整工时、轮岗轮休、在岗培训等措施保留劳动关系。对拟进行经济性裁员的企业，指导其依法依规制定和实施职工安置方案，提前 30 日向工会或全体职工说明相关情况，依法依规支付经济补偿，偿还拖欠的职工工资，补缴欠缴的社会保险费。（责任单位：省人力资源社会保障厅、省总工会）

（二十四）加强防疫药品研发和技术攻关。积极组织相关中小企业针对新型冠状病毒感染的肺炎疫情开展应急科研攻关。支持医疗机构积极开展针对新型冠状病毒感染的肺炎预防、诊断与治疗创新品种临床研究，推动创新医疗器械、创新药尽快进入临床应用，支持医药类企业加快抗病毒药物、检测试剂研发和排产。（责任单位：省科技厅、省财政厅、省卫生健康委）

（二十五）开辟疫情防控领域企业信用修复绿色通道。对已成为失信主体的疫情防控领域企业，开辟信用修复绿色通道。在信用核查、信用培训、信用报告等信用修复工作中提供辅导并减免相关费用。修复完成后，有关部门要按法定程序及时停止公示其失信记录，终止实施联合惩戒措施。（责任单位：省发展改革委、人民银行沈阳分行）

本政策措施所指中小企业为符合工业和信息化部、国家统计局、国家发展改革委、财政部联合印发的《中小企业划型标准规定》（工信部联企业〔2011〕300 号）的企业。本政策措施执行期暂定为自发布之日起的 3 个月。各项条款由责任部门负责解释。

辽宁省人民政府办公厅
2020 年 2 月 6 日

附录3　辽宁省推进“最多跑一次”规定

第一条　为依法推进和保障“最多跑一次”改革，全面提升政务服务便利化水平，优化营商环境，建设人民满意的服务型政府，结合我省实际，制定本规定。

第二条　在我省行政区域内实行“最多跑一次”改革的，适用本规定。

第三条　本规定所称“最多跑一次”，是指行政机关和依法授权的具有管理公共事务职能的组织（以下统称行政机关）在办理行政许可、行政确认、行政给付和国家规定的其他政务服务，以及公用企业事业单位提供的公共服务等“一件事”事项，申请人提供的申请材料符合法定形式和有关规定的，从提出申请到收到办理结果全程只需一次上门或者零上门。

本规定所称“一件事”，是指一个办事事项或者可以一次性提交申请材料的相关联的多个办事事项。

第四条　省、市、县（含县级市、区，下同）营商环境建设主管部门负责本行政区域内推进“最多跑一次”的协调、指导、监督工作。

其他行政机关在各自职责范围内，做好“最多跑一次”相关工作。

乡（镇）政府、街道办事处和村（社区）根据实际，做好综合便民服务工作。

第五条　市、县政府应当按照简政放权、公开便民、加强监管、优化服务的原则推进“最多跑一次”，将“最多跑一次”作为政府工作的重要内容并纳入目标绩效考核和营商环境评价体系，建立健全工作协调机制，强化保障和责任落实。

第六条　行政机关和公用企业事业单位提供政务服务或者公共服务，应当精简程序、减少环节、整合材料、缩短时限、优化流程，不断提高工作效率。

第七条 省营商环境建设主管部门应当组织有关部门按照方便申请人办事的原则，梳理政务服务事项，结合企业和群众关注的重点领域，编制全省统一标准的、适用“最多跑一次”的一件事及其办事事项清单（以下简称“最多跑一次清单”），并按照国家和省有关规定实行动态调整，在省政务服务网公布。行政机关应当将本部门“最多跑一次清单”在其门户网站和其他方便群众查询的媒体上公布。

市、县政府可以结合本地区实际，对“最多跑一次清单”予以补充。

第八条 “最多跑一次清单”应当按照规范化、标准化要求编制每件事及其事项的办事指南。办事指南应当包含政务服务事项的名称、受理条件、申请材料、办事流程、办事依据、办事时限、容缺受理范围等。

第九条 除直接涉及国家安全、生态环境保护和直接关系公民人身、重大财产安全的证明事项外，行政机关应当根据实际，对证明事项实行告知承诺制，并向社会公布。

行政机关应当科学编制证明事项告知承诺工作规程，对实行告知承诺的各类证明事项，按照内容完备、逻辑清晰、通俗易懂的要求，制作告知承诺书格式文本。书面告知的内容应当包括办理事项的名称、设定证明的依据、证明的内容、承诺的方式、虚假承诺的责任等。

书面承诺的内容应当包括申请人已知晓告知事项、已符合相关条件、愿意承担虚假承诺的责任以及承诺意思表示真实等。

第十条 申请人有较严重的不良信用记录或者曾做出虚假承诺等情形的，不适用证明事项告知承诺制。

申请人不愿承诺或者无法承诺的，应当提交法律、法规要求的证明。

第十一条 行政机关应当依法建立申请人诚信档案和虚假承诺黑名单制度。

对申请人故意隐瞒真实情况、提供虚假承诺办理有关事项的，行政机关应当责令其限期整改；逾期不整改或者整改后仍不符合条件的，依法撤销相关决定，给予行政处罚。

第十二条 未实行告知承诺制的证明事项实行清单式管理。行政机关和公用企业事业单位应当通过省政务服务网对外公布证明事项清单，逐项列明证明事项设定依据、需要单位、开具单位、办理指南等。

未列入证明事项清单的，行政机关和公用企业事业单位不得要求申请人提供。

第十三条 有下列情形之一的，行政机关和公用企业事业单位不得将其列入证明事项清单：

（一）没有法律、法规规定的；

（二）能够通过个人现有证照证明的；

（三）能够采取申请人书面承诺方式解决的；

（四）能够被其他材料涵盖或者代替的；

（五）能够通过网络核验的；

（六）开具单位无法调查核实的。

第十四条 省、市、县政府应当整合分散的政务服务资源和审批服务系统，构建全省统一的一体化、标准化在线政务服务网，加快通过数据共享实现申请人办事“一网通办”。

除法律、法规另有规定或者涉及国家秘密等情形外，政务服务事项应当纳入一体化在线政务服务网办理。

第十五条 省发展改革部门应当会同有关部门编制省政务信息资源目录，按照数据共享交换的标准规范，将政务信息系统接入数据共享交换平台动态管理。

列入政务信息资源目录的政务信息资源，应当明确政务信息资源的分类、责任方、格式、属性、更新时限、共享类型、共享方式、使用要求等内容。

除国家另有规定外，行政机关不得新建政务服务业务专网；已经建成的，应当分类接入数据共享交换平台。

第十六条 行政机关应当及时向数据共享交换平台提供政务信息，并确保信息的真实、准确、完整、可用。

通过数据共享交换平台提取数据的，不得将其用于与履行职责无关的活动或者随意更改、编造。

第十七条 省营商环境建设主管部门应当组织有关部门依托省政务服务网，基于自然人身份信息、法人单位信息等资源，建立统一的政务服务身份认证系统，避免申请人办事在不同地区和部门系统重复注册验证。

第十八条 省营商环境建设主管部门应当建设全省一体化在线政务服务网移动端，推动政务服务通过网站、移动终端 App、微信等各类服务载体和渠道为申请人提供服务。

第十九条 根据政务服务便民化工作需要，市、县政府应当完善以本地区综合行政服务机构为依托的“一站式”集中服务，设立集中办事的综合服务窗口，统一办理政务服务事项。

第二十条 具备线上申请条件的，申请人可以选择线上或者线下方式提出办事申请。没有法律、法规依据的，行政机关和公用企业事业单位不得限定申请方式。

申请人在线上提出申请的，电子申请材料与纸质申请材料具有同等法律效力。没有法律、法规依据的，行政机关和公用企业事业单位不得要求提供纸质申请材料。

第二十一条 申请人申请办事事项，只需提供一套申请材料，行政机关和公用企业事业单位不得要求申请人重复提供。

能够通过数据共享交换平台提取材料的，或者根据其他证明材料可以证明事实的，行政机关和公用企业事业单位不得要求申请人另行提供。

第二十二条 对申请人申请的办事事项，可以当场办结的应当当场办结，不能当场办结的，应当告知办理时限。

对申请材料不齐全或者不符合法定形式的，应当一次性告知需要补正或者更正的内容以及补正或者更正的期限。对申请人逾期未补正或者更正的，视为撤回申请；补正或者更正后仍不符合要求的，应当书面说明不予受理的理由。

对申请材料容缺受理的，应当一次性告知需要补正的材料、时限和超期补正处理方式。

第二十三条 行政机关和公用企业事业单位应当为申请人提供办理进度查询服务。在承诺的办事期限内办结后，为申请人提供邮寄、线上或者自取等多种方式服务，以保证申请人获取办理结果凭证或者相关办结材料。

行政机关和公用企业事业单位不得在公布的办公时间内拒绝提供办事服务。

未提供预约服务的，行政机关和公用企业事业单位不得限定每日办件数量。

第二十四条 行政机关应当按照《国务院关于在线政务服务的若干规

定》，推广使用电子证照、电子签名、电子印章和电子档案。

依法生成的电子证照、电子签名、电子印章、电子档案与实物形态的证照、签名、印章、档案具有同等法律效力。

自然人、法人和非法人组织可以要求行政机关同时发给电子证照和纸质证照。

第二十五条 营商环境建设主管部门应当建立投诉、举报制度，对收到的投诉、举报应当及时受理，并将调查处理结果书面答复投诉者、举报者。

第二十六条 行政机关、综合行政服务机构、公用企业事业单位及其工作人员有下列行为之一的，由有权机关或者单位按照法定职权责令改正；情节严重的，对直接责任者和领导责任者依纪依规依法给予处分：

（一）无法律、法规依据限定申请人提出申请方式的；

（二）违反本规定要求申请人在申请材料外提供或者重复提供申请材料的；

（三）违反本规定要求申请人在证明事项清单外提供证明材料的；

（四）未按照承诺期限办结申请事项的；

（五）违反本规定要求未共享数据的或者未对接系统的；

（六）违反本规定将公共数据用于与履行职责无关的活动或者随意更改、编造公共数据的；

（七）有条件提供而未提供办理进度查询服务的；

（八）在公布的办公时间内拒绝提供办事服务的；

（九）未提供预约服务，限定每日办件数量的；

（十）违反本规定要求对申请材料不齐全或者不符合法定形式，未一次性告知需要补正或者更正的内容以及补正或者更正的期限的；

（十一）其他依法应当给予处分的行为。

第二十七条 开展“最多跑一次”改革过程中出现失误，但同时符合下列条件之一的，对有关单位和个人不作负面评价，免除相关责任：

（一）符合国家和省确定的改革方向；

（二）未违反法律、法规禁止性、义务性规定；

（三）决策程序符合法律、法规规定；

（四）勤勉尽责、未谋取私利；

（五）主动挽回损失、消除不良影响或者有效阻止危害结果发生。

第二十八条 驻辽中直行政机关实行“最多跑一次”改革，可以参照本规定执行。

第二十九条 法律、法规以及国务院在简政放权、放管结合、优化政务服务方面有新的改革举措和要求的，按其规定执行。

第三十条 本规定自 2019 年 9 月 1 日起施行。

参考文献

[1] 本报评论员．让辽宁民营企业走向更加广阔的舞台［N］．辽宁日报，2019－09－17（1）．

[2] 本溪市税务局课题组，孙德儒．从税收视角看辽宁内陆中小城市如何助力民营经济发展［J］．辽宁经济，2020（1）：9－11．

[3] 崔也光，姜晓文，齐英．现金流不确定性、研发投入与企业价值［J］．数理统计与管理，2019，38（3）：495－505．

[4] 董杨，程彬．深入推进东北振兴——积极营造辽宁民营经济快速发展的良好环境研究［J］．中国商论，2020（6）：194－196．

[5] 谷月．辽宁全面振兴视域下民营企业党建工作探究［J］．辽宁省社会主义学院学报，2019（2）：37－40．

[6] 郭晔，黄振，姚若琪．战略投资者选择与银行效率——来自城商行的经验证据［J］．经济研究，2020，55（1）：181－197．

[7] 国家税务总局辽宁省税务局民营经济与税收政策课题组，胡彦伟，李笑兰．发挥税收功效，助力辽宁民营经济发展［J］．辽宁经济，2020（11）：7－10．

[8] 胡恒强，范从来，杜晴．融资结构、融资约束与企业创新投入［J］．中国经济问题，2020（1）：27－41．

[9] 胡艳，马连福．创业板高管激励契约组合、融资约束与创新投入［J］．山西财经大学学报，2015，37（8）：78－90．

[10] 纪盛．“十四五”时期中小银行发展展望［J］．银行家，2021（3）：71－73．

[11] 鞠晓生，卢荻，虞义华．融资约束、营运资本管理与企业创新可持续性［J］．经济研究，2013（1）：4－16．

[12] 李刚. 辽宁农村民营经济发展中经济精英的培育与扶持 [J]. 渤海大学学报 (哲学社会科学版), 2020, 42 (3): 83-86.

[13] 李盼盼. 技术创新引领辽宁民营企业高质量发展的思考 [J]. 辽宁经济职业技术学院. 辽宁经济管理干部学院学报, 2020 (4): 4-6.

[14] 刘波, 李志生, 王泓力等. 现金流不确定性与企业创新 [J]. 经济研究, 2017 (3): 116-180.

[15] 刘红忠, 傅家范. 资产流动性、融资约束与经济波动 [J]. 统计研究, 2017, 34 (11): 15-29.

[16] 潘乃峥. 关于提升辽宁民营企业科技创新发展的相关建议 [J]. 科技经济导刊, 2021, 29 (11): 223-224.

[17] 屈文洲, 谢雅璐, 叶玉妹. 信息不对称、融资约束与投资——现金流敏感性 [J]. 经济研究, 2011 (6): 105-117.

[18] 沈洪波, 寇宏, 张川. 金融发展、融资约束与企业投资的实证研究 [J]. 中国工业经济, 2010 (6): 55-64.

[19] 宋海琼, 胡永玢. 新时代辽宁民营经济发展困境及对策分析 [J]. 沈阳师范大学学报 (社会科学版), 2020, 44 (6): 10-15.

[20] 田存志, 容宇恩. 基于A股上市企业数据的资产流动性与企业创新研究 [J]. 商业研究, 2018 (10): 65-70.

[21] 万丛颖, 郭进. 民营企业融资问题分析与对策建议——以辽宁省为例 [J]. 财政研究, 2012 (6): 45-48.

[22] 王博. 辽宁民营企业自主创新发展财税金融政策研究 [J]. 地方财政研究, 2017 (12): 98-104.

[23] 王春峰, 孙会国, 房振明. 资本成本与资产流动性关系的经验验证 [J]. 天津财经大学学报, 2012 (9): 74-83.

[24] 袁帅. 新形势下知识产权质押融资的现状、检视与修正——以辽宁民营科技企业为视角 [J]. 现代经济信息, 2020 (3): 146-147.

[25] 张柏楠, 徐世勇, 王继新. 矛盾思维对创新绩效的影响: 员工跨界行为与关系冲突的作用 [J]. 科技进步与对策, 2019 (11).

[26] 张杰, 芦哲, 郑文平等. 融资约束、融资渠道与企业R&D投入 [J]. 世界经济, 2012 (10): 66-90.

[27] 张瑾华, 李新春, 何轩. 中国中小型企业的被迫国际化——以

制度环境与创新能力影响下的共生性依赖为视角［J］. 财经研究，2014 (1)：83-92.

［28］张满林，李秀林．辽宁民营经济高质量发展的思路与对策［J］. 鞍山师范学院学报，2019，21 (5)：54-59.

［29］张占斌．把脉东北民营经济发展现状［N］. 辽宁日报，2016-09-20 (7).

［30］赵丽荣，张俊瑞，李彬等．资产流动性与债务期限结构——来自中国上市企业的经验证据［J］. 管理评论，2012 (7)：110-116.

［31］赵维双，魏冬冬．辽宁中小民营制造企业技术创新的制约因素与发展对策研究［J］. 经济师，2020 (2)：135-136.

［32］中共辽宁省委、辽宁省人民政府关于营造更好发展环境支持民营企业改革发展的实施意见［N］. 辽宁日报，2020-06-24 (1).

［33］钟田丽，马娜，胡彦斌．企业创新投入要素与融资结构选择——基于创业板上市企业的实证检验［J］. 会计研究，2014 (4)：66-73.

［34］周铭山，张倩倩，杨丹．创业板上市企业创新投入与市场表现：基于企业内外部的视角［J］. 经济研究，2017 (11)：135-149.

［35］Borisova G, Brown J R. R&D Sensitivity to Asset Sale Proceeds: New Evidenceon Financing Constraints and Intangible Investment［J］. Journal of Banking & Finance, 2013, 37 (1): 159-173.

［36］Brown J R, Fazzari S M, Petersen B C. Financing Innovation and Growth: Cash Flow, External Equity and the 1990s R&D Boom［J］. Journal of Finance, 2009, 64 (1): 151-185.

［37］Brown J R, Petersen B C. Cash Holdings and R&D Smoothing［J］. Journal of Corporate Finance, 2011, 17 (3): 694-709.

［38］Gopalan R, Kadan O, Pevzner M. Asset Liquidity and Stock Liquidity［J］. Social Science Electronic Publishing, 2012, 47 (2): 333-364.

［39］Hadlock C J, Pierce J R. New Evidence on Measuring Financial Constraints: Moving Beyond the KZ Index［J］. Review of Financial Studies, 2010, 23 (5): 1909-1940.

［40］Hall B H, Jaffe A, Trajtenberg M. Market Value and Patent Citations［J］. RAND Journal of Economics, 2005, 36 (1): 16-38.

［41］ Hall B H, Lerner J. The Financing of R&D and Innovation, NBER Working Paper, 2010, 1.

［42］ Li D. Financial Constraints, R&D Investment and Stock Returns［J］. Review of Financial Studies, 2011, 24 (9): 2974 -3007.

［43］ Ma L, Mello A S, Wu Y. Industry Competition, Winner's Advantage and Cash Holdings［R］. Working Paper of University of Wisconsin-Madison, 2013.

［44］ Morellec E. Asset Liquidity, Capital Structure and Secured Debt［J］. Journal of Financial Economics, 2001, 61 (2): 173 -206.

［45］ Myers S, Rajan R. The Paradox of Liquidity［J］. Quarterly Journal of Economics, 1998, 113 (3): 733 -771.

［46］ Ortiz-Molina H, Phillips M G. Real Asset Illiquidity and the Cost of Capital［J］. Journal of Financial and Quantitative Analysis, 2014, 49 (1): 1 -32.

［47］ Pham M T L, Vo V L, Le T T H, et al. Asset Liquidity and Firm Innovation［J］. SSRN Electronic Journal, 2016: 1 -36.

［48］ Shleifer A, Vishny R W. Liquidation Values and Debt Capacity: A Market Equilibrium Approach［J］. Journal of Finance, 1992, 47 (4): 1343 -1366.

［49］ Williamson O. Corporate Finance and Corporate Governance［J］. Journal of Finance, 1988, 43 (3): 567 -591.

图书在版编目（CIP）数据

辽宁民营经济发展研究报告．2020／赵晖，张满林编著．
—北京：经济科学出版社，2021．9
ISBN 978－7－5218－2904－4

Ⅰ．①辽…　Ⅱ．①赵…②张…　Ⅲ．①民营经济－经济发展－研究报告－辽宁－2020　Ⅳ．①F127．31

中国版本图书馆CIP数据核字（2021）第195819号

责任编辑：宋艳波
责任校对：郑淑艳
责任印制：李　鹏　范　艳

辽宁民营经济发展研究报告2020
赵　晖　张满林　编著
经济科学出版社出版、发行　新华书店经销
社址：北京市海淀区阜成路甲28号　邮编：100142
总编部电话：010－88191217　发行部电话：010－88191540
网址：www.esp.com.cn
电子邮箱：esp@esp.com.cn
天猫网店：经济科学出版社旗舰店
网址：http://jjkxcbs.tmall.com
北京季蜂印刷有限公司印装
710×1000　16开　15.75印张　250000字
2021年10月第1版　2021年10月第1次印刷
ISBN 978－7－5218－2904－4　定价：68.00元
（图书出现印装问题，本社负责调换。电话：010－88191510）